本书为 2019 年度教育部人文社会科学研究规划基金项目
（项目批准号：19YJA870011）成果

情报工作
运筹调控机制研究

孙瑞英　著

图书在版编目（CIP）数据

情报工作运筹调控机制研究／孙瑞英著. —北京：知识产权出版社，2024.5
ISBN 978-7-5130-9314-9

Ⅰ.①情… Ⅱ.①孙… Ⅲ.①信息工作-运筹-调控-研究 Ⅳ.①G25

中国国家版本馆 CIP 数据核字（2024）第 016535 号

内容提要

本书遵循"理论回顾—调查研究—定性探索—定量验证—策略提供"的思路，综合应用半结构访谈、问卷调查法和结构方程建模等多种方法，通过研究情报工作的战略管理、关联资源的配置与调度、情报流动机制与协同组织，实现对情报工作流程的诊断与重构。本书致力于探究情报工作能力的增长机制，构建情报工作能力的协同培育模式，建立情报工作能力的综合评价体系，完成情报工作能力系统的建设与优化。

本书可作为国家情报决策部门、各级情报实践部门、信息服务机构、政府事业管理者、企事业单位信息服务人员、个人用户的参考用书。

责任编辑：许 波　　　　　　　　责任印制：孙婷婷

情报工作运筹调控机制研究
QINGBAO GONGZUO YUNCHOU TIAOKONG JIZHI YANJIU

孙瑞英　著

出版发行：知识产权出版社有限责任公司	网　　址：http://www.ipph.cn
电　　话：010-82004826	http://www.laichushu.com
社　　址：北京市海淀区气象路 50 号院	邮　　编：100081
责编电话：010-82000860 转 8380	责编邮箱：xubo@cnipr.com
发行电话：010-82000860 转 8101	发行传真：010-82000893
印　　刷：北京中献拓方科技发展有限公司	经　　销：新华书店、各大网上书店及相关专业书店
开　　本：720mm×1000mm　1/16	印　　张：19.75
版　　次：2024 年 5 月第 1 版	印　　次：2024 年 5 月第 1 次印刷
字　　数：305 千字	定　　价：98.00 元

ISBN 978-7-5130-9314-9

出版权专有　侵权必究
如有印装质量问题，本社负责调换。

PREFACE

前　言

　　明确国家情报工作的使命，才能确立国家情报工作目标，为国家情报工作提供顶层设计和指导，统筹国家情报力量的建设与实施，提升国家情报工作维护国家安全的能力。构建情报工作战略运筹调控与能力增长协同培育机制势在必行。情报不仅是国家战争冲突的伴生物，也是国家安全与发展的伴生物。在政治格局多极化、经济全球化、网络信息科技化、文化发展多元化的外部环境推动下，和平与发展是人类社会需要研究的永恒主题。需要清醒地意识到新国际形势下国家安全所面临的挑战和威胁，落实总体国家安全观，发挥情报工作对国家安全的保障作用。在国家情报工作战略布局的指引下，需构建一个国家情报工作的场域，统筹国家情报力量的建设与实施，为国家的安全与发展保驾护航。以《孙子兵法》的文化精髓作为指导国家情报哲学体系的元理论，遵从《孙子兵法》"五事"的多因素致胜思维，综合考量《孙子兵法》"七计"的多个节点，依据总体国家安全观的要求，制定国家情报工作战略布局与调控机制，从认知客体和环境、联合同盟、抑制对手和激励目标四个视角，构建情报运筹的策略组合。贯彻落实总体国家安全观，要明确国家安全的主体责任，根据《中华人民共和国国家安全法》的要求;突发事件应急管理是国家安全工作的重要组成部分,在应急管理场景下,挖掘情报工作能力增长的重要来源,塑造情报保障中介场域,营造应急情报保障子场域惯习,获取应急情报保障子场域资本,为提升情报人员工作能力打下基础。情报人员的知识和智能是情报工作支撑国家重大战略决策,发挥"耳目、尖兵、参谋、导航"作用的基础。情报工作必须面向国家战略的重大现实需求,为构建国家安全治理体系提供重要的智力支持,因此,要加强情报人员的情报提供能力、事务支持能力及参与决策能力等情报保障能力的协同培育。

目录

第1章 绪 论 ·· 001
  1.1 研究背景 ·· 002
  1.2 研究对象 ·· 005
  1.3 研究思路 ·· 010
  参考文献 ·· 012

第2章 战略规划的思想基础 ·· 015
  2.1 相关概念内涵界定 ·· 016
  2.2 情报"双轮驱动"的战略思路 ·· 037
  2.3 国家情报制度建设 ·· 040
  2.4 国家情报技术创新驱动 ··· 081
  2.5 国家情报生态系统的演进 ··· 086
  参考文献 ·· 093

第3章 国家情报工作战略布局 ·· 100
  3.1 情报工作战略溯源 ·· 101

3.2 情报战略问题聚焦 107
3.3 情报战略地图 132
3.4 《孙子兵法》指导下的国家情报战略布局 155
参考文献 163

第 4 章 国家情报工作战略运筹与调控 171
4.1 营造认知对抗优势 180
4.2 《孙子兵法》指导下的国家情报认知对抗战略运筹调控模型 192
4.3 国家情报战略五步运筹调控机制 199
参考文献 243

第 5 章 情报保障中介场域塑造 251
5.1 构建应急管理情报中介场域 253
5.2 营造应急情报保障子场域惯习 260
5.3 获取应急情报保障子场域资本 267
参考文献 272

第 6 章 情报保障能力协同培育 275
6.1 应急情报保障能力的构成 278
6.2 应急情报保障能力的作用 286
6.3 应急情报保障能力的协同培育 292
参考文献 305

第 1 章

绪 论

西蒙·斯涅克运用黄金圈思维思考和认识问题,黄金圈分为三个圈层,如图 1-1 所示,从里到外依次是"为什么""怎么做""做什么"。

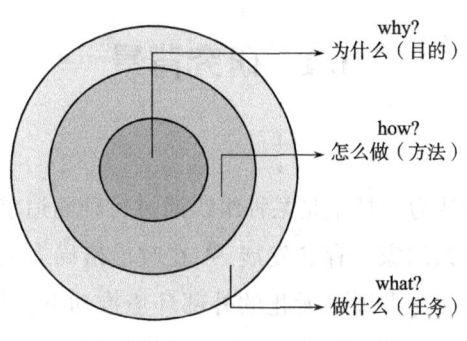

图 1-1 黄金圈法则

黄金圈法则的核心是先了解清楚一件事情的缘由与目的,再想行动路线与具体执行方式。从内而外进行提问,而不是剥洋葱式的从外向内。通过问"为什么",透视事物的本质及原因;通过"如何做",构建事情解决的逻辑体系,找到实现的渠道通路;通过"做什么",构建纷繁复杂的业务枝蔓体系。❶ 根据黄金圈思维可知，"构建国家情报工作战略运筹调控与能力增长协同培育机制"最优先要研究的就是在充分分析研究背景的情况下，明确国家情报工作的使命，进而在国家战略框架下，开展有效的国家情报工作和部门情报工作，形成统一的国家情报体系和国家安全力量，满足落实总体国家安全观的战略需求，协调运用各种国家情报资源，构筑安全认知优势，为国家的安全与发展保驾护航。马克思指出："社会无穷发展进程中的每一个阶段都是必然的，对它发生的时代和条件说来，都有它存在的理由。"❷ 目前，我国的情报事业处于分散的状态，情报采集无法真正实现以大数据为基础，情报分析无法以专有工具的集成开发为支撑，情报决策无法以专家智慧协同为辅进行。❸ 因此，构建国家情报工作战略运筹调控与能力增长协同培育机制势在必行。明确国家情报工作的使命，才能确立国家情报工作目标，为国家情报工作提供顶层设计和指导，统筹国家情报力量的建设与实施，提升国家情报工作及维护国家安全的能力。而研究目标决定研究思路，研究目标和研究思路共同决定最终如何构建"国家情报工作战略运筹调控与能力增长协同培育机制"。

1.1 研究背景

谢尔曼·肯特认为"情报是某种组织通过行动而追求的特定知识"，特别是战略情报，关系国家生存和发展。❹ 在政治格局多极化、经济全球化、网络信息科技化、文化发展多元化的外部环境推动下，和平与发展是人类社会需要研究的永恒主题。清醒地意识到新国际形势下国家安全所面临的挑战和威胁，构建国家情报工作体系，提高国家情报工作调控能力，统筹

---

❶ 黄贵.黄金圈法则与公司学习与发展创新实践[J].中国培训,2016,(12):298.
❷ 马克思,恩格斯.马克思恩格斯选集[M].北京:人民出版社,2009:213.
❸ 潘云涛,田瑞强.工程化视角下的情报服务——国外情报工程实践的典型案例研究[J].情报学报,2014,33(12):1242-1254.
❹ 肯特.战略情报——为美国世界政策服务[M].北京:金城出版社,2012:2.

好发展和安全两个大局,是一项长期战略任务。截至 2023 年 6 月,在中国知网 CNKI 资源总库进行检索,输入关键词为:"国家情报""情报工作"或"工作调控"等,检索时间区域为 2012—2023 年,一共获得 3456 篇相关文献。通过对这些文献进行整理,选取北大核心和 CSSCI 的文献共有 1326 篇,如图 1-2 所示。20 世纪 80 年代,我国就开始了国家情报工作的相关研究,但是一直到习近平总书记 2014 年提出"总体国家安全观"之后,国家情报工作才备受重视起来,成为学界研究热点。

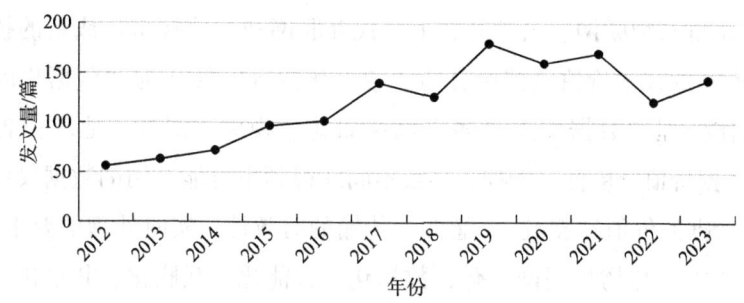

图 1-2 2012—2023 年情报工作相关文献发文量

利用 CiteSpace 软件将信息可视化,对文献进行计量和聚类分析后得知,国家情报领域主要涉及的研究主题包括:国家安全、情报机构、情报能力、情报共享、国家发展、情报部门等。总体国家安全观为情报工作指明了前进方向,在总体国家安全观的视角下开展情报工作,要树立符合总体国家安全观新的思维❶,重塑大情报观❷,加强情报共享❸,提高情报工作的凝聚力。❹

经济优势和科学技术创新能够为情报工作规避风险和迎接挑战打下基础,方便情报人员感知国际态势,为国家领导人当前的决策提供参考。❺ 情

---

❶ 蒲攀,马海群. 总体国家安全观视阈下的情报新思维[J]. 图书与情报,2022,203(1):1-13.

❷ 杨国立,李品. 总体国家安全观背景下情报工作的深化[J]. 情报杂志,2018,37(5):52-58,122.

❸ 包昌火. 对当前我国情报工作发展方向的几点建议[J]. 情报杂志,2014,33(5):1-2.

❹ 张秋波,唐超. 总体国家安全观指导下情报学发展研究[J]. 情报杂志,2015,34(12):7-10,20.

❺ 高金虎. 论国家安全决策中情报的功能[J]. 情报理论与实践,2019,42(10):1-8.

报研究的成果——全球趋势报告更着眼于未来的态势发展情况解读，更具有前瞻性。❶ 2012年进入大数据时代以来，大数据、人工智能技术的快速发展为情报工作发展赋能❷，情报工作跨入数据全息化、分析方法集成化、生产技术智能化、推送服务全纳化时代，引发了国家情报工作的变革。国家情报是支撑国家治理的重要力量和必要手段，在国家安全和发展中的中坚地位更加突出。大数据作为具有"破坏性创新"威力的"新技术群"，包括采集数据技术、存储数据技术、数据传输及数据处理分析技术等，"大数据"技术群与物联网、云计算、下一代互联网和通信技术形成新的技术价值链;❸ 新的技术价值链把所有的"数字化内容"转化为"数据化内容"，情报工作处理的数据类型繁多（网络日志、视频、图片、地理位置信息等），数据价值密度低。例如，连续不间断视频中可能有用的数据仅仅有一两秒。数据的价值"提纯"、感知、传输的时效性、实时处理的要求更高。情报工作中人与物呈现网络化、数据化、智能化、互联化、共享化、便捷化。❹ 大数据成为提升国家综合竞争力的基础性、战略性、先导性资源❺，情报工作面临获取、管理、关联、融合和分析各机构之间不断增长的数据，任何一个情报实践部门、一个情报项目或国家情报主管机构都无法操控大数据系统和机器来提高整个情报界的技术和操作优势，所以必须构建国家情报工作战略运筹调控与能力增长协同培育机制，采取多方协作的方式，充分发挥情报人员"专家智慧"的优势，推进人机及机器之间的协作。❻ 遵循以"事实数据+工具方法+专家智慧"为基准的"自动化+规范化+系统

---

❶ 刘忠,戴美玲.战略情报评估视域下美国全球趋势报告的解读与启示[J].情报杂志,2022,41(4):3-7,21.

❷ 李红彩,马德辉.人工智能对美国国家情报工作战略演进的影响[J].情报杂志,2022,41(3):9-17.

❸ 舍恩伯格,库克耶.大数据时代[G].盛杨燕,周涛,译.杭州:浙江人民出版社,2013:2-23.

❹ 王世伟.论大数据时代信息安全的新特点与新要求[J].图书情报工作,2016(6):5-14.

❺ 苗圩.大数据:变革世界的关键资源[N].人民日报,2015-10-13(7).

❻ 吴晨生,李辉,付宏,等.情报服务迈向3.0时代[J].情报理论与实践,2015,38(9):1-7.

化"的情报系统工程范式,才能解决我国国家情报工作的不均衡问题,厘清新时代情报工作的使命和作用,直面国家情报工作面临的新挑战,寻找新的发展机遇❶,为国家治理重大决策和顶层设计提供情报支撑。

1.2 研究对象

在中国知网检索文献,利用 CiteSpace 进行关键词共现分析,得出我国情报工作的关键词聚类分析图谱,我国情报工作领域的研究主要围绕以下几个主题:情报服务、情报机构、竞争情报、威胁情报、以图书馆为中心进行的文献情报与知识管理、情报分析、智库建设、中小企业、区块链、服务平台、服务模式、创新能力等。

1992 年,我国学术领域把"情报"改为"信息",导致情报工作的内涵与"信息服务"相混淆,更侧重于信息的采集、整理、加工等文献整理和信息检索领域,保障国家安全与发展的"耳目、尖兵和参谋"作用反而弱化。❷美国情报专家安吉洛·科迪维拉的著作《知晓治国方略:新世纪的情报》于 1992 年出版。安吉拉·科迪维拉指出:国家情报归属国家战略层面,国家情报工作为国家治理决策服务,具有决策支撑性。❸ 面临大数据环境的新形势、新变化和新需求,国家情报工作不断丰富完善和创新发展,在复杂的大数据环境下,国家安全与发展面临新的博弈,国家情报工作为国家安全与发展保驾护航。❹ 国家情报工作研究的对象包括三部分:国家情报本体(竞争情报、威胁情报等)、国家情报机构(情报机构、智库、图书馆等)、国家情报活动(服务平台、服务模式、创新能力等),具体关系如图 1-3 所示。

---

❶ 赵冰峰.我国情报事业面临的环境变革、战略转型与方法论革命[J].情报杂志,2016,35(12):1-5.

❷ 包昌火,包琰.中国情报工作和情报学研究[M].北京:科学出版社,2014.

❸ CODEVILLA A. Informing Statecraft:Intelligence for a New Century(1st edition)[M]. New York:Free Press,1992.

❹ 赵冰峰.论国家情报[J].情报杂志,2013,32(7):1-7.

图 1-3　国家情报工作研究对象关系图

（1）国家情报本体。从本体角度看，国家情报是具备特定性约束条件的部分数据、知识、智慧及智能，是能够支撑国家安全与发展领域决策活动的。叶继元等学者主张国家情报为"大情报"，作为"大情报"的国家情报包括安全情报、军事情报、竞争情报、科技情报及社科情报等广泛领域；包括"从公开、合法或秘密渠道来获取的所有情报"，既有通过隐蔽的途径或手段获取的情报，也有通过分析文献等方法对特定问题的"隐含"情报的提取。国家情报的来源包括：实物情报、数据情报、知识情报、文献情报、智慧情报及智能情报；国家情报的特征包括特定性、传递性及时间性、隐含性、效用性、价值性及社会性等。❶

（2）国家情报机构。在中国知网上输入关键词"情报机构"，一共得到1429条信息（时间跨度为1993—2022年，检索时间为2023年6月5日）。与情报机构有关的是情报服务、情报工作、科技情报、智库和智库建设。目前国内对于情报机构的研究还处于初始阶段，学者们围绕"情报机构"开展了图书情报机构的智库竞争力、情报研究向智库研究转化的关键问题、情报支撑智库建设的路径、省级科技情报机构的服务能力等研究。❷

根据《中华人民共和国国家情报法》的明确要求：国家情报机构应建立"集中统一、分工协作"的统筹协调机制。国家安全委员会是国家情报

---

❶　叶继元,成颖.情报的概念及其与信息链、DIKW 链的关系探讨[J].中国图书馆学报,2022(4):39-51.

❷　初景利,任娇菡.从情报研究到智库研究的转化机制——打通从情报到智库的"最后一公里"[J].现代情报,2023,43(2):3-8,41.

工作的统一领导机构，国家安全委员会统筹协调各领域情报机构，按各自职责分工、相互配合开展国家情报工作，同时其他政府机关要密切配合国家情报机构的工作。国家情报体制包括4类机构：统筹协调机构（国家安全委员会）、面向国家安全的各领域国家情报机构、面向发展的社会或民间情报机构、发挥资源整合和技术支撑作用的国家情报数据平台，如图1-4所示。

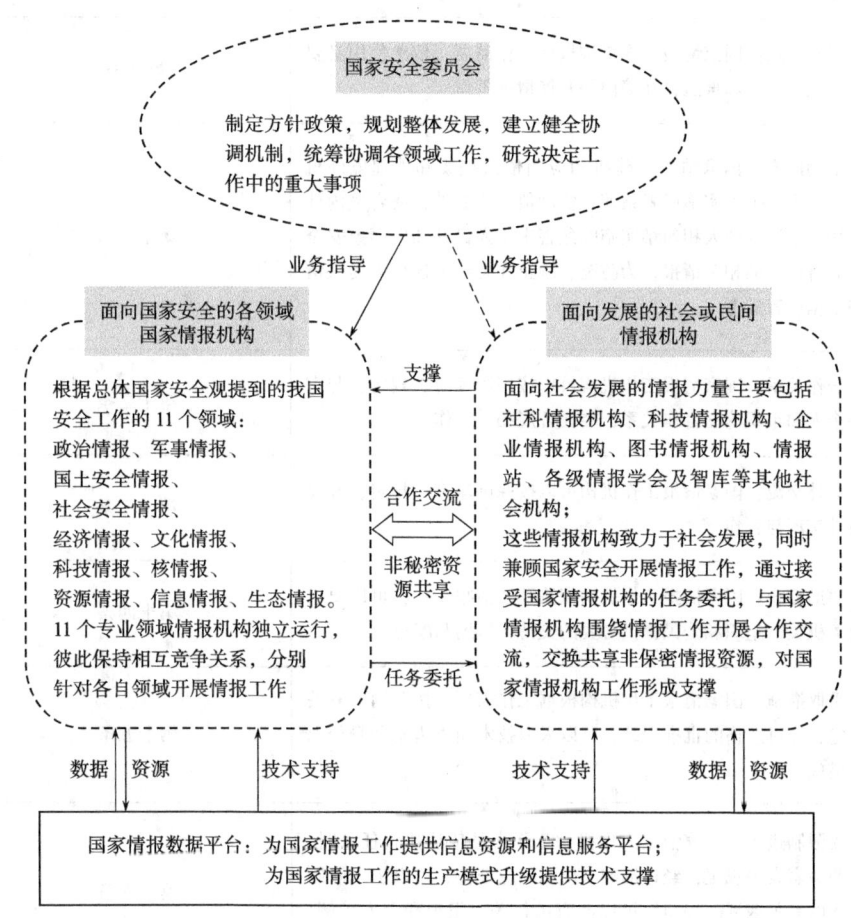

图1-4 国家情报机构示意

资料来源：陈雪飞,李辉,刘彦君.国家安全与发展视野下的我国国家情报体制构建[J].情报理论与实践,2020(8):15-20,14.

（3）国家情报活动。《中华人民共和国国家情报法》是我国国家情报工作规范化、法制化的重要体现，其法律条文第十条至第十九条明确向外界展示出国家情报活动的内容和约束条件，见表1-1。

表1-1　国家情报活动内容合规性要求

国家情报活动内容	《中华人民共和国国家情报法》法律条款
活动地点：国家情报工作机构根据工作需要，依法使用必要的方式、手段和渠道，在境内外开展情报工作	第十条
活动内容：国家情报工作机构应当依法搜集和处理境外机构、组织、个人实施或者指使、资助他人实施的，或者境内外机构、组织、个人相勾结实施的危害中华人民共和国国家安全和利益行为的相关情报，为防范、制止和惩治上述行为提供情报依据或者参考	第十一条
合作关系：国家情报工作机构可以按照国家有关规定，与有关个人和组织建立合作关系，委托开展相关工作	第十二条
对外交流：国家情报工作机构可以按照国家有关规定，开展对外交流与合作	第十三条
协助配合：国家情报工作机构依法开展情报工作，可以要求有关机关、组织和公民提供必要的支持、协助和配合	第十四条
采取措施：国家情报工作机构根据工作需要，按照国家有关规定，经过严格的批准手续，可以采取技术侦查措施和身份保护措施	第十五条
无限制进入：国家情报工作机构工作人员依法执行任务时，按照国家有关规定，经过批准，出示相应证件，可以进入限制进入的有关区域、场所，可以向有关机关、组织和个人了解、询问有关情况，可以查阅或者调取有关的档案、资料、物品	第十六条
通行便利：国家情报工作机构工作人员因执行紧急任务需要，经出示相应证件，可以享受通行便利	第十七条

续表

国家情报活动内容	《中华人民共和国国家情报法》法律条款
使用征用：国家情报工作机构工作人员根据工作需要，按照国家有关规定，可以优先使用或者依法征用有关机关、组织和个人的交通工具、通信工具、场地和建筑物，必要时，可以设置相关工作场所和设备、设施，任务完成后应当及时归还或者恢复原状，并依照规定支付相应费用；造成损失的，应当补偿	第十七条
免检等便利：国家情报工作机构根据工作需要，按照国家有关规定，可以提请海关、出入境边防检查等机关提供免检等便利	第十八条
活动约束：国家情报工作机构及其工作人员应当严格依法办事，不得超越职权、滥用职权，不得侵犯公民和组织的合法权益，不得利用职务便利为自己或者他人谋取私利，不得泄露国家秘密、商业秘密和个人信息	第十九条

《中华人民共和国国家情报法》为情报工作提供了保障，也标志着我国情报工作在法律建设上上了一个新台阶，但是《中华人民共和国国家情报法》内容还有待于进一步完善：对情报的内涵定义和内涵界定不够明确，该部法律下确定的情报机构和体系的划分具有局限性，对从事情报工作的情报人员界定不够清晰。❶ 总的来说，《中华人民共和国国家情报法》理顺了情报学的发展方向❷，更加指明了我国面临的国内外复杂形势。❸ 我国的安全情报法律体系应该以"社会法益"为轴心，以"一体多元"为基本原则，以"逻辑自洽"为实体路径，以"价值调适"为立法理念，进而实现内在体系的闭合性，适应当前复杂的国内外安全环境的必要举措。❹

---

❶ 林鑫,刘跃进,杨建英.关于《中华人民共和国国家情报法》的若干思考[J].情报杂志,2022,41(1):24-30.

❷ 邓灵斌.《国家情报法》视野下我国情报学发展动向的思考[J].情报杂志,2018,37(3):1-4.

❸ 邓灵斌.《国家情报法》解读——基于"总体国家安全观"视角的思考[J].图书馆,2018,287(8):52-56.

❹ 廉睿,宋宏飞,卫跃宁等.后《国家情报法》时代的国家安全情报法律体系建设——以"法益"理论为视角[J].情报杂志,2021,40(9):26-30,80.

1.3 研究思路

本书以"立足学术前沿,树立问题意识,体现有限目标"为原则,突出研究重点及确定研究方向,寻找理论支撑,明确研究思路。遵循"理论回顾—调查研究—定性探索—定量验证—策略提供"的思路,综合应用半结构访谈、问卷调查法和结构方程建模等多种方法对"国家情报工作运筹调控与情报能力增长协同培育"问题进行逐层研究,呈现相互递进的关系,研究思路如图1-5所示。

首先,基于情报机构的国家情报工作战略布局。世界变局导致国际安全领域的新变化,情报不仅是国际战争冲突的伴生物,也是国家安全与发展的伴生物。依据总体国家安全观的要求,在国家战略框架下开展有效的国家情报工作和部门情报工作。在中国共产党中央国家安全委员会的统一领导下,融合军事情报、外宣情报、公安情报、经济情报、科技情报等,形成统一的国家情报体系和国家安全力量,满足落实总体国家安全观的战略需求,协调运用各种国家情报资源,构筑安全认知优势,制定国家情报工作目标,为情报工作全提供顶层设计和指导,进行国家情报战略布局,实现全方位、具体化研究。统筹国家情报力量的建设与实施,提升国家情报工作维护国家安全的能力,为国家的安全与发展保驾护航。

其次,基于情报活动的国家情报工作运筹与调控。情报调控需要情报运筹来配置和实施,在国家情报工作战略布局的指引下,构建一个国家情报工作的情报场域。在情报体系的运筹方面,参照军事与国防系统的成功经验,建立情报运筹的方法论体系,主要的内容包括情报活动与情报体系的框架、冲突形势分析、情报空间布局与资源优化、情报分析与情报设计理论、情报决策与控制理论、情报活动、情报体系效能、情报仿真与模拟。在这个方法论框架基础上,设立情报运筹学,以开展情报体系运作管理的专门研究。把情报客体当作情报体系的控制目标或受控体,把情报客体的进

第1章 绪 论

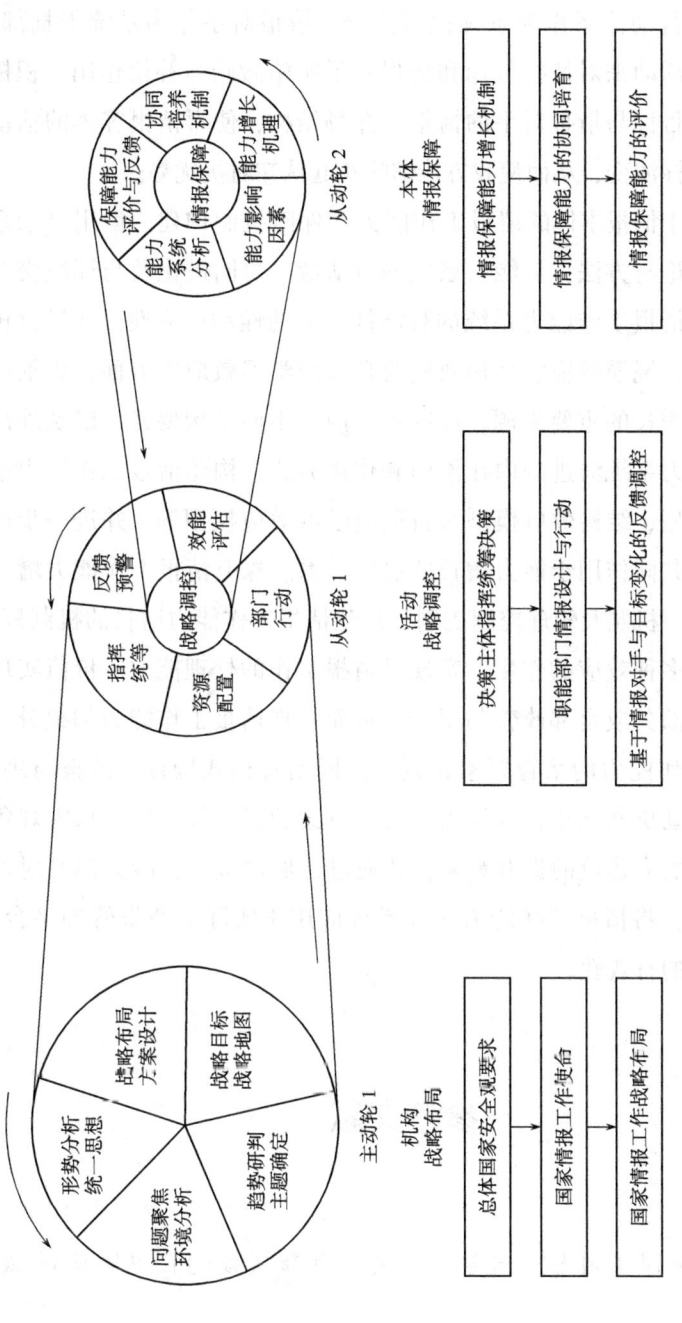

图1-5 研究思路

攻或防御转变为对情报客体的控制或反控制，将情报认知体系作为系统反馈部分，情报行动体系作为系统执行部分，情报对手作为系统干扰部分，通过情报设计活动来对情报目标和情报对手实施激励与补偿作用，积极主动地塑造情报目标与情报对手的情报中介场结构，使得情报客体的活动朝我方设定的目标演变，从而使我方能够构筑起认知对抗优势。

最后，基于情报本体的情报工作能力和保障机制构建。运用复杂系统科学的相关理论与方法，从能力系统的自适应、协同进化及与环境交互机制等方面分析情报工作能力系统的智能性、主动性和适应性，通过分析系统的环境效应、规模效应、结构效应及自适应学习效应等方面，识别影响情报工作能力增长的重要来源。探究系统内部不同结构要素，以及外部环境因素影响能力系统演进的内在原因和作用方式，构建情报工作能力增长的规模效应模型、结构效应模型及自适应学习效应模型等，并进一步探究不同效应之间共同作用于能力增长的协同关系。探究情报工作能力增长的动力机制、学习机制及管理控制机制，构建情报工作能力增长的机制模型，并借助单一或多种效应的作用，实现对情报工作的处理能力、价值实现能力及保障能力部分或全部改善与提升，从而实现情报工作能力的提升。研究情报信息工作能力的培育要素识别、协同培育模式构建、情报与决策、行动一体化联动机制优化，以及培育对策方案的提出等方面。从宏观角度得出情报工作能力建设的提升策略，并通过开展情报工作能力提升对策的示范应用研究，将情报工作能力测评系统应用于实际的情报管理平台中，全面评估对策的有效性。

参考文献

[1] 黄贵.黄金圈法则与公司学习与发展创新实践[J].中国培训,2016,(12):298.

[2] 马克思,恩格斯.马克思恩格斯选集[M].北京:人民出版社,2009:213.

[3] 潘云涛,田瑞强.工程化视角下的情报服务——国外情报工程实践的典型案例研究[J].情报学报,2014,33(12):1242-1254.

[4] 肯特.战略情报——为美国世界政策服务[M].北京:金城出版社,2012:2

[5] 蒲攀,马海群.总体国家安全观视阈下的情报新思维[J].图书与情报,2022,203(1):1-13.

[6] 杨国立,李品.总体国家安全观背景下情报工作的深化[J].情报杂志,2018,37(5):52-58,122.

[7] 包昌火.对当前我国情报工作发展方向的几点建议[J].情报杂志,2014,33(5):1-2.

[8] 张秋波,唐超.总体国家安全观指导下情报学发展研究[J].情报杂志,2015,34(12):7-10,20.

[9] 高金虎.论国家安全决策中情报的功能[J].情报理论与实践,2019,42(10):1-8.

[10] 刘忠,戴美玲.战略情报评估视域下美国全球趋势报告的解读与启示[J].情报杂志,2022,41(4):3-7,21.

[11] 李红彩,马德辉.人工智能对美国国家情报工作战略演进的影响[J].情报杂志,2022,41(3):9-17.

[12] 舍恩伯格,库克耶.大数据时代[G].盛杨燕,周涛,译.杭州:浙江人民出版社,2013:2-23.

[13] 王世伟.论大数据时代信息安全的新特点与新要求[J].图书情报工作,2016(6):5-14.

[14] 苗圩.大数据:变革世界的关键资源[N].人民日报,2015-10-13(7).

[15] 吴晨生,李辉,付宏,等.情报服务迈向3.0时代[J].情报理论与实践,2015,38(9):1-7.

[16] 朱礼军.主编寄语[J].情报工程,2015,1(2):2-3.

[17] 赵冰峰.我国情报事业面临的环境变革、战略转型与方法论革命[J].情报杂志,2016,35(12):1-5.

[18] 包昌火,包琰.中国情报工作和情报学研究[M].北京:科学出版社,2014.

[19] CODEVILLA A. Informing Statecraft:Intelligence for a New Century(1st edition)[M]. New York:Free Press,1992.

[20] 赵冰峰.论国家情报[J].情报杂志,2013,32(7):1-7.

[21] 叶继元,成颖.情报的概念及其与信息链、DIKW链的关系探讨[J].中国图书馆学报,2022(4):39-51.

[22] 初景利,任娇菡.从情报研究到智库研究的转化机制——打通从情报到智库的"最后一公里"[J].现代情报,2023,43(2):3-8,41.

[23] 陈雪飞,李辉,刘彦君.国家安全与发展视野下的我国国家情报体制构建[J].情报理论与实践,2020(8):15-20,14.

[24] 林鑫,刘跃进,杨建英.关于《中华人民共和国国家情报法》的若干思考[J].情报杂志,2022,41(1):24-30.

[25] 邓灵斌.《国家情报法》视野下我国情报学发展动向的思考[J].情报杂志,2018,37(3):1-4.

[26] 邓灵斌.《国家情报法》解读——基于"总体国家安全观"视角的思考[J].图书馆,2018,287(8):52-56.

[27] 廉睿,宋宏飞,卫跃宁等.后《国家情报法》时代的国家安全情报法律体系建设——以"法益"理论为视角[J].情报杂志,2021,40(9):26-30,80.

第 2 章

战略规划的思想基础

中国的情报活动历史悠久，2500多年前的《孙子兵法》是情报思想和情报活动的起源。目前，我国军事、国家安全、科技、经济、公安等领域的情报活动各具特色，充分发挥了情报为所属行业决策服务起到的支撑作用。自夏商周到明清，历代兵书凝练了丰富的军事情报思想，特别是《孙子兵法》，其建立了丰富且完善的军事情报思想体系。2016年7月1日，在庆祝中国共产党成立95周年大会上，习近平总书记强调"全党要坚定道路自信、理论自信、制度自信、文化自信"，并强调"文化自信，是更基础、更广泛、更深厚的自信"。[1] 国家安全与崛起不仅需要硬实力的提升，更需要文化软实力的支撑。情报工作需要中华优秀传统文化的支撑和滋养[2]，《孙子兵法》被世界情报界视为经典，奉为圭臬。《孙子兵法》中提炼出的"五事""七计"等多因素致胜思想体系，对构建总体国家安全观视域下情

---

[1] 陈立民.马克思主义是"四个自信"的科学基础[N].新华日报,2018-07-24(11).
[2] 包昌火,马德辉,李艳,等.我国国家情报工作的挑战、机遇和应对[J].情报杂志,2016,35(10):1-6,17.

报安全体系具有重要的启示作用。❶

2.1 相关概念内涵界定

2.1.1 情　报

"情报"这一词汇的来源,学术界认为是1884—1888年日本留德学生森欧提出来的,他把德国克劳塞维茨《战争论》中的"nachricht"译为汉字"情报",对应法语"renseignement",1916年左右被译成英语"intelligence",即"智能""谍报"。20世纪初期,我国学者从日本引进这一词汇,并翻译成汉语"情报",来定义战争和军事活动中"关于敌情之报告"。日本《情报组织概论》一书的定义为:"情报是人与人之间传播着的一切符号系列化的知识。"❷"情报"的概念自引入以来,一直是学术界争论不休的问题。起源于战争和军事活动的"情报"概念,随着科学技术的迅速发展,"情报"的内涵一直在演进中,如表2-1所示。如1915年版、1939年版、1965年版、1979年版、1999年版《辞源》分别对"情报"概念进行了定义。我国著名科学家钱学森于20世纪70年代提出的"情报"概念充分体现了情报的知识传递特性。国外的学者也对"情报"概念进行了定义,英国文献学家维克利(Vikery)、英国著名情报学家布鲁克斯(Brookes)、美国学者谢尔曼·肯特(Sherman Kent)及美国中央情报局均对情报概念进行了定义。综上所述,中外"情报"概念更贴近钱学森的观点:"情报是特定时间、特定状态下,传递给特定的人的特定部分的有用知识"❸。

---

❶ 萧新永.从孙子兵法探讨竞争策略[J].滨州学院学报,2011(2):6-9.
❷ 王崇德.情报学引论[M].天津:天津大学出版社,1994:1-18.
❸ 史秉能.钱学森科技情报学术思想及其意义[J].钱学森研究,2018(02):74-83.

表2-1　中外有关"情报"内涵的演进[1]

中国		国外	
出处	内涵	出处	内涵
1915年版《辞源》	"定敌情如何，而报于上官者"	英国文献学家维克利	"情报是有意发出的改变接收者知识结构的信息内容"
1939年版《辞海》	"战时关于敌情之报告"	英国著名情报学家布鲁克斯	"使人的知识结构发生改变的那部分知识"
1965年版《辞海》	"情报是作为存储、传递和转换对象的知识，亦泛指一切最新的情况报道，如科学技术情报"	谢尔曼·肯特	情报是一种知识（knowledge）、一种组织（organization）、一种活动（activity）。情报是某种组织为追求特定的知识而采取的行动
1979年版《辞海》	"①以侦查手段或其他方法获得的有关敌人军事、政治、经济等各方面的情况，以及对这些情况进行分析研究的成果。②泛指一切最新的情况报道，如科学技术情报"	美国中央情报局	情报的本质是知识
20世纪70年代我国著名科学家钱学森	"情报是特定时间、特定状态下，传递给特定的人的特定部分的有用知识"		
1999年版《辞海》	"获取的地方有关情况以及对其分析判断的成果，按内容和性质分为政治情报、经济情报、军事情报和科技情报等"		

[1] 田杰.情报学的核心概念、真正起源及逻辑起点研究[J].情报杂志,2014(7)：16-19,37.

续表

中国		国外	
出处	内涵	出处	内涵
武汉大学 严怡民	"情报是作为交流传递对象的知识";从信息论的角度看,情报是"用来消除不确定性的东西"		
中国人民大学 谢晓专	"情报的核心义项是以冲突、对抗、竞争等博弈活动为内容,情报从主客观维度讲有智慧和谋略性,从时间维度讲有时效性,从空间角度讲有竞争与对抗性,从价值角度讲有高价值性,其目的在于支持决策或指导行动而实现目标并赢得胜利"		
中国科技情报所 重庆分所 刘植惠	"情报是能解决问题的社会信息"		

美国"情报分析之父"肯特（Sherman Kent）认为情报是某种组织为追求特定的知识而采取的行动。情报行动包括：情报行动起点——根据需求进行数据、信息获取（information acquisition）；情报行动中间环节——对集聚的数据、信息进行分析（analysis），产生知识，通过情报交流活动，产生情报；情报活动的终点——情报被决策者采用（acceptance），实现情报支撑决策的结果。信息的获取是起点，搜集到手的情报经过复杂的信息分析过程才能变成有用的情报，但是也不一定被采用。情报支撑决策机理如图2-1所示。肯特认为情报在本质上是一种知识：①静态的知识（过去），这种情报主体是已知的内容；②动态报道知识（现在），对研究对象持续跟踪，掌握对象的变化，正确评估对象的现有能力的知识；③推测评估知识（未来），以推测未来为目的，了解对象的意图，有能力创造性地应用方法并进行预测。

情报工作关乎国家兴衰存亡，战争时期的情报工作在战争中起到中流砥柱的作用，和平时期的情报工作与国家安全与发展、国际关系和国际贸易等领域息息相关。❶ 西方的情报活动以美国最具代表性。美国情报活动最早可以追溯到美国独立战争,乔治·华盛顿(George Washington)要求国会设立"秘密服务基金"支持情报服务,采取间谍活动、反间谍活动和秘密行动,使用代码和密码传播、宣传虚假信息以影响外国政府,通过抓获文件、截获邮件、解码电报(报纸)及对囚犯和逃兵的审讯来获取情报。19世纪80年代,美国情报体系初步形成:海军情报局和陆军军事情报部,情报人员被派驻在欧洲几个主要城市,主要任务是搜集情报。1898年,西班牙—美国战争爆发时,许多情报人员转而从事间谍活动,创建线人圈并进行侦查行动,以了解西班牙军事意图,获取西班牙海军的位置。第一次世界大战后,美国重点开展对德国和日本的代码破解和反间谍行动,对德国和日本的间谍活动和破坏活动发动有效的反间谍攻击。❷

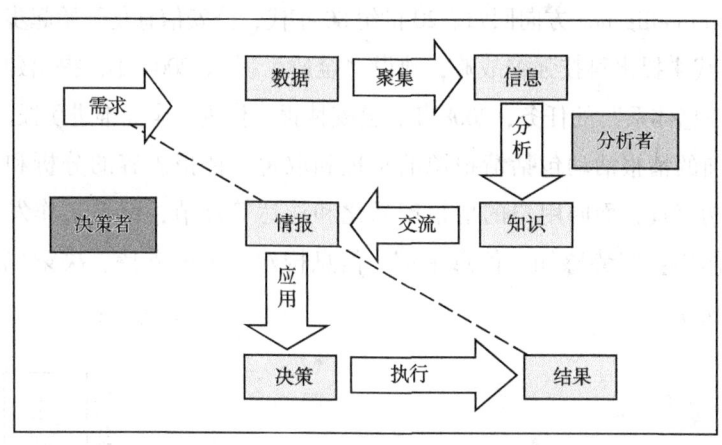

图 2-1　情报支撑决策机理

除美国之外,德国从第一次世界大战开始就搜集对战争有利的情报,为德军顺利入侵法国等提供支持,德国还建立了全世界第一所特工学校,专门培养情报人才。1909年,英国成立秘密情报局,重视情报技术,在无

---

❶ 高金虎.美国战略情报与决策体制研究[M].西安:陕西师范大学出版社,2004:41-76.

❷ 王今,马海群,邹纯龙.国家情报评估与决策的关系——基于多源流理论和认知心理学双重视角[J].图书情报工作,2022,66(2):22-31.

线电技术和密码技术方面成就显著，在情报对抗中显示出强大优势。

1956年2月，航空科技情报研究所、中国科学院情报研究所等科技情报机构相继建立，标志着我国科技情报事业蓬勃发展起来，科技情报工作被聂荣臻、张爱萍等老一辈无产阶级革命家定位为科技工作的"耳目、尖兵"。1992年，"科技情报"改称为"科技信息"，情报的intelligence功能受到了很大程度的削弱。❶ 科技情报重点关注信息爆炸与信息高效利用之间的关系处理，主要工作任务是信息搜集、加工整理、分析服务，为科研、决策、技术开发提供支撑，情报的对抗性减弱。❷ 市场情报（竞争情报）是企业经营过程中必不可少的关于竞争环境、竞争对手、竞争策略的信息和研究，它既是情报收集和分析的过程，又是形成情报或策略产品的过程。竞争情报开阔了情报研究的国际视野，动摇了我国情报界的泛信息化思潮，使情报工作向intelligence方向回归。20世纪80年代，公安信息化开始起步，20世纪90年代末提出科技强警战略，建设"金盾工程"。2004年，提出建设"公安情报信息体系"的任务，2008年，公安情报工作进入全面推进阶段。

目前的情报活动包括情报源的整理和取舍，情报内容的分析和去粗取精、去伪存真，面向用户的情报产品化和送达等环节，情报工作发挥五个层级的作用：态势感知、信息报道、信息构建、决策支持、决策代理，如图2-2所示。

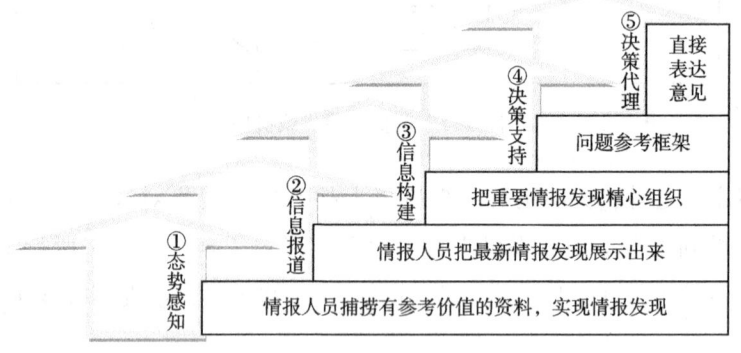

图2-2　情报作用

---

❶ 包昌火,马德辉,李艳. Intelligence 视域下的中国情报学研究[J]. 情报杂志,2015(12):1-6,47.

❷ 郑彦宁. 我国科技情报机构核心业务研究[J]. 情报理论与实践,2007(4):444-446.

①态势感知——情报人员根据任务要求,从各种可能的情报源中查资料,捕捞出有参考价值的资料,实现情报发现。典型场景是:做动态跟踪的情报人员,每天在互联网上查询最新的动态原始文献,并从中挑选最重要的文献,保存下来。例如,美国管理预算办公室(Office of Management and Budget)和科技政策办公室(Office of Science and Technology Policy)联合发布的《2017财年预算的科学与技术重点》,就是一个情报发现。

②信息报道——情报人员把自己的最新情报展示出来,与上级、用户或同事分享。典型场景是:情报人员从情报发现中挑选比较重要的信息,录入网络文献数据库展示出来。例如,把新发现的美国《2017财年预算的科学与技术重点》报告,及时提交到《科技参考》里,分享给深入钻研问题的用户。

③信息构建——情报人员把重要的情报发现,精心组织成用户容易吸收的知识点。典型场景是:情报人员在为用户提供情报分析产品时,用尽可能简短的文字提供尽可能多的信息输送到用户面前。例如,情报人员把我国的两款情报产品——《每日快报》和《半月报告》创造成"微型情报研究报告"。

④决策支持——情报人员为用户服务时,围绕某一问题,提供一个参考框架,并提供充沛的无偏见的背景信息和选项。典型场景是:情报人员需要把与特定问题的干系人及其可能的立场都摆出来。例如,美国战略与预算评估中心(Center for Strategic and Budgetary Assessments)发布的背景报告。

⑤决策代理——情报人员通过"启示""建议"直接表达自己的个人意见。典型场景是:情报人员替用户判断哪一条道路最正确,并对这个判断负责。例如,情报人员扮演决策者角色,为了使这个决策正确,设置反方或设置N方,从多方对抗的视角来表达自己的个人意见。

2.1.2 国家情报

学界对我国国家情报内涵界定并不清晰,但国家情报工作要履行为国家安全和经济社会发展、现代战争和大国博弈、反间谍工作等决策提供支撑的使命不会动摇，国家情报工作与国家政治制度和技术环境及国家安全和人民生活需要息息相关。我国国际地位的提升，大国崛起所面临的冲突、对抗与所承载的责任考验国家情报工作能力，现有的情报工作体制不能满足新时期国家安全与发展战略需要，需要各类国家情报机构齐心聚力、全力以赴。

国家情报作为高度务实和极其隐秘的活动，虽然学者们对其内涵界定并不清晰，但是根据国家情报的参与主体和影响范围，可以总结国家情报具有以下七个方面的基本特征：决策支撑性、竞争对抗性、绝对机密性、行动分离性、认知主观性、循环互动性、特定情境性。

第一，决策支撑性。国家情报是专门的情报人员通过认知活动形成的知识性产品，情报人员要能够判断这些知识对于决策者的重要程度，更有针对性将这些知识传达给国家安全与发展各领域的决策者，情报只有进入决策、支撑决策，才能真正成为情报。

第二，竞争对抗性。国家情报活动的参与者是各个国家的专门机构，服务于各个国家的整体公民利益，情报活动的目的是获取对手国家的秘密，同时阻止对手国家获得本国的秘密，因此具有竞争对抗性。

第三，绝对机密性。国家情报活动关乎国家的安全与发展，体现大国之间的博弈，国家情报活动保密至关重要，因为情报具有对抗性，保密必不可少，即便对于本国的公民也是如此。

第四，行动分离性。国家情报的作用是支撑决策，情报服务于保护国家安全的行动，但国家情报服务某种程度上独立于决策者，情报人员与决策者和行动要保持一定距离，虽然国家安全情报机构有时也会直接开展行动，但在国家情报内部的情报部门和行动部门也相对分离。

第五，认知主观性。虽然情报素材是客观存在的，但情报产品体现情报分析人员和情报机构集体的主观认知，情报产品需要经过情报人员的大脑分析、理解及建构才能产生。国家情报是各情报组织机构活动的产物，国家情报的最终产品是由国家情报组织和人员共同建构的，而非完全客观的产物。

第六，循环互动性。国家情报生产需要各类情报人员之间的通力合作，才能实现动态的情报循环，同时情报服务过程中，情报服务人员与决策者之间也存在相互循环的互动关系。

第七，特定情境性。国家情报活动中，信息搜集方式、国家情报服务内容和情报发挥的潜在作用和影响等，都会受相关的前提和条件制约，也就是说国家情报只有在特定环境下、结合特定情报活动目的、针对特定的情报对象才有意义。

（1）国家情报体制形成。世界各国均建立复杂的国家情报体制，我国也不例外，但国家情报体制的建立并不是一蹴而就的，它有一个形成过程。❶ 国家情报体制的形成过程分为三个时期：①军事情报体制时期；②松散的社会情报体制时期；③国家情报体制时期。21世纪，信息全球化给为决策提供支撑的情报工作带来了严峻的挑战，军事部门要保卫国家安全，警察、司法、监狱等部门要维护社会秩序与打击犯罪，其他政治、经济、文化等部门也要各司其职，为维护国家安全与发展服务。在军事、警察、司法、监狱和其他政治、经济、文化等各部门的背后，各个部门、行业的内部情报工作则为各部门发挥其职能提供保障。因此，必须改变情报与决策相分离的军事情报体制和各类社会情报体制，为满足国家政治稳定、军事斗争、经济发展及国内安全的需要，建立战略高度或国家层次的情报体制，协调各部门的情报工作，在国家层面统筹军事、警察、司法、监狱和其他政治、经济、文化等各个行业、各机构的情报工作，保障军事安全、政治安全、经济安全、文化安全、信息安全、生态安全等各领域的安全。❷ 为维护国家安全和利益，《中华人民共和国国家情报法》于2017年6月28日起实施，以法律的形式授予各个行业、各机构的情报部门在中国国内外开展情报工作的权力，新建立的国家情报体制直面我国面临的国家安全风险和压力，迎接维护国家主权安全的挑战，强化国家情报整体监控、管制权限，以打击境内外的安全威胁，确保国家利益。❸

---

❶ 刘宗和,高金虎.外国情报体制研究[M].北京:军事科学出版社,2003:2-10.
❷ 郭永良.国家情报体制的历史沿革[J].情报资料工作,2008(1):15-19.
❸ 林鑫,刘跃进,杨建英.关于《中华人民共和国国家情报法》的若干思考[J].情报杂志,2022,41(1):24-30.

（2）国家情报体系的构成。国家情报体系的机构设置包括四部分：领导机构、面向国家安全领域国家情报机构、面向社会发展的其他情报机构、国家情报数据平台，如图2-3所示。❶

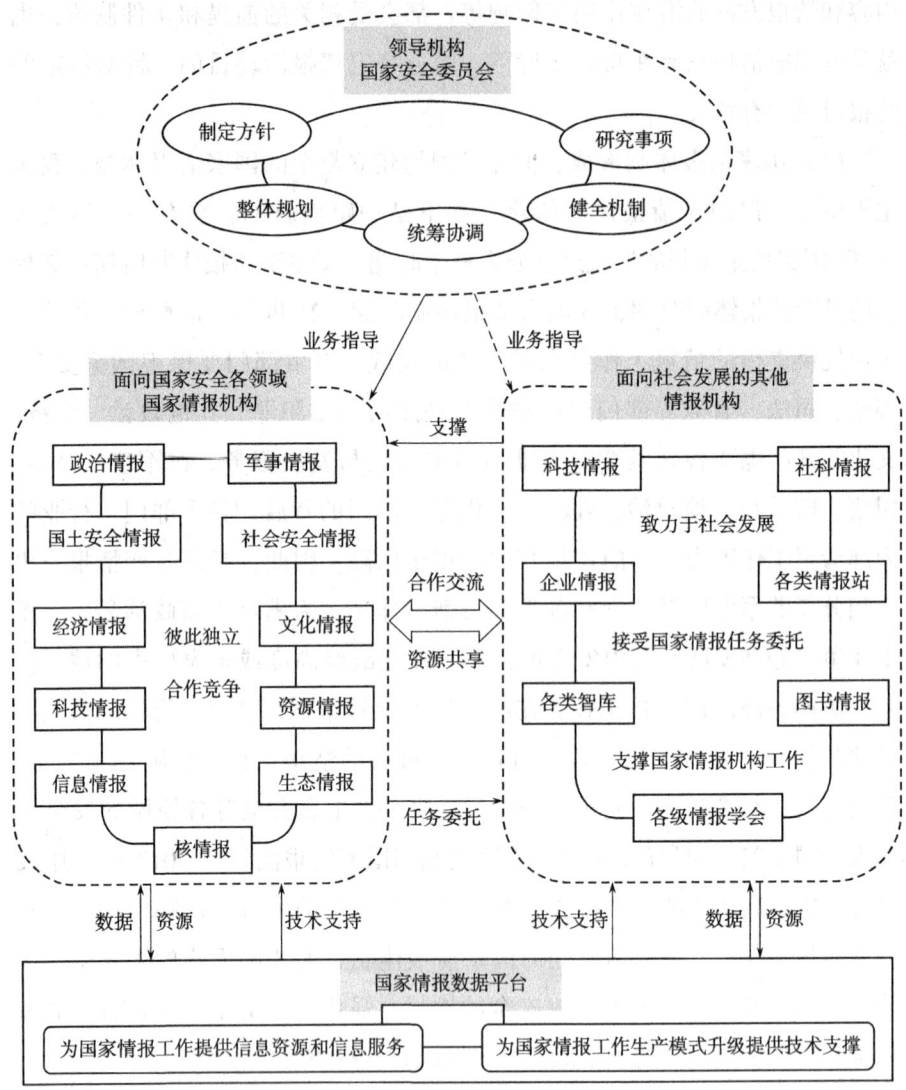

图2-3 国家情报体系机构设置

---

❶ 陈雪飞,李辉,刘彦君.国家安全与发展视野下的我国国家情报体制构建[J].情报理论与实践,2020(8):15-20,14.

第一，国家情报领导机构。2014年年初设立中共中央国家安全委员会，国家安全委员会由习近平总书记担任主席，国务院总理和全国人大常委会委员长任副主席，国家安全委员会设立常务委员和委员若干名，负责安全工作的决策、议事协调，研究制定有关重大方针政策，指导、统筹、协调国家安全的重大事项和重要工作。国家安全委员会作为国家情报工作的领导机构，强化国家安全工作集中统一领导，依据总体国家安全观，进行5个方面的统筹协调：①制定方针政策；②制定国家情报整体规划；③建立健全工作协调机制；④统筹协调各领域国家情报工作；⑤研究决定国家情报工作中的重大事项。

第二，面向国家安全各领域的国家情报机构。根据总体国家安全观的要求，面向国家安全的领域共有11个，因此我国国家安全情报工作也分为11个领域：①政治情报；②军事情报；③国土安全情报；④社会安全情报；⑤经济情报；⑥文化情报；⑦科技情报；⑧核情报；⑨资源情报；⑩信息情报；⑪生态情报。11个专业领域情报机构彼此独立运行，但也保持相互竞争关系，分别专注各自领域的情报工作。

第三，面向社会发展的其他情报机构。面向社会发展的情报机构包括以下7部分：①科技情报机构；②社科情报机构；③企业情报机构；④各类情报站；⑤各类智库；⑥图书情报机构；⑦各级情报学会。这些面向社会发展的情报机构接受国家情报机构的任务委托，与国家情报机构开展合作交流，交换共享非保密情报资源，对国家情报机构工作形成有力支撑，兼顾维护国家安全与发展。面向社会发展的其他情报机构也是国家情报体制的一部分，接受国家安全委员会的业务指导。

第四，国家情报数据平台。国家情报数据平台的作用体现在两个方面：①为国家情报工作提供信息资源和信息服务；②为国家情报工作的生产模式升级提供技术支撑。国家情报数据平台横向跨越各个政府部门和情报机构，纵向联结各级政府，向外与私人部门与国外盟友交流，为国家情报工作建立情报共享环境，推动情报机构间资源共建共享与情报交流协作，推进国家情报实现"大一统"资源融合和"一体化"信息服务；国家情报数据平台在情报工作的手段、流程、精度优化等方面提供技术支撑，促进情报信息智能监测、智能处理、智能应用等的真正落地，在国家安全和社会发展的重大事件和重大决策中发挥情报预警、预知、预防的作用，为国家重大威胁预警防范与快速处置提供有力保障。

国家情报体系的统筹协调机构是一个独立组织，各实体情报机构与统筹协调机构并不是直接隶属关系，统筹协调机构对各类情报机构的管理协调是指导性的。最高统筹协调机构在国家治理中占有重要地位，最高领导一般由国家首脑担任或任命，成员包括其他政府部门的领导。国家情报体系的内部会根据情报任务的需要，围绕工作任务各类情报机构相互配合，避免情报机构之间条块分割、各自为政，情报交流不够充分。国家情报工作超越单一领域情报活动，是以安全、军事、外交、经济、执法、政治、科技等领域为主体架构的"一体化"情报工作体系，国家情报工作的使命是运用大数据技术群，为维护国家安全与发展，为重塑国家竞争优势和提升国家治理能力提供决策支持，业务环节包括对情报战略规划指导、数据搜集、数据存储整理、情报分析与服务等。❶

（3）国家情报工作保障。当前我国的国家情报力量尚未完全整合，各领域情报机构还处于分散状态，必须超越特定机构的业务范畴或单一领域的特定需要，从国家安全与发展战略需求高度统摄情报工作，为国家情报各项工作的顺利开展提供保障，不断完善与调整，使情报工作在国家安全稳定与发展中发挥独特作用。

第一，制度保障。国家情报制度是约束情报部门和情报行为的规则体系，国家情报制度建设要从制度理念、制度设计和价值导向上分析情报制度建设的现状和缺陷，从情报人员、情报产品、情报行为绩效三个方面分析国家情报工作。制度保障要求国家情报工作既要得到法律的保护，更要受到法律的制约，国家情报领域包含3类法律：一是国家情报核心法律，如《中华人民共和国宪法》《中华人民共和国国家情报法》等；二是维护国家安全、体现国家情报工作的使命与任务的法律，如《中华人民共和国反间谍法》《中华人民共和国反恐怖主义法》等；三是情报机构的组织条例。我

---

❶ 马德辉,黄紫斐.美国《国家情报战略》的演进与国家情报工作的新变化、新特点与新趋势[J].情报杂志,2015,34(6):1-4,11.

国目前已经出台《中华人民共和国国家情报法》《中华人民共和国反恐怖主义法》《中华人民共和国反间谍法》《中华人民共和国国家安全法》《中华人民共和国保守国家秘密法》《反分裂国家法》《中华人民共和国核安全法》等,已经出台的法律包括上述第一、第二个方面的法律规范,但作为情报体制改革、生存和发展基石的第三类有关情报机构的组织条例还相对空白,说明国家安全的战略框架和法律体系并不完善,距离建成既科学又成熟的制度化国家情报工作法治体系还有差距;制度保障要求在总体国家安全观的指导下,建立起健全的国家安全机制体制,有序地统筹对各领域情报机构科学管理;制度保障要求建立起一套行之有效的情报监督体制,包括行政监督(情报机构的归口政府部门和统筹协调机构的监督)、司法监督(通过诉讼由司法机关介入调查、经司法程序形成判例或解释来实现达到对情报机构监督)及非正式的社会监督(由大众传播媒体和公众舆论执行,关心的是情报机构和情报活动的正当性问题),对情报机构进行控制和监督,防止情报机构发生权力滥用。

第二,技术保障。舒尔斯基在其著作《无声的战争——理解情报世界》中指出:可以在"制度上"和"智能上"避免情报失误。❶ 科技是第一生产力,高端科技就是现代的国之利器,没有核心技术的优势就没有政治上的强势。《国家创新驱动发展战略纲要》(2016年5月)、《"十三五"国家科技创新规划》(2016年8月),强调科技创新能力是国家力量的核心支撑,将"科技创新"作为一个整体来进行顶层设计。尤其是进入2012年以来,大数据思维、大数据技术应用、大数据战略实施等,促使情报服务工作进入了数据全息化、情报分析方法集成化、情报生产技术智能化及情报推送服务全纳化的崭新时代。❷ 大数据时代,计算机技术、网络技术、大数据技术群、人工智能等广泛应用于情报工作:①应用互联网核心技术把握住国家网络与信息安全最大的"命门"。②信息技术与情报分析技术的深度融

---

❶ 舒尔斯基.无声的战争:认识情报世界[M].肖皓元,译.北京:金城出版社,2011:103-116.

❷ 吴晨生,李辉,付宏,等.情报服务迈向3.0时代[J].情报理论与实践,2015,38(9):1-7.

合，促进情报分析技术向其他领域扩张，加速新技术的研发和应用。③应用人工智能技术提升情报服务水平。充分利用云计算技术和大数据技术群，努力营造情报工作创新发展环境，提升情报创新能力，加快培养情报人才，实现情报加工、情报组织、情报分析、情报传递、情报服务等环节的全方位科技创新。❶ 积极构建面向国家安全治理和经济发展的国家情报数据中心，利用各种最新技术挖掘政府、社会和企事业单位的大数据资源，为国家制定重大决策提供准确、高效、及时的情报支撑服务。

第三，人才保障。依据新增长理论可知人力资本是驱动国家情报工作发展的源泉，为确保国家情报工作在情报收集、情报分析及研判、情报服务上的优势，进行高素质人才的选拔及培养势在必行。①设立专门的人才培训机构，培养军事、安全、外交、科技、经济等领域的情报人才；②委托大学增设相关专业，委托培养特殊情报人员；③以派遣留学、派遣工作、在职培训等方式培养人才；④提高选拔人才的门槛，对高素质综合情报人才进行选拔；⑤跨部门专家借调，从各领域专业部门借调各方面的专家，如气象专家、火炮专家、装甲专家等。

2.1.3　总体国家安全观

《孙子兵法》博大精深，显示出我国古代情报研究具有先进性，相对《孙子兵法》的辉煌，当代情报的学术思想比较薄弱，缺乏关乎国家安全的整体性、系统性和联动性的情报学术思想。20世纪80年代中期以后，虽然学界引进和形成了几个派别的情报学学术理论：军事情报理论（李耐国等）、公安情报理论（陈亮等）、竞争情报理论（包昌火等）等，但各派情报学学术理论彼此独立，情报理论研究与中国国家安全与发展战略的需求不能匹配，情报学学术思想既无法发挥战略引领作用，又不具备战术指导

---

❶ 赵玉林,谷军健.制造业创新增长的源泉是技术还是制度？[J].科学学研究, 2018(5):800-812,912.

性作用。❶ 因此，必须植根国家情报工作实践，建设中国特色的国家情报思想体系，为安全、执法、政治、军事、外交、经济、科技等领域一体化的国家治理服务，形成"情报思想的中国范式"。❷

（1）国家安全概念的提出。"国家安全"概念出现是相对较近的事情，而国家安全的实践却早已有之。中华人民共和国成立以来，国际国内形势的发展变化，国家安全的内涵和外延不断扩展，对国家安全的认识也在不断演进，我国国家安全概念的演变大致经历了四个阶段，见表 2-2。

第一阶段，传统"国家安全"概念阶段（中华人民共和国成立之初到 20 世纪 70 年代末）。这一阶段尚未出现"国家安全"这一概念，是以军事和政治安全为核心的传统国家安全观。这一阶段，国家安全的主要任务始终围绕维护国家独立、主权、安全、领土完整、保卫革命成果、捍卫党的领导和社会主义制度。国家安全的实践包括三个方面：①根据国家安全实际需求，制定并调整国家对外政策；②镇压反动势力，清除威胁国家安全的隐患；③积极备战参战，加强军队建设，为维护国家安全提供力量支撑。

第二阶段，综合"国家安全"概念阶段（20 世纪 70 年代末到 20 世纪 80 年代末）。这一阶段是以综合安全为核心的国家安全观，1983 年"国家安全"一词首次作为独立术语出现在国家官方的政府工作报告中，中国在 1983 年成立专门的国家安全机关，于 2000 年成立了中央国家安全领导小组。维护国家和平与发展成为时代主题，非传统安全威胁逐渐显现，提出了超越传统安全概念的一系列新安全概念，比如共同安全概念、合作安全概念、综合安全概念等。

第三阶段，新"国家安全"概念阶段（20 世纪 90 年代初到 2012 年党的十八大之前）。这一阶段针对国家安全威胁的复杂化、综合化和国际霸权主义、强权政治的新发展，我国的国家安全整体表现为从传统国家安全向非传统国家安全的过渡，并在 2002 年形成了以"互信、互利、平等、协

---

❶ 赵冰峰.现代情报理论研究的国际比较与战略启示[J].情报杂志,2017(1):9-13.
❷ LOCH K JOHNSON. Handbook of intelligence studies[M]. London:Routledge,2007:1-14,28-37.

作"为核心的新国家安全概念。2011年《中国的和平发展》白皮书发布，对外正式宣布中国的核心利益——维护国家主权、国家安全、领土完整、国家统一。

第四阶段，总体"国家安全"概念阶段（2012年至今）。这一阶段非传统国家安全概念趋于高阶和成熟，党中央成立了国家安全委员会，2014年4月15日，国家主席习近平在主持召开中央国家安全委员会第一次会议时，首次正式提出"总体国家安全观"，形成了"以人民安全为宗旨"的总体国家安全观，开辟了国家安全顶层设计的新思路，构建国家安全体系，准确把握国家安全形势变化新特点新趋势，走出一条中国特色国家安全道路。

表2-2 国家安全概念的演变❶

阶 段	时 间	核 心	标志性事件	提出背景
第一阶段：传统国家安全阶段	中华人民共和国成立之初到20世纪70年代末	军事安全和政治安全	无	"冷战"全球两极格局
第二阶段：综合国家安全阶段	20世纪70年代末到20世纪80年代末	综合安全	1983年首次提出"国家安全"概念	"冷战"即将结束
第三阶段：新国家安全阶段	20世纪90年代初到2012年党的十八大之前	"互信、互利、平等、合作"为核心的新安全观	2011年《中国的和平发展》白皮书发布	从传统国家安全观向非传统国家安全观过渡
第四阶段：总体国家安全阶段	2012年至今	构建国家安全体系	2014年党中央成立了国家安全委员会	非传统国家安全观趋于高阶和成熟

（2）"总体国家安全观"的内涵。解读"总体国家安全观"的内涵，可以依据中共中央组织部、中共中央宣传部联合发出的《总体国家安全观干部读本》（以下简称《读本》）。《读本》全面总结了"总体国家安全观"

---

❶ 刘跃进.总体国家安全观:民心基础与理论溯源[J].人民论坛,2014(16):24-27.

的丰富内涵、道路依托、领域任务、法治保障和实践要求。

第一,"总体国家安全观"的丰富内涵。"总体国家安全观"概念中"总体"二字特别重要,"总体"二字强调"总体国家安全观"内在要素之间逻辑结构严密,要素之间内在联系紧密。国家安全包括:政治安全、经济安全、军事安全、文化安全、社会安全、网络安全、海外利益安全、深海安全等全方位内涵,当前国家安全分为政治、军事、经济、国土、金融、科技、文化、社会、网络、粮食、生态、海外利益、资源、极地、生物、核、太空、深海、人工智能、数据等诸多领域。国家安全问题必须既重视传统的领陆、领水、领空、底土等领土安全,又重视非传统的海洋毗邻区、专属经济区、大陆架、深海区、防空识别区及外太空空间、电磁空间、网络空间的安全。因而必须在传统的"国土安全"基础上,确立非传统的"国域安全"概念,并用"国域安全"来概括当前最为广泛的国家生存发展的空间安全问题。陆域安全、水域安全、底域安全、空域安全、天域安全、磁域安全、网域安全国家安全二级构成要素"七域一体"构成"国域安全"。❶ 其中水域安全二级要素再分为三级要素:内水安全、邻水安全、海域安全,而海域安全三级构成要素又分为领海安全、毗邻区安全、专属经济区安全和大陆架安全4个国家安全的四级要素,领海安全四级要素又分为内领海安全与外领海安全两个方面的国家安全的五级要素。对国家安全构成的诸多领域进行细分,就可以形成国家安全要素系统体系,可以指导我们进行更深入的国家安全体系研究,如图2-4所示。

第二,"总体国家安全观"的道路依托。方向决定道路,道路决定命运。总体国家安全观是习近平新时代中国特色社会主义思想在国家安全问题上的体现与发展。总体国家安全观以人民安全为宗旨,总体国家安全观以政治安全为根本,总体国家安全观以经济安全为基础,总体国家安全观以军事、文化、社会安全为保障,总体国家安全观以促进国际安全为依托,走出一条中国特色国家安全道路——"以人民安全为宗旨,统筹国家安全方方面面的国家安全道路"。走中国特色国家安全道路"必须毫不动摇坚持

---

❶ 刘跃进,刘思偲. 国域安全观:国家安全新思维[N]. 中国社会科学报,2017-07-12(007).

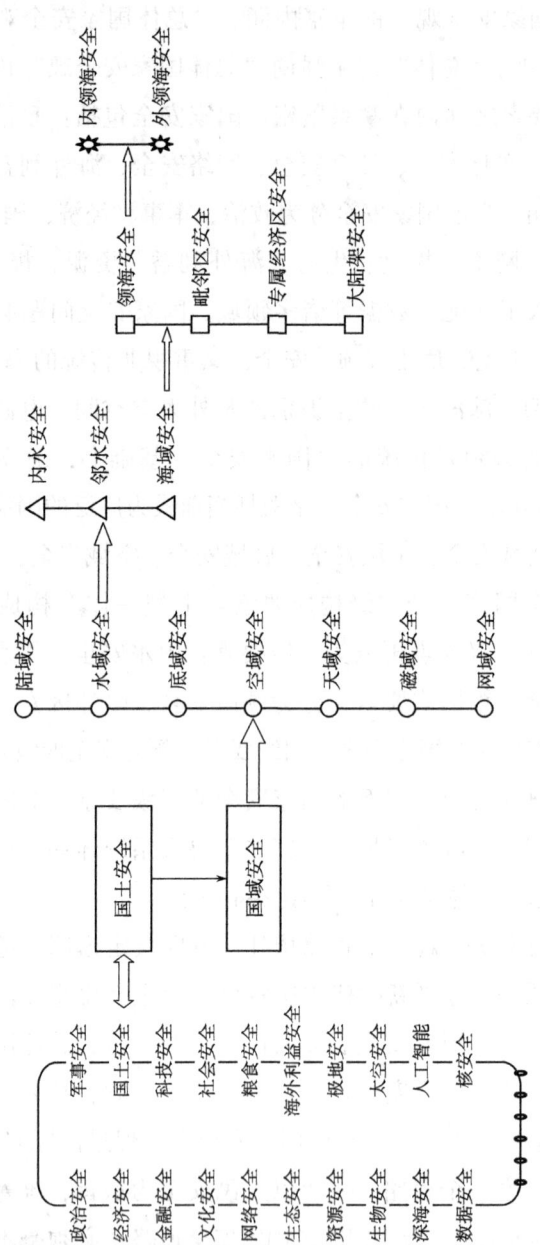

图 2-4 从"国土安全"到"国域安全"的多层级体系

中国共产党对国家安全工作的绝对领导"（2015年1月23日，习近平总书记主持中共中央政治局会议时指出），把党的领导贯穿到国家安全工作的方方面面。党的领导是中国特色国家安全事业的根本原则和最大优势，坚持党的绝对领导、集中统一领导和全过程领导，是新时代国家安全事业取得胜利的根本保障。如图2-5所示❶，总体国家安全观的宗旨、根本、基础、保障、依托五个方面，指出了总体国家安全观五大要素的构成，也明确了不同领域、不同性质安全在总体国家安全观中的不同地位和作用。

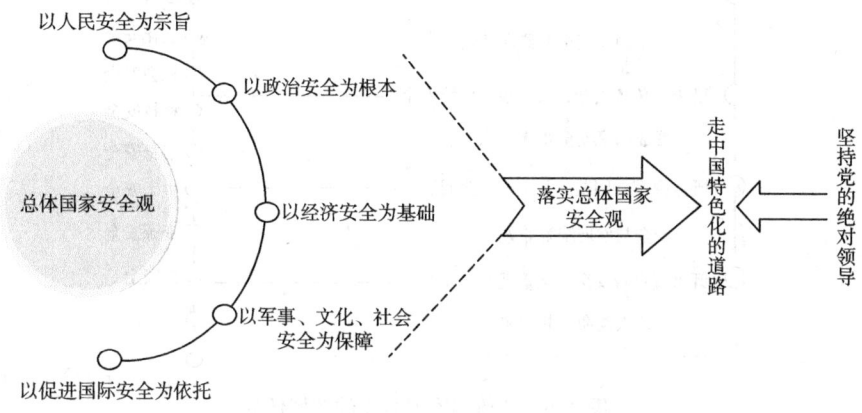

图2-5 国家安全的逻辑结构及其内在联系

第三，"总体国家安全观"的领域任务。党的十八大以来，党中央把国家安全作为头等大事，对国家安全作出战略擘画、全面部署。国家安全经受住了来自政治、经济、意识形态、自然界等方面的风险考验，才能为党和国家兴旺发达、长治久安提供有力保证。总体国家安全观秉承"以人民安全为宗旨"的国家安全核心价值观，系统、科学统筹国家安全各个方面，要把国家安全问题置于中国特色社会主义事业的全局中来考量，充分调动国家各方面积极性，形成全国各条战线维护国家安全的合力：①外部安全与内部安全并重；②在国家安全前提下以国民安全为根本；③传统安全与非传统安全整合；④发展与安全辩证统一；⑤在推动共同安全中谋求自身安全，如图2-6所示。这五对关系形成合力，从不同视角保障了总体国家安全观

---

❶ 特别策划：习近平总体安全观图解[J]. 人民论坛, 2017(10)：24-25.

"统筹国家安全方方面面"的重要特征。传统安全与信息安全兼顾、生态安全、资源安全、核安全等非传统安全并举,外部安全与内部安全同等重视,对内求发展、求变革、求稳定,对外求和平、求合作、求共赢,实现本国安全与他国安全的共同安全,甚至包括人与自然、国家与国际的总体安全。

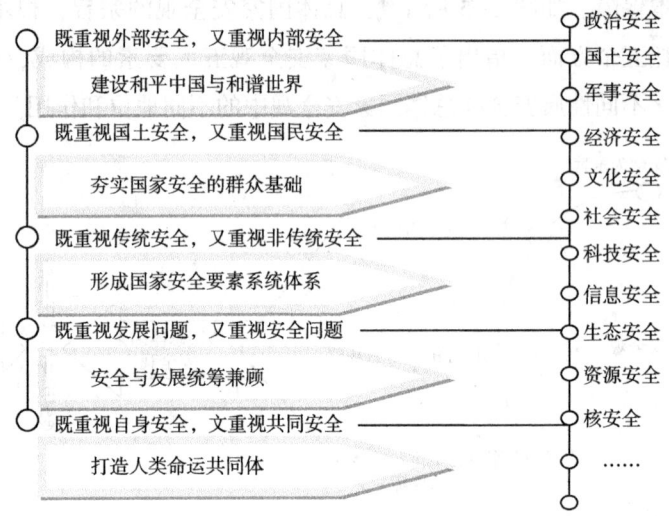

图 2-6 总体国家安全观的领域任务

第四,"总体国家安全观"的法治保障。习近平总书记多次强调法治在国家安全发展中的重要地位和作用[1],习近平在党的二十大报告中也强调:要"完善国家安全法治体系"(2022 年 10 月 16 日)。此外,中央政治局会议审议通过《国家安全战略纲要》(2015 年 1 月)、《国家网络空间安全战略》(2016 年 12 月)和《国家安全战略(2021—2025 年)》(2021 年 11 月),从国家大战略的高度审视国家发展战略与国家安全战略的关系,构建与新发展格局相适应的新安全格局,国家安全制度体系不断完善。在总体国家安全观的指导下,我国通过和实施了《中华人民共和国国家安全法》为统领的国家安全立法,先后颁布《中华人民共和国反间谍法》《中华人民共和国国家安全法》《中华人民共和国网络安全法》《中华人民共和国国家情报法》等一系列国家安全法律,为进一步维护国家安全实践活动,推动

---

[1] 李建伟. 总体国家安全观的理论要义阐释[J]. 政治与法律,2021(10):65-78.

国家安全工作提供了法律遵循。❶

第五,"总体国家安全观"的实践要求。国泰民安是人民群众最基本、最普遍的愿望,是改革发展的重要前提。贯彻落实总体国家安全观,在实践上要做好以下几个方面的工作:①明确国家安全的主体责任,根据《中华人民共和国国家安全法》第十一条的规定:"中华人民共和国公民、一切国家机关和武装力量、各政党和各人民团体、企业事业组织和其他社会组织,都有维护国家安全的责任和义务";②加强国家安全宣传教育,维护国家安全,就必须使党员干部和人民群众树立国家安全意识,具有维护国家安全的自觉,因此要开展以"全民国家安全教育日"为主题的国家安全教育活动,强化维护国家安全的宣传引导,把国家安全教育融入国民多重教育体系和培训体系中;③完善国家安全工作机制,健全国家安全危机的信息汇报和发布制度,维护国家安全要有效整合保障国家安全的各方面的力量,从整体性、系统性和联动性的视角开展国家安全工作,建立起国家安全领域专家学者专业力量的协同机制,推动国家安全研究的智库建设,出台并更新重要安全领域的风险应对预案,强化风险评估与监测预警,加强对国家安全形势的分析和研判,为维护国家安全工作提供智力支撑和决策建议;④以法治维护国家安全,贯彻落实总体国家安全观,必须进行国家安全法治建设,尽快颁布、修改和完善国家安全各领域法律体系,为实施推动国家安全工作提供了法律遵循,提升了国家安全法治化水平,推进国家安全各项工作法治化,为走中国特色国家安全道路提供有力法治保障。❷

(3)"总体国家安全观"的意义。总体国家安全观站在历史的新高度上,将国家安全问题置于一种更高级的形态,总体国家安全观的具体内涵体现出明显的中国特色:①总体国家安全观汲取中国传统思维方式的精华,从整体性、系统性和联动性的视角研究国家安全;②总体国家安全观以人民安全为宗旨,这是中华优秀传统文化价值的当代体现;③总体国家安全观强调

---

❶ 李建伟.总体国家安全观视域下金融安全法律规范体系的构建[J].社会科学文摘,2022(11):118-120.

❷ 韩玉贵.非传统安全威胁上升与国家安全观念的演变[J].教学与研究,2004(9):86-90.

忧患意识,正是中国古代先哲"生于忧患,死于安乐"思想的体现。④总体国家安全观中包括的多个领域的安全,是中华民族和谐统一思想的体现。总体国家安全观是东方文明的复兴的体现,总体国家安全观展现的和谐共赢思想不同于西方世界观中的丛林法则,更是摒弃了弱肉强食的零和博弈思维,统筹国家安全的各个领域,形成对西方国家联手制裁的遏制。❶

第一,提出安全与发展兼顾的国家大战略。确保安全和实现发展是各个国家追求的两大核心目标,中华人民共和国成立以来党领导社会主义国家的建设实践亦是如此。总体国家安全观要求在制定国家发展战略的同时,必须制定与其相适应的国家安全战略。2015年出台《国家安全战略纲要》表明:从国家大战略的高度审视国家发展战略与国家安全战略的并重关系,这两个战略互相照应,它们互为国家大战略的有机组成部分,是总体国家安全观坚持统筹发展和安全思想在国家战略领域的体现。❷

第二,凝聚起全体人民的意志力量。总体国家安全观具有鲜明的价值引领和立场宣示,体现"一切为了人民"的国家安全核心价值观。坚持"以人民为中心",坚持"国家安全一切为了人民"、坚持"国家安全一切依靠人民",维护人民根本利益,解决人民群众的重大安全关切,保障人民生命财产安全和其他合法权益,为人民创造良好生存发展条件和安定生产生活环境。总体国家安全观坚持"以人民为中心",实现了国家安全观的重心下移和覆盖面扩展,更具实践性和感召力,能够凝聚起全体人民的意志力量。❸

第三,构建总体国家安全保障体系。总体国家安全观强调各安全体系融合,各安全要素联动,遵循总体国家安全观,在国家安全委员会的统筹协调下,凝聚了全民维护国家安全的共识,明晰了各部门各领域国家安全工作的重点,从制度保障视角确立了实施国家安全工作的法律路径,从组织体系视角构筑了国家安全工作的总体协调机制,从战略运筹等方面实现

---

❶ 《总体国家安全观干部读本》编委会.总体国家安全观干部读本[M].北京:人民出版社,2016:97.

❷ 刘跃进.我国军事安全的概念、内容及面临的挑战[J].江南社会学院学报,2016,18(3):7-10.

❸ 任卫东.传统国家安全观:界限、设定及其体系[J].中央社会主义学院学报,2004(4):68-73.

维护国家安全能力的有效提升。

第四,防范化解国家安全重大风险。风险是指在某一特定环境下、某一特定时间段内、某种损失发生的可能性。维护国家安全就要防范化解国家安全重大风险,我国日益走近世界舞台中央,在党治国理政的各个领域都存在潜在的国家安全隐患和不稳定因素。总体国家安全观强调忧患意识,坚持底线思维,立足于防范和有效处置,统筹应对国家安全风险。

第五,构建新型国际关系和人类命运共同体。2012年党的十八大首次明确提出"人类命运共同体"概念,中国日益走近世界舞台的中央,中国国家利益向海外拓展,世界的不安定因素对中国影响日益明显。总体国家安全观要求塑造国家安全,必须立足于全球视野和时代高度,把"建设性介入"思想引入国家安全领域,强调中国在国际关系中引导性、主动性和建设性,塑造多赢的国际规则和话语观念,力争在和平、合作和共赢的方式下解决国际纠纷,塑造良好的国际制度、国际规则和外部环境,实现国家安全最终的价值——构建新型国际关系和"人类命运共同体"。[1]

2.2 情报"双轮驱动"的战略思路

根据舒尔斯基的著作《无声的战争——理解情报世界》中的观点:可以从"制度上"和"智能上"避免情报失误,即在"制度上"和"智能上"寻求解决方案。"制度上"是指情报工作制度框架的重设,"智能上"是指情报支撑技术的创新。[2] 2016年《国家创新驱动发展战略纲要》坚持制度和技术"双轮驱动"的经济增长战略思路。[3] 因而,为国家安全与发展保驾护航的

---

[1] 刘跃进.总体安全为人民——学习习近平总书记关于总体国家安全观的重要论述[J].紫光阁,2018(7):16-17.

[2] 舒尔斯基.无声的战争:认识情报世界[M].肖皓元,译.北京:金城出版社,2011:103-116.

[3] 赵玉林,谷军健.制造业创新增长的源泉是技术还是制度?[J].科学学研究,2018(5):800-812,912.

国家情报工作，必须沿着"技术"与"制度"路径制定相应的措施。

"技术"代表"生产力"，"制度"代表"生产关系"，依据马克思的观点（生产力决定生产关系，生产关系反过来影响生产力的发展），在国家情报工作视域下，"技术"与"制度"必然是相辅相成的辩证关系，既要防止片面强调技术的"技术拜物教"，也要防范片面夸大制度的"制度拜物教"，只注重"技术"并不能促进情报工作的发展和进步。例如，印度拥有一流计算机技术，但印度的国家情报工作并不领先。国家情报工作的制度和技术的重要性是辩证的，在既定的情报工作制度下，技术的进步对促进情报工作发展是非常关键的；同时，在技术水平既定的情况下，情报工作制度的优劣将决定情报工作的发展。

2.2.1 尊重技术与制度的资源稀缺性特点

托马斯·索维尔认为："稀缺性意味着人们想要的东西比现有的多"，"从来不可能让每一个人都满足，这就是稀缺性的含义"。因此，稀缺性就是人们能够得到的东西比想要得到的东西少。稀缺性的含义告诉我们，无论是先进的技术还是完善的制度，相对于情报工作的需求来说都是不足的，使得情报人员必须考虑如何使用有限的、相对稀缺的技术与制度来满足无限多样化的情报需要。即在承认技术与制度稀缺的前提下研究如何提高技术与制度的"效用"，合理配置能够降低情报开发、传递等工作的直接成本的技术资源，合理配置可以降低情报工作交易成本的制度资源。同时，技术与制度的稀缺性是相互相关联的，由于资源是稀缺的，技术和制度在对情报工作作出相应的贡献时，情报工作必须在技术创新与制度创新之间合理分配资源，既不是技术决定制度，也不是制度决定技术，二者的配置和利用取决于在资源稀缺性前提下，进行技术创新、制度创新的相对成本收益比。这个相对成本收益比是促使国家情报工作在不同的情境下，呈现出技术创新主导型或制度创新主导型的主因。❶

---

❶ 张氢钢,吴海贤.资源"稀缺性"假定在微观经济学中的运用[J].技术与市场,2007(2):85-87.

2.2.2 把握技术与制度的亲和互动性趋势

国家情报工作的效率与效果取决于技术与制度的有效互动,制度与技术都是国家情报生态系统里的一环,只有技术与制度都达到一定的规模和质量,国家情报整个体系才能循环运转起来。制度与技术都是国家情报系统运转起来的基础保障,有了完善的情报制度之后,还得有对应的情报技术,否则情报工作也无法正常开展,无法发挥为维护国家安全与发展提供决策支持的价值,情报用户也会逐渐流失。国家情报制度与技术的互动体现在:情报制度决定情报活动的主题范围,情报技术决定工具的使用水平,而国家情报活动的执行必然是由制度和技术共同决定的,也就是说,情报制度的规制和情报技术的支持二者统一在国家情报活动之中。目前,国家情报工作面临新经济发展和国家安全等多重需求,在国家情报这个大生态系统内,必须遵循技术创新与制度创新的"亲和互动性"趋势,技术与制度彼此互为促动,共同成为推动国家情报工作发展的现实力量,国家情报生态大系统在技术创新主导型或制度创新主导型推力交互作用中创新发展。❶

2.2.3 进行技术和制度资源的合理配置

资源配置的方式主要有两种:计划配置和市场配置。国家情报制度应该主要采取计划配置,即政府部门根据国家安全与社会发展的需要,国家提前制定好情报工作目标,颁布政策、法规、标准等制度规制,政府依据相关的政策、法规、标准等对国家情报工作进行调节、干预;国家情报技术应该主要采用市场配置,依靠"看不见的手"来进行技术资源的合理配置,国家情报技术通过供求机制、价格机制、竞争机制、风险机制来进行有效调节,激发技术研发的活力,保持技术生产之间的不断竞争,从而提高技术的生产效率,促进国家情报技术资源的优化配置。在科学地认识和

---

❶ 李静.美国高校智库生物科学话语权象征互动性建构研究[J].情报杂志,2022,41(11):104-109.

把握技术与制度"亲和互动性"关系的基础上,进行优化技术的市场配置和完善制度创新的计划资源配置,通过制定正确的国家情报战略来防范资源配置中的盲目与低效率。国家情报工作还应当遵循非均衡理论中的"短线决定原理",注意国家安全形势的变化,随时采取必要的措施去进行制度与技术的创新,并依据技术创新或制度创新的相对成本收益比,选择下一步是推动技术创新,还是推动制度创新,确保制度与技术资源的合理配置来促进国家情报生态系统的健康发展。❶

2.3 国家情报制度建设

国家情报制度是约束情报部门和情报行为的规则体系,是体现国家情报工作目标的一种管理方式,表征情报组织和人员的价值理念。国家情报制度坚持中国共产党总揽情报工作全局,既要得到法律的保护,更要受到法律的制约,国家情报工作遵循有法可依、有法必依、违法必究、执法必严的法治目标。基于总体国家安全观理论的指导,我国建立起国家安全机制体制,超越单一领域情报活动的基本范畴,以政治、军事、外交、安全、执法经济、科技等领域一体化为主体架构的情报工作体系,建立融合化的国家情报数据平台,避免不同行业领域之间、各自行业领域内部的情报部门重复建设,建立数据信息标准体系,实现情报服务系统之间的对接,使得情报分析研判能够相互渗透和统一,利于国家情报的共建共享,满足国家总体战略和重大决策的情报需求,履行国家情报工作的使命——维护国家安全,推动经济发展,为重塑国家竞争优势和提升政府治理能力提供决策支持。

2.3.1 国家情报工作统一领导机制

根据《中华人民共和国国家情报法》,中央国家安全领导机构对国家情

---

❶ 张鑫,兰小红.科技资源配置对区域创新差距的影响研究[J].云南财经大学学报,2022,38(12):79-92.

报工作实行统一领导,制定国家情报工作方针政策,规划国家情报工作整体发展,建立健全国家情报工作协调机制,统筹协调各领域国家情报工作,研究决定国家情报工作中的重大事项。中央军事委员会统一领导和组织军队情报工作。❶ 根据《中华人民共和国反恐怖主义法》,国家反恐怖主义情报中心,实行跨部门、跨地区情报信息工作机制,统筹反恐怖主义情报信息工作。❷ 我国情报机构组织架构如图 2-7 所示。如《中华人民共和国国家安全法》第七十五条(国家安全机关、公安机关、有关军事机关开展国家安全专门工作,可以依法采取必要手段和方式,有关部门和地方应当在职责范围内提供支持和配合。)和《中华人民共和国反恐怖主义法》第四十六条(有关部门对于在本法第三章规定的安全防范工作中获取的信息,应当根据国家反恐怖主义情报中心的要求,及时提供)都提到"有关部门"要根据国家情报机构的要求,在职责范围内提供支持和配合。所谓的"有关部门"涵盖了电信业务经营者、互联网服务提供者、财政、金融、审计、税务、海关、边防等多部门在内的情报支持。

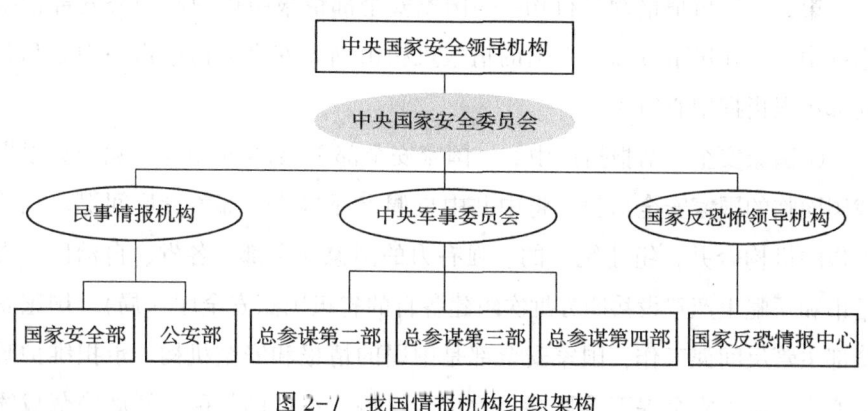

图 2-7 我国情报机构组织架构

---

❶ 全国人大常委会. 中华人民共和国国家情报法[EB/OL]. (2017-06-27)[2023-09-02]. http://www.npc.gov.cn/npc/c30834/201806/483221713dac4f31bda7f9d951108912.shtml.

❷ 师维. 我国反恐怖行政法基本问题研究[M]. 北京:中国人民公安大学出版社,2020:130-181.

第一，中国国家安全统一领导机构——中央国家安全委员会。中国国家安全工作迫切需要加强集中统一领导，中央国家安全委员会，是我国的中央国家安全领导机构。党的十八大以来，面对更趋复杂严峻的国家安全环境，2013年11月召开的十八届三中全会决定设立中央国家安全委员会，完善国家安全体制和国家安全战略，确保国家安全。2014年1月24日中共中央政治局召开会议，研究决定设置中央国家安全委员会，由习近平任主席，李克强、张德江任副主席，下设常务委员和委员若干名。2014年4月15日，中央国家安全委员会召开首次会议，中共中央总书记、国家主席、中央军委主席、中央国家安全委员会主席习近平到会发表重要讲话。中央国家安全委员会作为中共中央国家安全工作的决策和议事协调机构，向中央政治局、中央政治局常务委员会负责，统筹协调涉及国家安全的重大事项和重要工作。主要职责是制定和实施国家安全战略，推进国家安全法治建设，制定国家安全工作方针政策，研究解决国家安全工作中的重大问题。[1]

第二，民事情报领导机构——国家安全部情报指挥中心与公安部情报指挥中心。在民事方面，中国的情报机构由国家安全部情报指挥中心和公安部情报指挥中心组成。

①国家安全部情报指挥中心。国家安全部于1983年组建，党中央根据我国面临的国家安全形势，将中共中央调查部与公安部负责反间谍及相关工作的机构合并，组建统一的、强有力的国家安全部，各省、自治区、直辖市和新疆生产建设兵团分批次组建各自的省级国家安全厅（局）。国家安全部主管反间谍工作，国家安全部是中国的情报和安全机构，承担维护政治安全、海外安全保卫等职能，承担间谍特务案件的侦破，开展隐蔽战线的斗争；严格依照国家《中华人民共和国国家安全法》《中华人民共和国反间谍法》《中华人民共和国国家情报法》《中华人民共和国反恐怖主义法》《中华人民共和国网络安全法》和《中华人民共和国人民警察法》等法律法规行使权力、履行职责。如《中华人民共和国国家安全法》规定：国家安

---

[1] 刘本旺.参政议政用语集修订本[M].北京:群言出版社,2015:324.

全机关依法搜集涉及国家安全的情报信息,在国家安全工作中依法行使侦查、拘留、预审和执行逮捕以及法律规定的其他职权。《中华人民共和国反间谍法》明确,国家安全机关依照法律、行政法规和国家有关规定,履行防范、制止和惩治间谍行为,以及间谍行为以外的其他危害国家安全行为的职责。《中华人民共和国国家情报法》也规定了国家安全机关开展情报工作的职能。国家安全部是国务院负责维护国家权、利益和安全的专门机构。统一领导和管理全国安全和反间谍工作;管理驻外机构的安全保卫工作;掌握有关情报,依法行使侦查、拘留、预审和执行逮捕的权力,教育全体公民忠于祖国、保守国家秘密、维护国家利益。

②公安部情报指挥中心。公安部是中国的国家警察部队,公安部情报指挥中心是公安部乃至全国公安系统的信息流转平台、应急指挥平台和辅助决策平台,负责快速妥善处置相关警情,强化重大紧急信息报送,有效提升了对全国安全稳定动态的掌控能力,维护国家内部安全和维持社会稳定。由于它不断增加的内部数据库,技术先进性和网络能力,公安部情报指挥中心同国家安全部共享反情报活动的数据信息,承担反情报使命。❶

第三,军事情报领导机构——中央军事委员会。中央军事委员会,是中国领导全国武装力量的最高军事机构,享有对国家武装力量的决策权和指挥权。❷ 根据《中华人民共和国国防法》(2021年1月1日起施行)第二章第十五条规定,中央军事委员会领导全国武装力量,行使下列职权:①统一指挥全国武装力量;②决定军事战略和武装力量的作战方针;③领导和管理中国人民解放军、中国人民武装警察部队的建设,制定规划、计划并组织实施;④向全国人民代表大会或者全国人民代表大会常务委员会提出议案;⑤根据宪法和法律,制定军事法规,发布决定和命令……⑫法律规定的其他职权。中央军委联合参谋部军事情报部门是中国唯一的全源情报力量,不过其军事情报融合机制缺乏透明度。负责军事情报工作的是

---

❶ 常云.大部制改革趋势下公安综合情报部门归属实证研究[D].北京:中国人民公安大学,2017.

❷ 陈景辉,王锴,李红勃.理论法学[M].北京:中国政法大学出版社,2016.

中央军委联合参谋部第二部门、中央军委联合参谋部第三部门、中央军委联合参谋部第四部门。其他主要的军事情报部门包括：中央有关部门以及国家保密局。这些部门的工作看似简单，但却存在着许多机构职责和功能的重叠问题。在军事方面，中国有三个主要的情报机构：①中央军委联合参谋部第二部门，负责一般军事情报、人力情报和图像情报和战术；②中央军委联合参谋部第三部门或技术部，中央军委联合参谋部三部门有先进的信号和网络情报收集设施，负责信号情报和网络间谍；③中央军委联合参谋部第四部门，或电子对抗和雷达部门，负责计算机间谍、电子情报对抗措施和计算机网络攻击。中央军委联合参谋部中非常重要的结构反映在中国人民解放军海军、中国人民解放军空军、第二炮兵部队和中国人民解放军的七个下属军事区域。❶

目前，中国人民解放军情报机构的束缚将要被减少，并且中国大量的技术情报、监视和侦查（ISR）能力可能对更加需要任务开放。负责空间、网络和电子战的战略支援队的创建，将要使空间 ISR 资产的命令和控制集权，获得更多的战略重点和更多的调查对象，中国的网络任务更加集权化，这意味着无论中央军委联合参谋部第三部门还是第四部门网络任务或将融合或单独带走，它可能会被转移到国家安全部，或者恰恰相反，国家安全部网络任务可能被转移到军队，目前还不完全清楚。❷

第四，国家反恐怖情报领导机构——国家反恐怖情报中心。由于《中华人民共和国反恐怖主义法》已于 2015 年 12 月 27 日通过，根据《中华人民共和国反恐怖主义法》第四章第四十三条规定"国家反恐怖主义工作领导机构建立国家反恐怖主义情报中心，实行跨部门、跨地区情报信息工作机制，统筹反恐怖主义情报信息工作。"有关部门加强反恐怖主义情报信息搜集，对搜集的有关线索、人员、行动类情报信息，依照规定及时统一归口，报送国家反恐怖主义情报中心。地方反恐怖主义工作领导机构应当

---

❶ 高金虎. 军事情报学[M]. 南京：江苏人民出版社，2017.
❷ 常云. 大部制改革趋势下公安综合情报部门归属实证研究[D]. 北京：中国人民大学，2017.

建立跨部门情报信息工作机制，组织反恐怖主义情报信息工作，对重要的情报信息，应当及时向上级反恐怖主义工作领导机构报告，对涉及其他地方的紧急情报信息，应当及时通报相关地方。2002年，我国虽然建立了国家反恐领导小组，但是真正意义上的国家反恐怖情报中心，截至目前还未正式成立。应该加快设置反恐怖主义情报中心，提升情报内生能力，切实建立大数据、云计算、物联网、区块链等背景下综合反恐情报主导、立体协调的反恐机制，破除"碎片化"，进行"体系化治理"，形成科学合理的运行机制及跨边界、跨领域、跨部门的组织架构，实现贯穿周期的情报流动。

2.3.2 国家情报政策法律体系

国家情报政策法律体系是在国家安全战略的指导下，制定的情报工作发展导向和行为准则，是一套科学、合理、规范的制度体系，是实现国家安全战略和推进情报事业发展的前提和基础。国家情报政策法律体系，能够满足情报工作的现实需求，明确情报工作的目的与任务、准确研判，为情报事业的发展提供强有力的保障；能够促进情报工作快速有序发展，促进全国各级情报机关科学规划、分步实施，构建起"大情报"系统，给情报工作提供了引导与帮助，使情报工作良性运行和协调发展；能够引导和规范情报活动，为管理和约束情报工作提供了一般规则。情报政策法律体系综合考虑现有的情报政策的实施情况，以总体国家安全观思想为导向，增强情报政策的协调性，不同情报的政策间应避免冲突，形成内容互相支持、映射和关联的整体。国家情报政策法律体系如图2-8所示。[1]

---

[1] 任翔.公安情报政策法规体系框架研究[J].中国人民公安大学学报(社会科学版),2008(6):26-32.

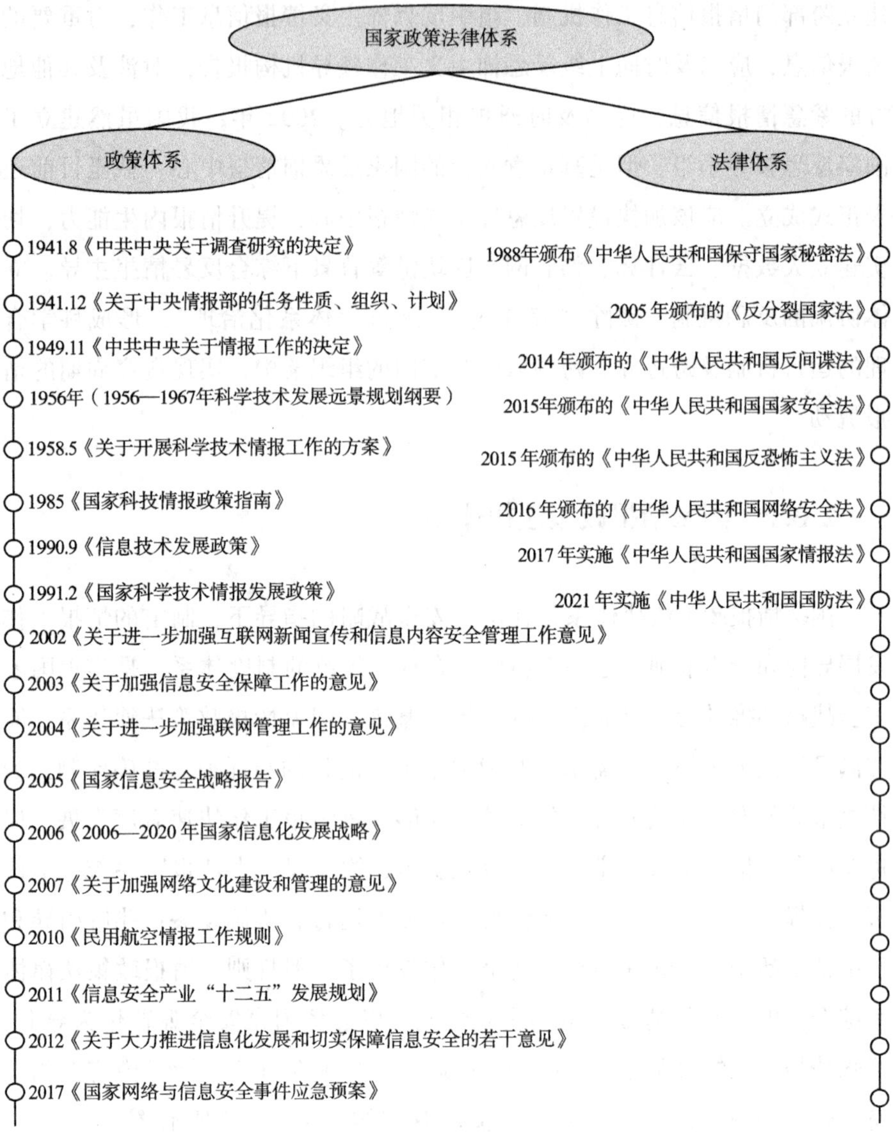

图 2-8 国家情报政策法律体系

第一，情报政策体系的演进。1927 年 11 月，"中央特科"成立，标志着中共情报保卫专业机构的诞生，此阶段出台的政策有《中共中央关于调查研究的决定》《关于中央情报部的任务性质、组织、计划》等。中华人民共和国成立后，制定《中共中央关于情报工作的决定》，1956 年中共中央制定

《1956—1967年科学技术发展远景规划纲要（修正草案）》，1958年5月《关于开展科学技术情报工作的方案》实施，1985年，发布《国家科技情报政策指南》，1990年9月，发布《信息技术发展政策》，1991年2月，发布《国家科学技术情报发展政策》，进入21世纪后，形成了以情报研判为主要内容的警务决策作体系。❶ 为加大对信息安全的管理力度，先后颁布《关于进一步加强互联网新闻宣传和信息内容安全管理工作意见》（2002）、《关于加强信息安全保障工作的意见》（2003）、《关于进一步加强联网管理工作的意见》（2004）、《国家信息安全战略报告》（2005）、《关于加强网络文化建设和管理的意见》（2007）、《信息安全产业"十二五"发展规划》（2011）、《关于大力推进信息化发展和切实保障信息安全的若干意见》（2012）、《国家网络与信息安全事件应急预案》（2017）等报告和规划，增强了信息安全保障能力，维护了国家信息安全。此外，《2006—2020年国家信息化发展战略》（2006）、《民用航空情报工作规则》（2010）等信息产业各分支领域的产业政策颁布。先后颁布的情报政策增强了情报政策的系统性，从大系统的角度构建综合性、多层次的情报政策，纵向是层次结构，各种层次的政策与法规上下兼容，并逐渐具体化；横向是一种联系结构，各类政策与法规相互配套、相辅相成。

第二，情报法律体系的演进。国家情报法律体系，按照按效力可分为宏观情报法律法规、中观情报法律法规及微观情报法律法规；按照内容可分为安全情报法律、军事情报法律、竞争情报法律、科技情报法律、经济情报法律、社科情报法律等。国家情报法律体系由国家情报的法律规范、法律关系及主体间权利与义务等要素构成。❷ 军事、安全、公安领域情报保卫工作自中国共产党成立起，就开始建立起来，2014年，更是成立了国家安全委员会，确立了坚持党的绝对领导。但是，中华人民共和国成立以后，情报立法却是滞后的。先后颁布的情报法律包括：《中华人民共和国保守国家秘密法》（1988）、《中华人民共和国国家安全法》（1993）、《反分裂国家法》（2005）、《中华人民共和国保守国家秘密法》（2010修订版）、《中华人

---

❶ 包昌火,马德辉,李艳.Intelligence 视域下的中国情报学研究[J].情报杂志,2015(12):1-6,47.
❷ 靳海婷.论总体国家安全观下国家情报法机制构建——以"三层次"和"三状态"为框架[J].情报杂志,2018,37(11):10-15,68.

民共和国反间谍法》(2014)、《中华人民共和国国家安全法》(2015)、《中华人民共和国反恐怖主义法》(2015)、《中华人民共和国网络安全法》(2016)、《中华人民共和国国家情报法》(2017)、《中华人民共和国国防法》(2021)等。以上情报方面的法律主题范围较窄或是内容较为宽泛,《中华人民共和国反间谍法》主要针对反间谍方面,适用范围较窄;《中华人民共和国国家安全法》主要是针对国家安全方面,提到的情报信息内容较为宽泛。直到2017年《中华人民共和国国家情报法》的颁布实施,才从法律上对国家情报机构的职能和关系进行保障和规范,有力地指导国家情报工作的开展。2021年实施《中华人民共和国国防法》,为国家生存与发展提供安全保障,标志着我国开始搭建起国家情报法律体系的初步框架。《中华人民共和国国家情报法》分为五个部分三十二条,坚持总体国家安全观,为国家重大决策提供情报参考;《中华人民共和国国家安全法》共七章八十四条,其主旨为维护国家安全,明确了政治安全、国土安全、军事安全、文化安全、科技安全等11个领域的国家安全任务;《中华人民共和国反恐怖主义法》共十章九十七条,明确规定了有关部门、单位和人员的反恐职责义务、手段措施和法律责任,是反恐工作领导机构和职能部门依靠、动员所有国家机关、武装力量、社会组织、企业事业单位、村(居)民委员会和个人共同开展反恐工作的重要法律依据,是动员全社会力量防范打击恐怖主义的法律基石。[1]《中华人民共和国网络安全法》共七章七十九条,全面规范网络空间安全管理方面问题,为互联网在法治轨道上健康运行提供重要保障。

第三,《中华人民共和国国家情报法》内容解析。根据宪法精神,2017年6月27日通过了《中华人民共和国国家情报法》,2017年6月28日起施行。国家情报服务于国家安全治理和国家社会经济发展,超越政治、军事、外交、安全、执法、经济、科技等单一领域情报活动的基本范畴,对数据和信息进行规划指导、搜集、整理、分析、传递、服务决策的一项基础工作。[2]《中华人民共和国国家情报法》分为五章,共三十二条,第一章为总

---

[1] 冯跃飞,唐晖.形势与政策[M].北京:国家行政学院出版社.2016:172.
[2] 马德辉,黄紫斐.美国《国家情报战略》的演进与国家情报工作的新变化、新特点与新趋势[J].情报杂志,2015(6):1-4,11.

则,第二章为国家情报工作机构职权,第三章为国家情报工作保障,第四章为法律责任,第五章为附则,具体见表2-3。❶

表2-3 《中华人民共和国国家情报法》具体内容及条款

章名		具体内容	条款分布	数量
第一章 总则	制定目的	为了加强和保障国家情报工作,维护国家安全和利益,根据宪法,制定本法	第一条	1
	情报工作作用	国家情报工作坚持总体国家安全观,为国家重大决策提供情报参考,为防范和化解危害国家安全的风险提供情报支持,维护国家政权、主权、统一和领土完整、人民福祉、经济社会可持续发展和国家其他重大利益	第二条	1
	国家情报体制	国家建立健全集中统一、分工协作、科学高效的国家情报体制。中央国家安全领导机构对国家情报工作实行统一领导,制定国家情报工作方针政策,规划国家情报工作整体发展,建立健全国家情报工作协调机制,统筹协调各领域国家情报工作,研究决定国家情报工作中事项。中央军事委员会统一领导和组织军队情报工作	第三条	1
	国家情报工作坚持的原则	国家情报工作坚持公开工作与秘密工作相结合原则、专门工作与群众路线相结合原则、分工负责与协作配合相结合原则	第四条	1
	单位及公民的责任	国家安全机关和公安机关情报机构、军队情报机构按照职责分工、相互配合,做好情报工作、开展情报行动。各有关国家机关应当根据各自职能和任务分工,与国家情报工作机构密切配合。国家情报工作机构及其工作人员应当忠于国家和人民,遵守宪法和法律,忠于职守,纪律严明,清正廉洁,无私奉献,坚决维护国家安全和利益。任何组织和公民都应当依法支持、协助和配合国家情报工作,保守所知悉的国家情报工作秘密,国家对支持、协助和配合国家情报工作的个人和组织给予保护	第五至七条	3

❶ 邓灵斌.《国家情报法》解读——基于"总体国家安全观"视角的思考[J].图书馆,2018(8):52-56.

续表

章名	具体内容		条款分布	数量
第一章 总则	人民的权益	国家情报工作应当依法进行，尊重和保障人权，维护个人和组织的合法权益。国家对在国家情报工作中做出重大贡献的个人和组织给予表彰和奖励	第八至九条	2
第二章 国家情报工作机构职权	境内外职权	国家情报工作机构根据工作需要，依法使用必要的方式手段，在境内外开展情报工作。国家情报工作机构应当依法搜集和处理境外机构、组织、个人实施或者指使、资助他人实施的，或者境内外机构、组织、个人相勾结实施的危害中华人民共和国国家安全和利益行为的相关情报，为防范、制止和惩治上述行为提供情报依据或者参考	第十至十一条	2
	与有关部门及个人合作	国家情报工作机构可以按照国家有关规定，与有关个人和组织建立合作关系，委托开展相关工作。国家情报工作机构可以按照国家有关规定，开展对外交流与合作。依法开展情报工作，可以要求有关机关、组织和公民提供必要的支持、协助和配合	第十二至十四条	3
	经批准后可获得职权	国家情报工作机构根据工作需要，按照国家有关规定，经过严格的批准手续，可以采取技术侦察措施和身份保护措施。国家情报工作机构工作人员依法执行任务时，按照国家有关规定，经过批准，出示相应证件，可以进入限制进入的有关区域、场所，可以向有关机关、组织和个人了解、询问有关情况，可以查阅或者调取有关档案、资料、物品。国家情报工作机构工作人员，因执行紧急任务需要，经出示相应证件，可以享受通行便利。国家情报工作机构根据工作需要，按照国家有关规定，可以提请海关、出入境边防检查等机关提供免检等便利	第十五至十八条	4
	情报工作要依法办事（"6不准"）	国家情报工作机构及其工作人员应当严格依法办事，不得超越职权，不得滥用职权，不得侵犯公民和组织的合法权益，不得利用职务便利为自己或者他人谋取私利，不得泄露国家秘密、商业秘密和个人信息	第十九条	1

续表

章名		具 体 内 容	条款分布	数量
第三章 国家情报工作保障	国家对情报工作的保障	国家情报工作机构及其工作人员依法开展情报工作，受法律保护。国家加强国家情报工作机构建设，对其机构设置、人员、编制、经费、资产实行特殊管理，给予特殊保障。国家建立适应情报工作需要的人员录用、选调、考核、培训、待遇、退出等管理制度。国家情报工作机构应当适应情报工作需要，提高开展情报工作的能力。运用科学技术手段，提高对情报信息的鉴别、筛选综合和研判分析水平。国家情报工作机构工作人员因执行任务，或者与国家情报工作机构建立合作关系的人员因协助国家情报工作，其本人或近亲属人身安全受到威胁时，国家有关部门应当采取必要措施，予以保护、营救。对为国家情报工作做出贡献并需要安置的人员，国家给予妥善安置。公安、民政、财务、卫生、教育、人力资源和社会保障等有关部门以及国有企事业单位应当协助国家情报工作机构做好安置工作。对因开展国家情报工作或者支持、协助和配合国家情报工作导致伤残或者牺牲、死亡的人员，按照国家有关规定给予相应的抚恤优待。个人和组织因支持、协助和配合国家情报工作导致财产损失的，按照国家有关规定给予补偿	第二十至二十五条	6
	国家对情报工作的监督审查制度	国家情报工作机构应当建立健全严格的监督和安全审查制度，对其工作人员遵守法律和纪律等情况进行监督，并依法采取必要措施，定期或不定期进行安全审查。任何个人和组织对国家情报工作机构及其工作人员超越职权、滥用职权和其他违法违纪行为，有权检举、控告。受理检举、控告的有关机关应当及时查处，并将查处结果告知检举人、控告人。对依法检举、控告国家情报工作机构及其工作人员的个人和组织，任何个人和组织不得压制和打击报复。国家情报工作机构应当为个人和组织检举、控告、反映情况提供便利渠道，并为检举人、控告人保密	第二十六至二十七条	2

续表

章名	具体内容		条款分布	数量
第四章 法律责任	阻碍或冒充国家情报工作人员开展情报工作	违反本法规定，阻碍国家情报工作机构及其工作人员依法开展情报工作的，有泄露与国家情报工作有关的国家秘密的，由国家情报工作机构建议相关单位给予处分或者由国家安全机关、公安机关处警告或者十五日以下拘留；构成犯罪的，依法追究刑事责任。冒充国家情报工作机构工作人员或者其他相关人员实施招摇撞骗、诈骗、敲诈勒索等行为的，依照《中华人民共和国治安管理处罚法》的规定处罚；构成犯罪的，依法追究刑事责任	第二十八至三十条	3
	泄露国家情报工作秘密	泄露与国家情报工作有关的国家秘密的，由国家情报工作机构建议相关单位给予处分或者由国家安全机关、公安机关处警告或者十五日以下拘留；构成犯罪的，依法追究刑事责任	第二十九条	1
	国家情报工作机构及其工作人员的违法违纪行为处罚	国家情报工作机构及其工作人员有超越职权、滥用职权、侵犯公民和组织的合法权益，利用职务便利为自己或他人谋取私利，依法给予处分；构成犯罪的，依法追究刑事责任	第三十一条	1
第五章 附则	《中华人民共和国国家情报法》正式生效时间	本法自 2017 年 6 月 28 日起施行	第三十二条	1

《中华人民共和国国家情报法》的制定和颁布，以"总体国家安全观"为指导，为国家情报战略的实施提供了法律保障和支撑；为国家情报工作提供基本的法律原则和法律依据，对保障国家安全和国家情报工作、全面推进我国法制化进程、有效维护国家安全和人民利益等方面情报工作进行了精准定位。❶《中华人民共和国国家情报法》的制定和颁布，将军队、公

---

❶ 邓灵斌.《国家情报法》解读——基于"总体国家安全观"视角的思考[J]. 图书馆,2018(8):52-56.

安、教育等部门纳入"大情报"范畴,精准界定了情报学的学科边界,重构了情报学学科体系,为我国情报学今后的科学、健康发展提供了有利条件。《中华人民共和国国家情报法》对国家政治、军事、外交、安全、执法、经济、科技等领域的情报活动,进行一体化规制❶,《中华人民共和国国家情报法》与《中华人民共和国反恐怖主义法》(2016年1月1日起施行)等法律配合使用,共同为国家安全治理和国家社会经济发展服务。❷《中华人民共和国国家情报法》对情报战略实施提供有力保障,对情报实践工作进行精准定位,对情报学学科边界进行了精准界定。《中华人民共和国国家情报法》的内容体系包括七个部分,如图2-9所示。①总体目标,维护国家安全与发展的利益;②国家情报体系,由中央军事委员会统一领导和组织军队情报工作,坚持公开工作与秘密工作相结合原则,有关国家机关密切配合;③国家情报工作机构,依法使用必要的方式手段开展情报工作,与有关个人和组织建立合作关系,委托开展相关工作,按照国家有关规定,可以提请海关、出入境边防检查等机关提供免检等便利;④国家情报工作保障,国家情报机构及其工作人员依法开展情报工作,受法律保护,国家加强国家情报工作机构建设给予特殊保障,对为国家情报工作作出贡献并需要安置的人员,国家给予妥善安置。⑤维护合法权益,尊重和保障人权,维护个人和组织的合法权益,国家对作出贡献的个人和组织给予表彰和奖励;⑥违反的法律责任,违反本法规定,构成犯罪的,依法追究刑事责任,泄露与国家情报工作有关的国家秘密的给予处分或者由国家安全机关、公安机关处警告或者十五日以下拘留,构成犯罪的,依法追究刑事责任,违法违纪行为的,依法给予处分或者相关单位给予处分;⑦情报工作作用,国家情报工作坚持总体国家安全观,为国家重大决策提供情报参考,为维护国家安全与发展提供情报支持。

---

❶ 马德辉,黄紫斐.美国《国家情报战略》的演进与国家情报工作的新变化、新特点与新趋势[J].情报杂志,2015(6):1-4,11.
❷ 冯跃飞,唐晖.形势与政策[M].北京:国家行政学院出版社,2016:172.

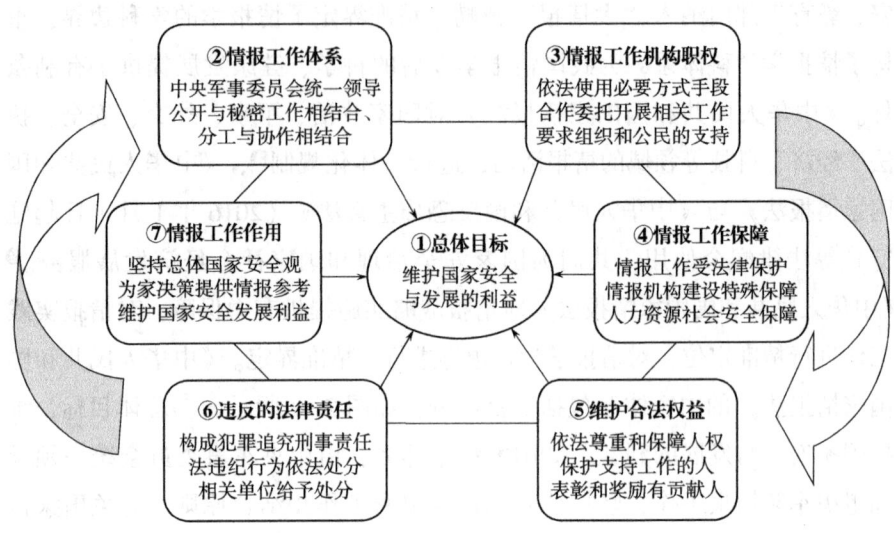

图 2-9 《中华人民共和国国家情报法》的内容体系

第四，《中华人民共和国反间谍法》内容解析。《中华人民共和国反间谍法》是我国颁布的第一部针对反间谍工作的专门法律，对落实总体国家安全观意义重大，为开展国家安全建设工作、进行反间谍工作提供了强有力的法律保障。2021 年 4 月 26 日，国家安全部颁布的《反间谍安全防范工作规定》❶，为更好地实施《中华人民共和国反间谍法》❷，运用法治思维和法治方式开展反间谍工作，进而筑牢国家安全屏障具有重要意义。本书根据《反间谍安全防范工作规定》的章节，从《反间谍安全防范工作规定》（以下简称《规定》）的宗旨和使用范围、反间谍安全防范责任、反间谍安全防范指导、反间谍安全防范检查、法律责任五个方面进行词频统计和核心高频词与法规条例之间的亲疏关系图分析，探究反间谍工作具体要防什么、谁来防以及怎么防的问题，为共同防范、制止间谍行为和其他危害国家安全行为，筑牢国家安全屏障提供行动依据。

---

❶ 反间谍安全防范工作规定[J].中华人民共和国国务院公报,2021,(14):47-51.

❷ 王恩海.浅析反间谍法与刑法的衔接[C]//《上海法学研究》集刊(2021 年第 1 卷总第 49 卷)——上海市法学会国家安全法治研究小组文集.华东政法大学,2021:4.

(1) 分析《规定》的六章三十二条具体条款。《规定》符合我国国家安全和利益的现实需要，通过制定《规定》，能够有效防范化解国家安全风险，是构建反间谍安全防范责任体系的重要步骤之一。笔者以《规定》为研究对象，分析《规定》的六章三十二条具体条款，揭示法律文本中语言符号的内涵，挖掘反间谍安全防范工作的运作机理。对《规定》中的每项条例进行如下处理：用字母加罗马数字的方式进行编码，为区分不同章节，将每章名称里特征关键词的拼音首字母作为标示并加上每项条例对应的罗马数字编号。例如，第一章总则中的条例编码后为 Z1、Z2……Z6；第二章反间谍安全防范责任中的条例编码为 R6、R7……R10；第三章反间谍安全防范指导的条例编码为 D11、D12……D20；第四章反间谍安全防范检查的条例编码为 J21、J22……J27；第五章法律责任的条例编码为 F28、F29……F30；第六章附则里仅说明了《规定》的具体实施时间，对反间谍工作的机理研究并无联系，故不作编码处理。

中文由于具有复杂性和特殊性，不像英文通过空格就可以区分单词，中文还需结合语境进行分词，在自然语言处理时具有一定难度。分词作为构建知识图谱的第一步，分词结果准确度就尤其重要。笔者首先将《规定》保存至 TXT 文档中，再利用 ROST-CM 6 软件对《规定》进行自动分词，得到"《规定》_分词后"文件；❶ 其次，在保证分词的精确度的情况下，对"《规定》_分词后"文件进行人工处理，保留专有名词，但作简称处理。例如，《中华人民共和国国家安全法》❷《中华人民共和国反间谍法》❸《中华人民共和国反间谍法实施细则》（以下简称《细则》）❹、"总体国家安全观"（以下简称"安全观"），删除文本中没有现实意义的词，如："第几章""第几条"，剔除无专指意义的虚词，以及《规定》中包含的标点符号。

---

❶ 商瀑.论国家情报工作的运行机理——基于《中华人民共和国国家情报法》词频统计与分析[J].情报杂志,2020,39(2):5-10.

❷ 中华人民共和国国家安全法[N].人民日报,2015-12-24(15).

❸ 中华人民共和国反间谍法[Z].中华人民共和国全国人民代表大会常务委员会公报,2014,(6):701-704.

❹ 中华人民共和国反间谍法实施细则[J].中华人民共和国国务院公报,2017,(35):14-16.

在完成文本清理后,结合《规定》中的五个章节——"宗旨和使用范围""反间谍安全防范责任""反间谍安全防范指导""反间谍安全防范检查""法律责任",使用 ROST-CM6 软件的词频统计功能(中文)对清理后的文本进行分类统计。在词频统计结果中发现:由于《规定》全文都围绕"反间谍""安全""国家""机关""防范""组织"这六个词,这六个词占据每章的高频词榜首,但这六个词却无法突显每章主旨,因此将每章的这几个词予以剔除,然后通过分析其余所选词的词频结果,挖掘文本的深层含义,最后运用 UCINET—NETDRAW 生成每章核心高频词与条例之间的关系亲疏图谱,进行深度的内容挖掘。

对文本数据进行自动统计和关系识别,在数据处理环节仍主要依赖研究者的人工提取,体现为一种半计算化分析方式。

①反间谍安全防范工作的宗旨。《规定》实施宗旨方面的核心词如表 2-4 所示。

表 2-4　反间谍安全防范工作宗旨的词频统计

所选词	词频/次	所选词	词频/次
团体	4	行为	2
企业	4	督促	2
坚持	4	范围	2
事业	4	检查	2
社会	4	管理	2
秘密	3	相结合	2
指导	3	《反间谍法》	1
开展	3	教育	1
人员	3	统一	1
单位	3	《国家安全法》	1
应当	3	安全观	1
保密	2	协调	1
权限	2	《细则》	1
严格	2	保护	1
主管	2	监督	1

由表 2-4 可以看出，在反间谍安全防范宗旨章节中，"团体""企业""坚持""事业""社会"为主要高频词，频次为 4，其次是"秘密""指导""开展""人员""单位"等，频次为 3，紧跟其后的是"督促""检查""范围""管理""相结合"等，词频为 2，其余如"遵守""教育""程序"等词频次都为 1。"团体""企业""事业"说明《规定》明确规定了我国反间谍安全防范主体责任，明确了"谁来防"——在国家安全机关协调和指导下的团体、企业、事业组织及其他社会组织都有维护国家安全的责任和义务。"保密"一词体现出国家安全机关及其工作人员都应严格根据单位性质、所属行业、涉密等级来遵守保密原则，虽然有些词的词频较低，但也体现出《规定》背后的重要性。"相结合""统一"体现了反间谍安全防范工作与党中央保持高度统一，专门工作和群众路线相统一，人防、物防、技防相统一，人权和合法权益相统一，这与《中华人民共和国反间谍法》第五条"反间谍工作应当依法进行，尊重和保障人权，保障公民和组织的合法权益"相一致。"安全观"一词表明《规定》是在坚持总体国家安全观的情况下实施的，这与《中华人民共和国国家安全法》第三条"国家安全工作应当坚持总体国家安全观，以人民安全为宗旨……走中国特色国家安全道路"相一致。《规定》的实施宗旨方面的核心词表明：在进行反间谍安全防范工作的过程中，应坚持党中央集中统一领导，坚持总体国家安全观，坚持专门工作与群众路线相结合，坚持人防、物防、技防相结合，严格遵守法定权限和程序，尊重和保障人权，保护公民、组织的合法权益，这与《中华人民共和国反间谍法》《中华人民共和国国家安全法》的宗旨保持一致，国家机关及其工作人员应当做好信息保密工作，维护国家安全。

在选出核心词的基础上，使用 UCINET 构建核心词与每项条例的共现矩阵，再利用可视化功能 NETDRAW 绘制两者之间的关系图谱，如图 2-10 所示，图中节点为黑色圆圈的是宗旨方面的核心词，白色方块则为每项条例，笔者对该图谱进行了中心性分析，通过节点大小来表示该节点的中心性强弱，节点越大，表示该关键词（条例）与条例（关键词）之间的关系越紧密。

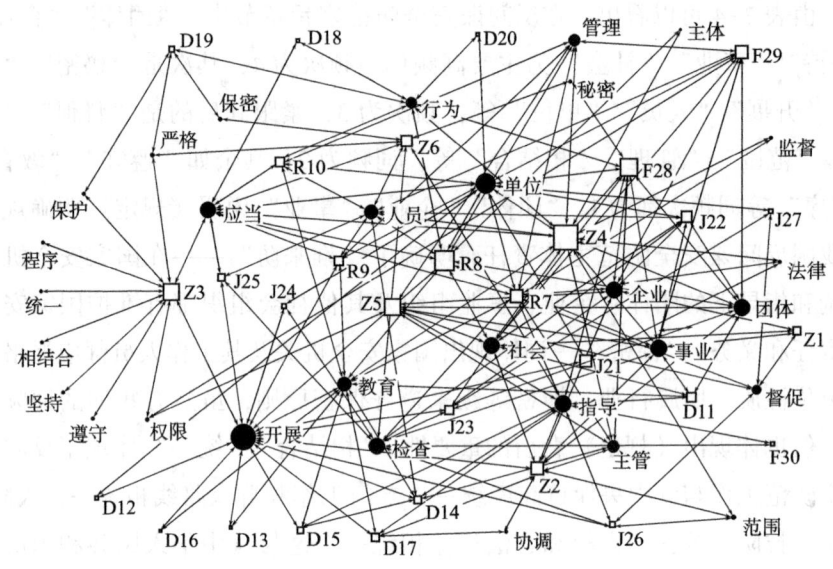

图 2-10 宗旨方面的核心词与每项条例之间的关系

从图 2-10 可以看出,《规定》宗旨方面的核心词与第一章第四条（Z4）关系最密切。随后是第五章第二十八条（F28）、第二章第八条（R8）、第四章第二十二条（J22）、第一章第一条（Z1）、第一章第五条（Z5）、第一章第三条（Z3）与宗旨方面的核心词较为亲密。其中，Z4 最关心的核心词为"团体""单位""人员"，强调了《规定》中明确的主体机关、团体、企业事业单位和其他社会组织应该承担起参与反间谍安全防范工作的主体责任，积极配合各级国家安全机关，忠于国家和人民。Z5 关注的高频词为"指导""主管""检查""权限""督促"等，说明国家安全机关作为反间谍工作的主管机关，应该在管理权限内进行业务指导和督促检查工作。Z3 关注的高频词有"坚持""相结合""统一""严格""遵守"等，体现了反间谍工作严格的工作原则。F28、R8、J22 虽不在第一章总则里，但它们都与宗旨方面的高频词关系很密切。F28 涉及的关键词"团体""企业""事业""主管""指导"等与 Z4、Z5 所关注的核心词大多数重合，说明 F28"责令整改"是对 Z4"责任义务"未履行到位的措施补充，以及 Z5"主管机关"对需责令整改单位如何处罚的补充。R8 关注的关键词有"人员""单位""行为""教育"等，与 Z4 关注的高频词有重合，说明 R8"一般单位责任"是 Z4"责任义务"的具体表现之一。J22 关注的高频词有"检查""单位"等，与 Z5 有较为紧密的关联，说明 J22"检查方式"是对 Z5"主管机关"如何进行"督促检查"的具体说明。

②反间谍安全防范责任。"把主体对象明确好"是进行反间谍安全防范工作的第一步，其次是分配好主体对象的防范责任。

第二章反间谍安全防范责任核心高频词见表 2-5。

表 2-5 反间谍安全防范责任的词频统计

所选词	词频/次	所选词	词频/次
单位	17	措施	4
人员	12	定期	4
履行	10	技术	4
管理	7	做好	4
应当	7	涉外	4
义务	7	落实	4
重点	7	加强	3
规定	6	数据	3
主管	6	制定	3
关键	5	行为	3
设施	5	涉及	3
涉密	5	开展	3
基础	4	培训	3
教育	4	运营者	3
部门	4	机构	2

由表 2-5 可以看出，反间谍安全防范责任方面的核心词中"单位"一词出现次数最多，频次为 17，其次为"人员"，频次为 12，"履行"的词频为 10，"管理""应当""义务"和"重点"的词频为 7，随后为"规定""主管"，其词频为 6。"单位"和"人员"在第一章总则中也为核心词，强调"谁来防"，指明反间谍工作的责任主体。防范安全责任被细化到以下几个主体上：行业主管部门、一般单位、重点单位、关键信息基础设施运营

者,责任细化可以大大提高国家安全机关在反间谍工作中协调各方的效率,这与《中华人民共和国国家安全法》第四十五条"建立国家安全重点领域工作协调机制,统筹协调中央有关职能部门推进相关工作"相一致,有利于落实《中华人民共和国国家安全法》第六十二条"建立统一领导、协同联动、有序高效的国家安全危机管控制度"。"义务""管理""规定""措施""定期"等词说明:《规定》细化了在反间谍安全防范工作中的责任主体应履行的具体义务,对完善安全防范工作内容具有积极意义,同时是对《中华人民共和国国家安全法》第四十七条"各部门、各地区应当采取有效措施,贯彻实施国家安全战略"的具体诠释。

在选出防范责任核心词的基础上,利用 UCINET—NETDRAW 绘制核心词与每项条例之间的亲密程度图谱,如图 2-11 所示。

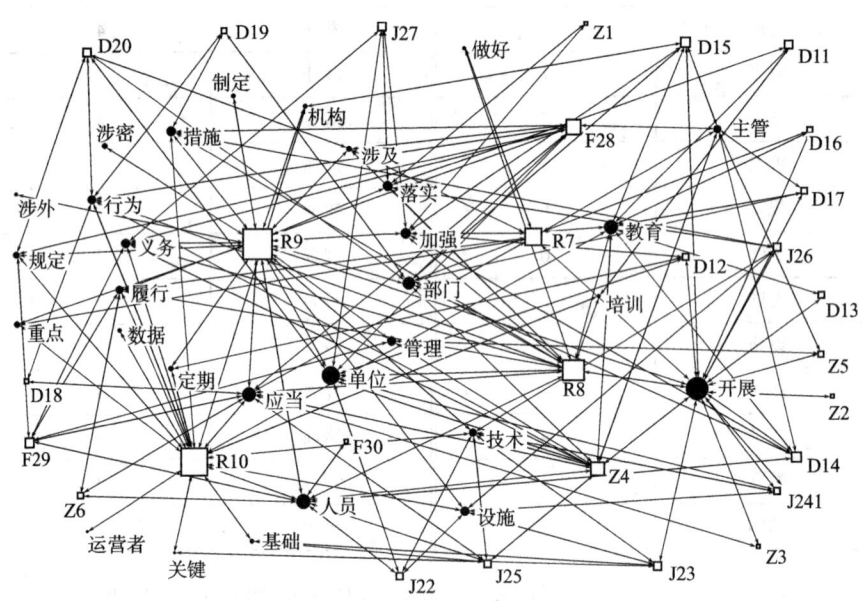

图 2-11 防范责任方面的核心词与每项条例之间的关系

由图 2-11 可以看出第二章第九条(R9)为防范责任方面的最核心条例,与其相关的核心词为"单位""部门""义务""规定""措施""危害"等,R9 明确重点单位的责任,说明重点单位在反间谍安全防范工作中发挥重要作用,重点单位"建立健全反间谍安全防范制度"对推动《中华人民共和国国家安全法》第七十条"健全国家安全法律制度体系"有积极意义，是对《中华人民共和国反间谍法》中第十六条"有关部门制定反间谍技术防范标准，指导有关部门落实反间谍技术防范措施"的补充说明。第二个核心条例为第二章第十条（R10），它关注的核心词为"关键""规定""设施""基础"等，由于R10针对的主体对象为关键信息基础设施运营者，所以"关键""基础""设施"等词自然出现的频次较高，除此以外"履行""义务"也是R10所关注的，说明关键信息基础设施运营者应当履行的责任，体现了《中华人民共和国反间谍法》第二十五条"……实现网络和信息核心技术、关键基础设施和重要领域信息系统及数据的安全可控……"的具体实践。R8针对的主体对象为一般责任单位，其涉及的高频词为"单位""人员""履行""义务"，是对一般单位需履行的责任的具体说明。此外，F28与防范责任方面的关键词有较为紧密的关系，说明F28"责令整改"是对防范责任落实不到位的应对措施说明。

③在进行反间谍安全防范工作时应坚持党的领导。《中华人民共和国国家安全法》第五条规定："中央国家安全领导机构负责国家安全工作的决策和议事协调，研究制定、指导实施国家安全战略和有关重大方针政策，统筹协调国家安全重大事项和重要工作，推动国家安全法治建设。"

防范指导作为反间谍工作的前提和基础，防范指导方面的核心词见表2-6。

表2-6 反间谍安全防范指导的词频统计

所选词	词频/次	所选词	词频/次
教育	13	加强	3
宣传	7	主管	3
指导	7	公民	2
行为	6	媒体	2
举报	6	出国（境）	2
会同	6	表彰	2
部门	6	平台	2
开展	6	消除	2

续表

所选词	词频/次	所选词	词频/次
单位	6	显著	2
危害	6	措施	2
重大	6	学习	2
保护	4	学校	2
科研	4	贡献	2
风险	3	现实	2
各类	3	师生	2

从表2-6可知，反间谍安全防范指导方面词频最高的核心词为"教育"，其词频为13；其次是"指导""宣传"，词频为7；紧接其后的是"行为""举报""会同"等词频为6。首先，"教育"在防范指导方面作为核心词，体现了国家积极主动地开展国家安全宣传教育活动，将国家安全教育纳入国民教育体系和公务员教育培训体系，增强全民国家安全意识。其次，"宣传"一词体现出政府注重总体国家安全观的宣传，通过多种宣传方式，潜移默化地将国家安全思想传入人心，提升公民对维护国家安全的责任感。再次，"表彰"一词符合《中华人民共和国反间谍法》第七条"国家对支持、协助反间谍工作的组织和个人给予保护，对有重大贡献的给予奖励"，以及《中华人民共和国国家安全法》第十二条"国家对在维护国家安全工作中作出突出贡献的个人和组织给予表彰和奖励"。"保护"的词频为4，强调公民因举报间谍行为和其他危害国家安全行为的，可向国家申请保护，国家相关部门采取保护措施，这与《中华人民共和国反间谍法》第二十六条及《中华人民共和国国家安全法》第八十条一致，体现出国家以"人民安全为宗旨"开展反间谍工作。最后，"学校""师生"频次虽然只有2，但体现出高校安全防范教育在反间谍工作中的重要性。

防范指导方面的核心词与每项条例之间的亲疏关系如图2-12所示。黑色圆圈为防范指导方面的核心高频词，白色方框为每项条例，高频词的节点越大，说明涉及该词的条例数量越多；条例的节点越大，说明该条例涉及的核心词高频词越多。

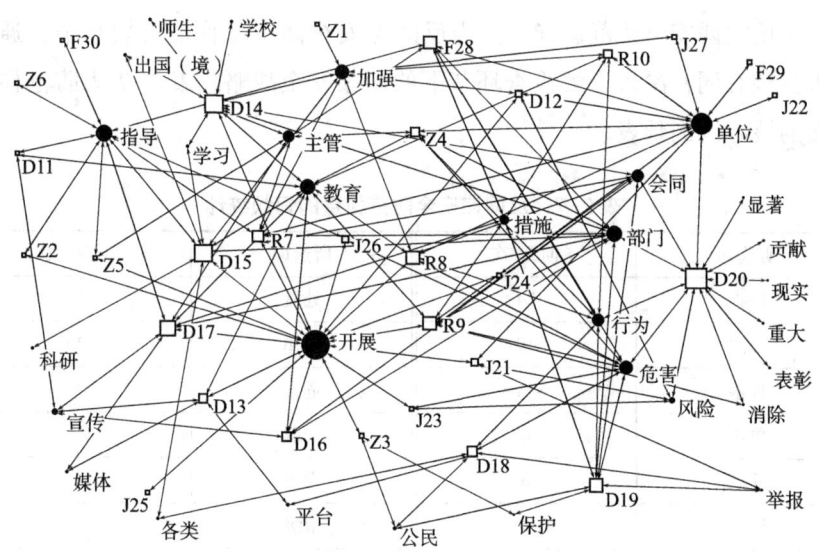

图 2-12　防范指导方面的核心词与每项条例之间的关系

从图 2-12 可以看出第三章第二十条（D20）中心性最强，说明它处在反间谍安全防范指导中的核心位置，其次是第三章第十四条（D14）、第三章第十五条（D15）。D20 关注的核心词有"重大""单位""危害""风险""表彰"等，说明国家为在反间谍安全工作中有重大贡献者提供了强有力保障，保证人民权益。D14 关注的核心词为"教育""学校""师生""人员""单位"等，说明学校教育在防范指导工作中占重要地位，体现《中华人民共和国国家安全法》第七十八条"机关、人民团体、企业事业组织和其他社会组织应当对本单位的人员进行维护国家安全的教育"。D15 关注的核心词为"教育""科研""机构"等，各类科研机构作为掌握国家科研数据的主要群体，关系到国家经济社会的发展，理应加强对科研机构的反间谍安全防范教育。在核心词中，"教育""指导"的中心性较强，说明国家安全机关作为反间谍工作的主导机关，应在了解国家安全战略和有关重大方针政策的前提下进行指导，并发挥教育的作用，使教育渠道多样化、内容丰富化。此外，R8 与防范指导方面的高频词关系较为密切。R8 所关注的"教育""加强""行为""涉及"与 D14 关注的高频词有较多相似，说明 R8 "一般单位"中的责任与 D14 "学校教育"在方式方法上有相同之处。

④反间谍安全防范检查。作为反间谍安全防范工作的必要环节,通过分析其核心词,深入了解检查环节下的国家安全战略。表2-7为防范检查方面的核心词词频表。

表2-7　反间谍安全防范检查的词频统计

所选词	词频/次	所选词	词频/次
检查	24	处置	2
检测	19	法律	2
技术	14	危害	2
单位	6	采取	2
开展	6	现场	2
设施	5	市级	2
系统	4	远程	2
场所	4	批准	2
团体	3	隐患	2
企业	3	风险	2
应当	3	对象	2
社会	3	使用	2
人员	3	部位	2
事业	3	负责人	2
督促	2	措施	2

由表2-7可得到防范检查方面的核心词为"检查"词频为24、"检测"词频为19、"技术"的词频为14、"设施"和"系统"的词频分布为5和4。从以上几个词可以看出,在防范检查工作中,技术设施、硬件系统对检测结果至关重要,通过技术设备、硬件系统可以及时发现安全隐患,并将风险降到最低。"法律""依法"及"依据"揭示了反间谍安全防范工作是在有法可依的前提下进行的,在加强社会主义法治建设的同时,又体现了反间谍安全防范工作的人本理念。"督促""处置""落实"及"责令"体现出国家安全机关在防范检查中领导和督促作用,不断推进和深化防范检查工作,成为反间谍工作中的重要保障。"市级"说明需在市级以上国家安

全机关负责人批准,才能进行防范检查工作,强调开展安全防范检查工作要履行严格的审批程序。

图2-13为防范检查方面的核心词与每项条文的关系图,黑色圆圈为防范检查方面的核心词,黑色圆圈越大,则表示涉及该关键词的条例数量越多;白色方框为每项条例,白色方框越大说明该条例包含的核心词越多。

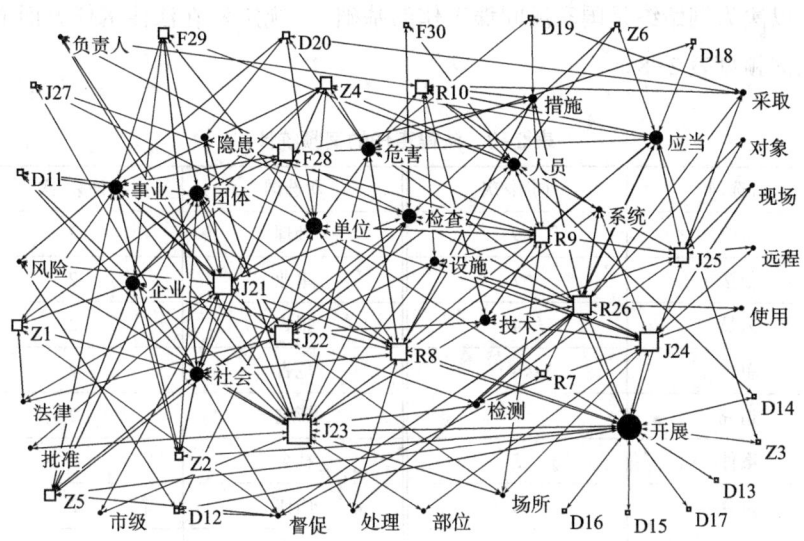

图2-13 防范检查方面的核心词与每项条例之间的关系

正如图2-13所示,防范检查方面的核心条例为第四章第二十三条(J23),其次为第四章第二十六条(J26)、第四章第二十四条(J24)、第四章第二十一条(J21)。J23与核心词的亲密度最强,与其相关的核心词有"检查""检测""技术""系统"等,这几个词同样也是防范检查方面频次出现较高的核心词,揭示了技术防范是反间谍安全防范检查的重点,而J26关注的核心词与J23相似,但J26还关注"措施",说明《规定》在技术防范检查检测情况处置中有详细整改措施。除此以外,在防范检查工作中,《规定》还明确了检查检测规范和检查反馈等。J24关注的关键词有"技术""场所""现场""部位",是对检查场所、位置的具体说明。此外,R8、R9与本章关联度较高,R8关注的关键词"团体""企业""人员",J23、R9关注的核心词"技术""场所""隐患",这些关键词与J23涉及的关键词有共通之处，说明 R9"重点单位责任"的履行与 J23 涉及的技术检测内容相交叉。

⑤法律责任。国家安全机关及相关单位都应依照法律、行政法规和国家有关规定，进行反间谍安全防范工作。相较于《中华人民共和国反间谍法》中有关法律责任是指具体的危害国家安全的间谍行为，《规定》中的法律责任是参与反间谍工作中相关机构单位应履行的法律责任。

以法为纲始终是国家反间谍工作的基础，《规定》在法律责任方面的核心词词频见表2-8。

表2-8 法律责任的词频统计

所选词	词频/次	所选词	词频/次
整改	9	处理	2
依法	7	事业	2
人员	4	报告	2
单位	4	危害	2
追究	3	影响	2
案件	3	社会	2
责令	3	团体	2
检查	3	行为	2
履行	3	构成	2
按照	3	问题	2
依规	2	企业	2
应当	2	指导	2
建议	2	规定	2
义务	2	后果	2
约谈	2	犯罪	2

从表2-8得到法律责任方面的核心词为"整改"，词频为9；"依法"的词频为7、"检查"及"追究"的词频为3。"整改""依法""责令""指导"等词揭示了国家安全机关有责任依法对违反《规定》的机关、团体、企事业单位和其他社会组织提出整改要求，并在一定期限内对整改情况进行检查。"约谈"明确了国家安全机关对未按要求整改或未达到整改要求的

组织，可采取约谈方式解决，体现《规定》的全面性和成熟性。法律责任章节针对违反《规定》的程度，颁布了国家安全机关应采取的不同解决措施，可分为责令整改、建议追责问责及执法过错责任追究，体现《规定》的系统性。

在分析法律责任方面核心词的基础上，为进一步挖掘法律责任章节的深层内涵，笔者运用UCINET—NETDRAW绘制法律方面核心词与每项条例之间的关系图谱，如图2-14所示。黑色圆圈为法律责任方面的核心词，白色方块为每项法律条例，关键词节点越大说明该关键词与整个法律条文的关系越密切，条例节点越大，则说明该条例覆盖的关键词越多。

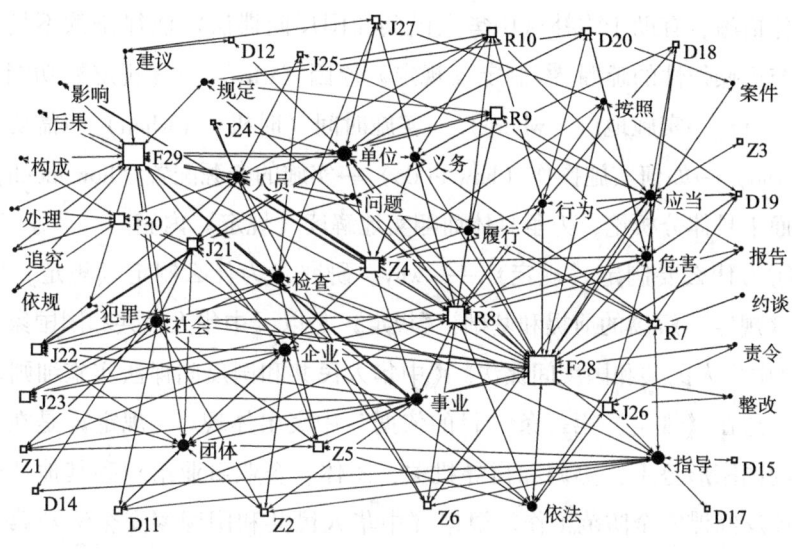

图2-14 法律责任方面的核心词与每项条例之间的关系

从图2-14可以看出，F28为法律方面的中心条例，其次是F29、F30。F28关注的核心词为"单位""危害""落实""依法"等，明确国家安全机关要依法责令限期整改或依法约谈相关单位负责人，督促其整改问题、落实责任。与F29最紧密相关的核心词为"人员""单位""依法""建议"，对于未履行或者未按照规定履行反间谍安全防范责任和义务，造成不良后果的单位及其工作人员，国家安全机关可以移送问题线索，建议有关机关、单位依规依纪依法予以处理。F30关注的核心词为"人员""依法"，指明国家机关及其工作人员在执法过程中出现过错，要依法追究责任。除此以外，R8、Z4与本章高频词的关联度较大，说明本章法律责任是对R8"一般单位责任"未履行后的处理办法，以及对Z4"责任义务"落实不到位的具体说明。

（2）文本内涵定性解读。为了更好地解读《规定》内涵，将采用5W2H这种标准化思维流程，5W2H分析法即七何分析法，第二次世界大战时由美国陆军兵器修理部首创，该方法是用5个以"W"开头的英语单词和2个以"H"开头的英语单词进行问题设问，并追寻解决问题的线索和思路。应用5W2H分析法解读《规定》，可以在执行层面探究反间谍行为活动的具体措施，有助于弥补《中华人民共和国反间谍法》法律条款不具备执行性与可操作性的疏漏。❶ 制定《规定》原因（why）→《规定》功能是什么（what）→实施地点（where）→实施时间（时机）（when）→需要的人力（who）→如何实施操作（how to do）→实施的资源配置（how much）七个方面来具体分析论，力争具体而翔实地解读《规定》内涵。

①为什么要制定《规定》——why。研究"为什么制定《规定》"是对该《规定》解读的前提和基础，《规定》是以《中华人民共和国国家安全法》《中华人民共和国反间谍法》《中华人民共和国反间谍法实施细则》为依据，这在《规定》第一条"目的依据"中突出体现。《规定》是在复杂多变的国家形势下，协调和指导机关、团体、企业事业组织和其他社会组织开展反间谍安全防范工作。根据《中华人民共和国国家安全法》第二条规定："国家安全是指国家政权、主权、统一和领土完整、人民福祉、经济社会可持续发展和国家其他重大利益相对处于没有危险和不受内外威胁的状态，以及保障持续安全状态的能力。"当前，一方面，境外间谍情报机关及各种敌对势力对我国渗透、窃密活动日益加剧，手段多样，涉及领域宽广，我国的国家安全和利益受到严重威胁。另一方面，我国反间谍安全防

---

❶ 杜骁,张青青.5W2H分析法在高校化学试剂调剂中的应用[J].实验室研究与探索,2018(5):294-298.

范核心要害领域,仍然存在主体责任落实不到位、防范制度措施不健全等问题。❶ 制定《规定》的目的是防范化解国家安全风险、维护我国国家安全和利益,落实"总体国家安全观"。法律是国之重器,国家安全法治建设和实施落地是实现中华民族伟大复兴的必要条件。❷ 对《规定》的解读如表 2-9 所示。

表 2-9　为什么要制定《规定》——why

原因	依据	目标	参见高频词
①我国的国家安全和利益受到严重威胁	《中华人民共和国国家安全法》《中华人民共和国反间谍法》	防范和化解国家安全风险,维护我国国家安全和利益	(表2-4:"《国家安全法》") (表2-4:"《反间谍法》")
②要害领域主体责任不到位、防范制度措施不健全	《中华人民共和国反间谍法实施细则》	落实"总体国家安全观"	(表2-4:"安全观")

②《规定》宗旨与功能是什么——what。中华人民共和国国家安全部令 2021 年第 1 号——《反间谍安全防范工作规定》,2021 年 3 月 12 日经国家安全部部务会议审议通过,2021 年 4 月 26 日起施行。该《规定》的制定,能够督促机关、团体、企业事业组织和其他社会组织加强反间谍安全防范工作,真正落实各责任主体的反间谍安全防范责任。《规定》依法明确了"防什么、谁来防、怎么防"的问题,将进一步压实反间谍安全防范具体责任,提升全社会特别是核心要害领域的安全防范工作能力和水平,形成反间谍工作情报场域,见表 2-10。❸

---

❶ 黄颜奇玉.关于《中华人民共和国反间谍法实施细则》的颁布对我军反情报工作的几点思考[J].南方论刊,2018(10):77-80.
❷ 李林.新时代坚定不移走中国特色社会主义法治道路[J].中国法学,2019(3):5-25.
❸ 赵冰峰.情报场理论及其在反间谍工作中假扮行为治理的应用[J].情报杂志,2018,37(6):6-9,19.

表 2-10 《规定》宗旨与功能是什么——what

颁布机构和日期	宗旨与功能：依法明确	参见高频词
中华人民共和国国家安全部	督促机关、团体、企业事业组织和其他社会组织：谁来防？	（表2-4："团体""事业""企业""社会"）
2021年3月12日审议通过	落实反间谍安全防范具体责任：防什么？	（表2-4："秘密""开展""单位"）
2021年4月26日起施行	提升核心要害领域的安全防范能力和水平：怎么防？	（表2-4："严格""保密""督促"）

③检查方式及实施地点——where。《中华人民共和国反间谍法》第十六条规定，"国家安全机关根据反间谍工作需要，可以会同有关部门制定反间谍技术防范标准，指导有关部门落实反间谍技术防范措施，对存在隐患的部门，经过严格的批准手续，可以进行反间谍技术防范检查和检测。"依据相关法律、法规、规章授权，《规定》明确了反间谍安全防范检查的方式：向有关单位和人员了解情况；调阅有关资料；听取有关工作说明；反间谍技术防范检查和检测明晰了检查实施地点：进入有关风险隐患的单位；进入特殊场所实地查看；查验电子通信工具、器材等设备、设施。在此基础上，细化了工作程序和技术防范检查检测的具体方式，并对检查反馈作了要求，见表2-11。

表 2-11 检查方式及实施地点——where

工作方式	检查实施地点	参见高频词
向有关单位和人员了解情况	有风险隐患的单位	（表2-7："隐患"）
调阅有关资料	特殊场所实地考察	（表2-7："现场"）
听取有关工作说明	电子通信工具、器材等设备、设施	（表2-7："设施""系统"）

④检查工作启动时间——when。明确反间谍安全防范检查启动的时间，当发现反间谍安全防范的风险隐患，或者接到反间谍安全防范问题线索举报，或者依据有关单位的申请，或者因其他反间谍安全防范工作需要等，必须经过设区的市级以上的国家安全机关负责人批准，国家安全机关方可

以按照其管理权限对有风险隐患机关、团体、企业事业组织及其他社会组织，进行反间谍安全防范工作检查，见表2-12。

表2-12 检查工作启动时间——when

防范检查的前提	防范检查工作启动时间	参见高频词
市级以上国家安全机关负责人批准	发现反间谍安全防范风险隐患	（表2-7："风险""隐患""市级"）
国家安全机关可以按照管理权限	接到反间谍安全防范问题线索举报	（表2-7："负责人""批准"）
	依据有关单位的申请	（表2-7："单位""督促"）
	因其他反间谍安全防范工作需要	（表2-7："批准""部位"）

⑤落实不同主体责任——who。《规定》构建了反间谍安全防范责任体系，遵循"分类管理、精准施策"的思路，明确了不同主体的具体责任：行业主管部门要与国家安全机关建立健全反间谍安全防范工作协作机制，加强彼此间的信息互通、情况商讨、协同指导、联合监督检查，履行行业监督管理责任；根据工作实际情况，明确一般单位（机关、团体、企业事业组织和其他社会组织等）在反间谍安全防范工作中承担主体责任——履行教育培训、日常情况管理、报告可疑问题、配合专门机关工作、应对处置突发事件等义务；国家安全机关要会同有关部门制定，并定期调整反间谍安全防范重点单位名录，并以书面形式告知有关单位，指导其落实相应的安全防范义务——在履行一般单位责任基础上，还应当承担重点责任。要充分考虑有关单位开展涉外工作、涉密工作等安全防范的需要，健全安全防范制度、明确职责、加强日常防范管理、做好出国（境）的安全防范工作，并定期开展教育培训、落实技术防范措施、进行工作自查等；加强对网络安全和数据安全的维护，强调关键信息基础设施运营者在反间谍安全防范方面的专门责任，见表2-13。

表2-13 落实不同主体责任——who

责任主体	工作责任	参见高频词
行业主管部门与国家安全机关	建立健全反间谍安全防范协作机制，履行行业监督管理责任	（表2-5："主管""管理"）

续表

责任主体	工作责任	参见高频词
机关、团体、企业事业组织和其他社会组织等一般单位	在反间谍安全防范工作中承担主体责任	（表2-5："人员""履行""义务"）
重点单位名录制度上的重点单位	履行一般单位责任外，还承担重点责任	（表2-5："关键""涉密""涉外"）
关键信息基础设施运营者	维护网络安全和数据安全	（表2-5："运营者""基础""设施"）

⑥防范指导工作如何实施操作——how to do。首先，明确了反间谍安全防范指导的具体方式：提供工作手册、指南等安全防范宣传教育材料；印发国家机关书面指导意见；举办工作技能培训；召开专门工作会议；并采取提醒、劝告，以及其他指导方式。其次，明确了防范指导工作机制和要求：国家安全机关需要会同有关主管部门共同开展反间谍安全防范宣传教育；要共同受理公民和组织举报等。最后，明确了反间谍安全防范表彰奖励有关规定：对反间谍安全防范工作中作出重大贡献或取得重要成绩的单位和个人，国家安全机关应该会同有关部门、单位给予这些单位和个人表彰、奖励；细化具体的表彰、奖励情形，鼓励、引导公民和组织履行反间谍安全防范责任义务；发动单位和个人自觉同危害国家安全的行为作斗争，见表2-14。

表2-14 防范指导工作如何实施操作——how to do

防范指导工作	具体实施操作	参见高频词
明确反间谍安全防范指导方式	提供工作手册、指南等宣传教育材料，印发书面指导意见，举办工作培训，召开工作会议，提醒、劝告，以及其他指导方式	（表2-6："教育""指导""宣传"）
明确了防范指导工作机制和要求	国家安全机关会同有关主管部门共同开展反间谍安全防范宣传教育，共同受理公民和组织举报等	（表2-6："会同""举报""主管"）
明确了反间谍安全防范表彰奖励规定	给予表彰、奖励，并细化了表彰、奖励的具体情形	（表2-6："表彰""重大""保护"）

⑦责任追究的处罚——how much。首先，为推动机关、团体、企业事业

组织和其他社会组织履行反间谍安全防范义务，对相关单位未履行反间谍安全防范义务将承担何种法律责任予以规定：国家安全机关依法对落实反间谍安全防范责任存在问题的单位，责令其限期整改；国家安全机关对未按照要求整改或者未达到整改要求的单位，依法约谈相关负责人，并将约谈情况通报该单位上级主管部门；国家安全机关对未履行或者未按照规定履行反间谍安全防范责任和义务的有关单位及其工作人员，并造成不良后果或者影响的，可以向有关机关、单位移送问题线索，并建议有关机关、单位在遵照管理权限范围内，对负有责任的领导人员和直接责任人员依规依纪依法予以处理；依法追究构成犯罪的有关单位及其工作人员的刑事责任。其次，对国家安全机关执法监督方面应该履行的工作义务也做了相关规定：国家安全机关应当严格遵守法定权限和程序，开展反间谍安全防范指导和检查工作，应当尊重和保障人权，以及保护公民、组织的合法权益。对在反间谍安全防范指导和检查工作中知悉的秘密信息（国家秘密、工作秘密、商业秘密、个人隐私和个人信息等），应当严格保密，并且不得泄露或者向他人非法提供。在反间谍安全防范指导和检查工作中，国家安全机关及其工作人员滥用职权、玩忽职守、徇私舞弊的，对负有责任的领导和直接责任的人员要依规依纪依法予以处理；对构成犯罪的领导和直接责任人，要依法追究刑事责任，见表 2-15。

表 2-15 责任追究的处罚——how much

责任追究处罚情况	具体处罚措施	参见高频词
单位未履行反间谍安全防范义务规定	存在问题的单位依法责令限期整改；未达到整改要求的，约谈相关负责人，并将约谈情况通报该单位上级主管部门；造成不良后果或者影响的，依法予以处理；构成犯罪的，依法追究刑事责任	（表 2-8："整改""依法""约谈"）
国家安全机关执法监督处罚规定	滥用职权、玩忽职守、徇私舞弊的，对负有责任的领导人员和直接责任人员依规依纪依法予以处理；构成犯罪的，依法追究刑事责任	（表 2-8："追究""依归""规定"）

《规定》形成了严谨全面的反间谍安全防范责任体系,体现了总体国家安全观下的"中国之治"。党的十九届四中全会提出要完善国家安全体系,提高防范抵御国家安全风险能力,特别强调要"完善集中统一、高效权威的国家安全领导体制,健全国家安全法律制度体系"❶。首先,《规定》的宗旨高度体现了反间谍安全防范工作应遵循总体国家安全观、坚持党的领导及保障人民权益。其次,在防范责任安全章节明确了"谁来防",其中分为行政主管部门、一般单位责任和重点单位责任;在防范指导和防范检查方面体现"如何防"。最后,在法律责任方面指出对违反本规定的组织团体采取何种措施进行整改、问责和追究,《规定》强调运用法治思维和法治方式开展反间谍安全防范工作,强调组织和动员全社会力量来防范、制止间谍行为和其他危害国家安全行为,共同筑牢国家安全屏障,体现"怎么防"。

第五,国家情报政策法律体系的意义与作用。国家情报政策是在国家安全战略的指导下情报工作的发展导向和行为准则,也是实现国家安全战略和推进情报事业发展的前提和基础。国家情报法律体系由国家情报的法律规范、法律关系及主体间权利与义务等要素构成❷,对安全、军事、经济、公安、反恐、科技等其他国家情报活动具有主导和引领作用。国家情报政策法律体系按效力可分为:宏观情报政策法律法规(如面向国家安全情报相关的政策法律法规)、中观情报政策法律法规(如面向各个行业、产业或领域情报的政策法律法规)及微观政策情报法律法规(如面向公司、组织、个体等的政策情报法律法规)。按照内容可分为:安全情报(如国家安全、反恐怖主义、公众安全等方面)政策法律、军事情报政策法律、竞争情报政策法律、科技情报政策法律、经济情报政策法律、社科情报政策法律等。国家情报政策法律体系的作用与意义如表2-16所示。

---

❶ 刘忠,戴美玲.大国竞争时代构建中国国家安全学的四维向度[J].情报杂志,2021,40(5):42-49,25.
❷ 赵冰峰.论国家情报体系的基本属性、系统运筹与对外政策[J].情报杂志,2018(2):1-7.

表 2-16 国家情报政策法律体系的意义与作用

	意 义	作 用
国家情报政策体系	满足情报工作的现实需求	从大系统的角度构建综合性、多层次的情报政策体系，全面且有重点地反映情报领域各种社会关系
	促进情报工作快速有序发展	是给情报政策的制定和实施提供科学的指导
	引导和规范情报活动	与经济、政治、科技、文化等其他领域的国家情报政策相互协调，共同为国家情报政策战略目标的实现服务
	维护国家核心利益提供有力保障❶	从宏观层面增强国家情报体系的保障性，维护国家安全
	为国家治理体系和国家治理能力现代化提供重要工具❷	从中观层面增强国家情报体系的引导性，维护社会安全
	为国家安全和经济社会发展提供智力支撑和决策依据	从微观层面增强国家情报体系的规范性，维护个体安全

随着信息技术的广泛应用，实现意识形态符号的自动化理解、生产与传播，出现社区化、平台化、生态化和社会化的新型情报组织模式，给情报法律和政策的制定提出各种冲击和挑战。❸这在客观上要求国家情报政策法律体系必须适应性战略变革，以跨部门的战略协同为指导，以实现信息互补、功能互连、系统协同，强化情报防御能力，提升国家安全治理能力和治理水平。

2.3.3 我国情报工作机制

建立健全国家情报工作机制，可以促进情报工作的有效领导、机构设置、管理等方面健康有序的发展。建立统筹协调机构，有助于对各情报机

---

❶ 习近平.坚持总体国家安全观 走中国特色国家安全道路[J].中国监察,2014,(9):4.

❷ 何新.新国家主义的经济观[M].北京:时事出版社,2001:12-13.

❸ 赵冰峰.情报学:服务国家安全与发展的现代情报理论[M].北京:金城出版社,2018:383-384.

构的管理协调,确立最高统筹协调机构在国家治理中有重要地位。国家情报最高领导一般由国家首脑担任,或由国家首脑直接任命并向国家首脑负责,成员可能包括其他政府部门的领导。根据情报任务的需要,不同领域情报机构可以围绕工作任务相互配合,进行跨机构合作收集和分析情报,避免情报机构条块分割、各自为政,阻碍情报工作的有效交流。

第一,情报跨越式协作工作机制。纵观各国的情报机构管理机制,一般可以分为分散式和集中式两种管理结构,我国的国家情报管理曾经是分散式管理。情报工作需要多个情报机构协同,才能为各领域的科学决策当好"千里眼"和"顺风耳",实现情报机构之间的横向、纵向协调,实现情报整合与信息共享。因此,对情报机构的管理必须建立协同联动的情报协作工作机制。如图2-15所示,情报协作工作机制包括跨部门的情报协作、跨地区的情报协作、跨层级的情报协作及情报机构与社会组织、个人协作。情报协作工作机制能够有效防范并化解国家安全风险,以互补的方式合作推进该情报领域的发展,促使情报机构相互配合,实现情报工作的最优成果。

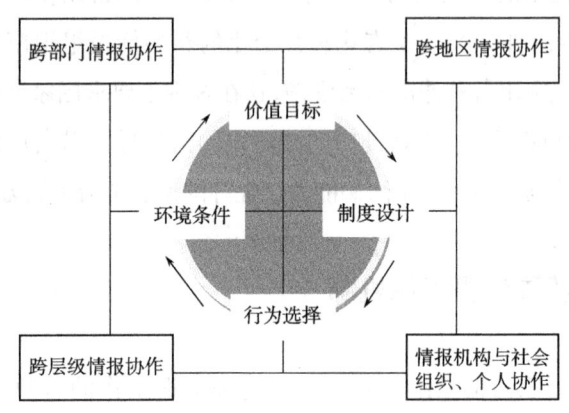

图2-15　情报协作工作机制

(1)激发协作意愿和动力生成的价值目标。根据巴纳德组织理论可知,情报体系是一个协同系统,情报协作工作的三个基本要素是协同意愿、共同的目标和信息交流。国家情报体系是一个协作系统,要实现情报体系内外部治理主体的协同合作,需要解决的首要问题是共同的目标和协作意愿。

价值目标是协同联动的情报协作工作机制的出发点和起点。坚持以维护国家与发展为中心，维护和实现情报"耳目、尖兵"的价值，情报活动是价值理性和工具理性的结合体，是价值判断和事实判断的结合体。情报工作有效协作的价值目标必须清晰、价值与手段不能错位、价值导向必须正确，才能保障情报协作取得预期效果。协同一致的价值目标是情报工作产生协同合作意愿，生成协同合作的动力源。

（2）推动协同渠道和动力持续供给的制度设计。依据马克思主义原理可知，制度属于上层建筑，良好的制度能促进生产力发展，不好的制度反而会消解生产力。制度经济学理论告诉我们，推动一项工作繁荣发展的主要因素是制度本身，所以，完善的情报制度体系能为情报工作的开展提供稳定、可靠的外部环境，促进协同的情报制度安排是决定情报协同工作实现的根本，构建完善的制度体系是促进情报工作有效协作的第一步，在制度体系的基础上，能够把制度优势转化为协同治理的效能，实现情报工作协同治理能力现代化。

（3）关注协同体系和能力转化的行为选择。如果缺乏执行和遵循情报协同制度的高素质的人力资源，再完美的情报协同制度和管理方式也无法发挥应有的作用。情报人员协同行为是情报工作协同能力转化和生成的微观途径。在情报工作协同体系之中，既要使协同的制度体系发挥作用，更要关注情报人员的行为，如果情报人员在情报工作协同活动中不作为、慢作为，情报工作协同效果必然受到影响。只有在情报人员积极作为的基础上，情报人员具备协同合作的素质和能力，才能减少和避免情报协同工作过程中产生的不必要行为冲突。

（4）适应协同活动支撑和催化的条件环境。行政生态学理论认为，情报工作与环境是相互影响和相互制约的，外在条件和环境的变化，是情报工作的背景和动因。当前，全球经济政治格局和经济发展正发生深刻的变化，情报协同工作体系必将受到全球政治经济变化的影响。在互联网、云计算、大数据、人工智能等新技术条件下，情报活动要实现协同合作，新技术的发展具有催生作用。同时，国内外重大事件、政治环境变化、经济环境变化、文化环境和社会环境变化等，也必将影响和制约情报工作的有效协同。

第二，情报循环互动交流工作机制。如图 2-16 所示，情报工作机制的运作体系是一个动态的系统，情报信息交流共享是情报工作的重要内容，情报工作是在双向输入与输出的过程中完成情报的搜集与处理，呈现内外双向循环特征。情报工作政策法规的制定，为常态化、法治化推进情报信息交流厘定了制度框架，为促进不同来源情报的加工处理和决策者之间的交流，运用法治思维和法治方式开展对话打下基础；构建充分利用现代网络技术手段的信息交流平台，实现信息收集、加工、分析、存储、传输、利用一体化发展；完善情报立法、培养专门人才等措施，建立严格的信息发布制度，增强系统内信息披露，不断提高情报工作信息交流的成效。

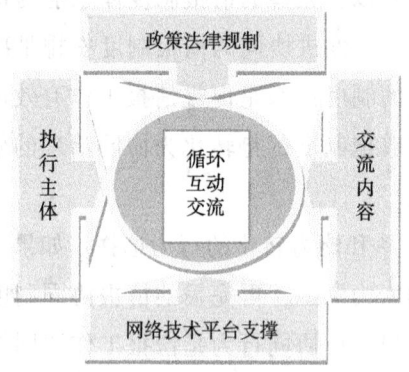

图 2-16　情报工作循环互动交流机制

（1）遵循情报政策法律规制。情报信息交流涉及国家主权及政治、经济等多重因素，必须遵循相关的政策法律。应该在保证国家利益的前提下，制定、修改相关法律法规，才能减少情报信息交流的法治障碍。要制定严格的情报保密规定，情报材料的使用要有范围限制，并严格遵守相关的保密要求，要明确交换的信息材料作为刑事诉讼、行政处罚证据使用的具体程序和条件，制定数据调阅权限及行业内保密规范，做到在情报共享与保密之间建立更加完善的共生机制。

（2）提升情报执行主体的能力。情报信息交流的执行主体分为中央和地方两个层级。中央层级的执行主体是国家安全部、公安部、人民解放军、武装警察部队和其他"有关部门"（国务院外交、网信、司法等部门）；地方层级的执行主体包括县级以上人民政府安全部门、人民警察部门及其主管部门。要使情报信息交流任务顺利完成，必须提升具体执行人员情报交流能力。要配备必要的专业设备、设施，强化对在岗情报人员的法律知识和情报技能培训，同时应与高校合作，加快培养情报专门人才的步伐，公安、武警院校及相关的地方高校要科学规划课程体系，开设情报分析技术、法律制度等相关课程，提高情报人员获取、核查、辨识相关情报信息的能力，使情报人员能够适应业务术语体系和操作标准，借鉴国外有益情报技术与经验，真正提高开展情报交流的效率。

（3）明确情报交流内容。情报机构关心的情报主要包括：威胁国家安全的组织及其成员情况；为实施危害国家安全行为进行筹划的情报；危害国家安全行为进行培训及其训练基地的情报；利用第三国准备实施、正在实施和已经实施恐怖行为的情报；散布、传播宣扬恐怖主义、分裂主义、极端主义思想的宣传品情报；恐怖组织活动的特点、规律、方法和手段等方面的情报；向危害国家安全的组织和个人提供信息、资金、技术、武器、训练的组织或人员的情报或资料等。

（4）健全情报技术网络平台。开展情报信息交流要夯实信息工作基础，建立专群、公密、人技结合的信息网络平台，以国家、省、市、县多级情报信息网络和国家各部门情报信息网络为主渠道，以基层网格员、综合治理信息员和信息直报点为补充的情报信息体系为基础，健全国家安全分线识别、核查、评估、预警、防范、处置"六位一体"工作情报工作制度，形成"横向多边、纵向延伸、全域覆盖、快捷畅通"的情报信息网络，充分发挥公安部门、国安部门等专业力量"锐利尖刀作用"、相关行业部门"敏锐感知作用"、基层力量"多点前哨作用"。

第三，情报标准化工作机制。情报工作标准，是关于情报的收集、处理、存贮、分析、提供和各种情报工作设施使用等方面的规则与情报技术规范，情报工作规则与情报技术规范是由国家主管机关或各有关部门共同确定的。情报工作标准化问题涉及的因素较多，我国在情报工作标准方面与美国、英国等国家相比较差距较大，还需借鉴国外制定情报工作标准或

规范的经验和成果，使我国的情报工作标准化逐步完善。❶

（1）我国制订的相关情报工作标准。情报工作以文献、信息工作为基础，因此，已经制订的《信息交换用汉字编码字符集（基本集）》《文献目录著录标准总则》《检索期刊文献条目著录格式》《文献目录信息交换用磁带格式》等标准均为我国情报工作提供支撑。这些文献、信息工作标准还不完善，还有很多标准需要制订，如信息分类法标准、主题词表标准、数据标引标准、情报载体的标准、数据编码标准、软件技术方面的标准、情报多语种转换标准、信息通信网络接口连接标准、信息缩微技术方面的标准和声像方面的标准等。

（2）国际最新的情报工作标准。国际标准化组织（ISO）于2021年11月25日发布《ISO 56006：2021 创新管理-战略情报管理的工具和方法-指南》（ISO 56006：2021 Innovation management-Tools and methods for strategic intelligence management-Guidance），这是ISO发布的首个以情报为主题的国际标准。❷ 该标准包括"制定战略情报管理策略""建立战略情报管理流程""应用战略情报工具和方法"三个方面。ISO 56006对情报和战略情报给出了明确定义，但该标准不适用于认证和数据保护。ISO 56006借鉴DIKW模型，提出与情报界竞争情报循环相似的战略情报循环（Strategic intelligence cycle）。

战略情报循环分为四个部分：一是搭建框架，以确立情报生产的标准和范围；二是收集与分析，在收集、分析原始数据（data）的基础上产出信息（information）；三是解读，解读信息而产生知识（knowledge），为决策者做出战略决策提供有用的信息；四是建议，基于知识提出的建议使知识被有效传达成为情报（intelligence）。在ISO 56006罗列的整个循环流程中，每一步都可以对产出的成果进行验证并调整，该标准列举了每个步骤可以选用的一些验证方法：验证数据一致性、数据相关性、数据可靠性等；通过

---

❶ 吉林工业大学科技情报研究室. 情报学概论[M]. 沈阳：辽宁省阜新市机械局情报室，1983：169.

❷ Innovation Management-Tools and Methods for Strategic Intelligence Management-Guidance：ISO 56006：2021[S/OL].[2022-01-22]. https://www.iso.org/standard/72621.html.

数据分析工具进行灵敏度分析，实现对信息的验证；通过因果分析、情景反向模拟（reverse framing of scenario），实现对知识的验证；通过可用性、及时性以及清晰度检查，对情报的验证。

2.4 国家情报技术创新驱动

亚当·斯密（Adam Smith）的"看不见的手"，对驱动经济增长的因素并无定论，但经济学界认为经济增长主要取决于"生产性资源随时间的积累""在技术知识既定的情况下，资源存量的使用效率""技术的进步程度"。20世纪60年代，依据柯布—道格拉斯（Cobb-Dougles）生产函数建立的增长模型把技术进步等作为外生因素来解释经济增长。20世纪90年代初期，保罗·罗默（Paul Romer）、格罗斯曼和赫尔普曼（Gene·Grossman and Elhanan Helpman）提出的新增长理论和知识溢出模型中，指出知识在经济增长中所起的巨大作用，知识创新和技术进步，使经济能够不依赖外力推动实现持续增长，内生的知识创新和技术进步是保证经济持续增长的决定因素。依据新增长理论，可知技术进步和人力资本是驱动国家情报工作发展的源泉。2012年以来，大数据思维促使情报服务工作进入了数据全息化、情报分析集成化、情报生产智能化及情报服务全纳化的崭新时代。❶ 2016年5月，《国家创新驱动发展战略纲要》强调科技创新能力是国家力量的核心支撑，同年8月出台《"十三五"国家科技创新规划》，首次将"科技创新"融入国家战略的顶层设计。以国家战略性需求为导向，推进创新体系优化组合，形成虚实共存的技术环境；以网络大数据为主要手段的情报工作，为战略性、实时性的国家决策提供支持和广泛参与社会治理。❷

---

❶ 施瑶瑶.人工智能时代公共部门人力资源管理价值调适研究[J].南通航运职业技术学院学报,2018(2):25-28.

❷ 赵慧臣,唐优镇,马佳雯,等.人工智能时代学习方式变革的机遇、挑战与对策[J].现代教育技术,2018,28(10):20-26.

2.4.1 改变情报人员的认知

情报技术环境改变情报工作者的世界观,进而形成理论指导实践。1987年,卢太宏先生首次提出大情报观念,将单一领域的情报系统演变为综合的社会情报系统。❶ 大情报观使情报学介入社会、经济与管理的各个方面,推动情报学从科技情报拓展到社会情报。❷ 21世纪,互联网的兴起,使情报人员更加关注网络信息的组织与建构,情报工作更加依赖服务平台建设。2012年大数据革命到来,情报工作的着眼点从物理世界转向虚拟世界,情报人员努力搭建虚实共存的情报环境,更加关注社交媒体环境下有关国家安全、舆情传播等方面的情报,情报人员把国家安全预警防护、舆情传播治理作为情报研究的重点领域。❸ 同时,电子商务的线上交易行为,形成大量的商品信息、用户信息及评论信息等,促使商业情报更加繁荣。情报人员更加重视对舆情、电子商务等实时数据的情报挖掘,有效洞察社会热点事件,为维护总体国家安全视域下的国家情报工作打下基础。❹

2.4.2 改变情报源的产生与服务形式

新兴信息技术的融合应用,拓宽了情报源的获取渠道,改变了情报获取方式,扩大了情报的获取规模。大数据环境下实体、文本、音视频信息等各种形式和载体的数据,都能成为情报的来源,特别是电子踪迹数据、用户生成的信息内容(UGC)、空间位置数据。❺ 此外,情报来源除了客观

---

❶ 李又华.我国情报工作观念的变革[J].情报学刊,1990(6):405-407.
❷ 华勋基.试论情报科学体系[J].情报学报,1987,(6):446-450.
❸ 苏新宁.大数据时代情报学与情报工作的回归[J].情报学报,2017,36(4):331-337.
❹ 王知津.大数据时代情报学和情报工作的"变"与"不变"[J].情报理论与实践,2019,37(7):1-10.
❺ 郝龙,李凤翔社会科学大数据计算——大数据时代计算社会科学的核心议题[J].图书馆学研究,2017(22):20-20,35.

数据（历史数据、事实数据）之外，各种实时数据、动态数据也作为数据源，加入对情报的预测分析，改变以往的"小数据""样本数据"作为主要信息源的情报分析的局限。❶ 大数据环境也颠覆了情报的线性组织模式，即"信息采集—加工—分发—服务"的线性链式情报服务模式，新的技术环境，完全可以做到"以用户为中心"的情报组织模式，根据用户的现实需求，可以实时、交互式地关注用户的体验，跨越时间与空间的限制，在虚实并存的情报服务环境下，采取众包等协同化的组织模式为用户开展情报服务。❷

2.4.3 改变情报工作机制

技术是支撑情报工作实现目标的保障，大数据、5G 网络、人工智能、云计算、区块链、地理空间信息技术等不仅改变了情报工作环境，同时改变了情报工作机制。如图 2-17 所示，在新的信息技术融合应用的前提下，情报工作机制由保障层、业务层、决策层三个层级组成。❸ 其中决策层包括预测系统（基于大数据的预警系统、网络直报系统、事件发展态势预测与评估系统）与管理系统（大数据指挥平台、人口数据平台、物资保障平台、物流指挥平台、城市交通指挥平台）；业务层围绕"数据—信息—知识—情报"信息链揭示情报的来源和演化路径，包括数据层面的数据与数据治理、信息层面的信息发布与管理、知识层面的知识传播及服务、情报层面的情报分析与智库四个层面的情报业务流转环节；保障层包括情报制度规制和技术资源支持体系。保障层要构建"人—信息—技术"互动的情报工作协同平台。

---

❶ 门洪华.百年变局与中国战略机遇期的塑造[J].同济大学学报(社会科学版)，2020,31(2):31-39.
❷ 孙明霞,陈斌,梁春华.对基层情报研究机构加强情报科研工作的思考[J].情报理论与实践,2020,43(5):45-48.
❸ 王伟军.我国公共卫生突发事件应对的情报机制及体系——新冠肺炎疫情防控的情报视角[J].图书与情报,2020,(1):15-26.

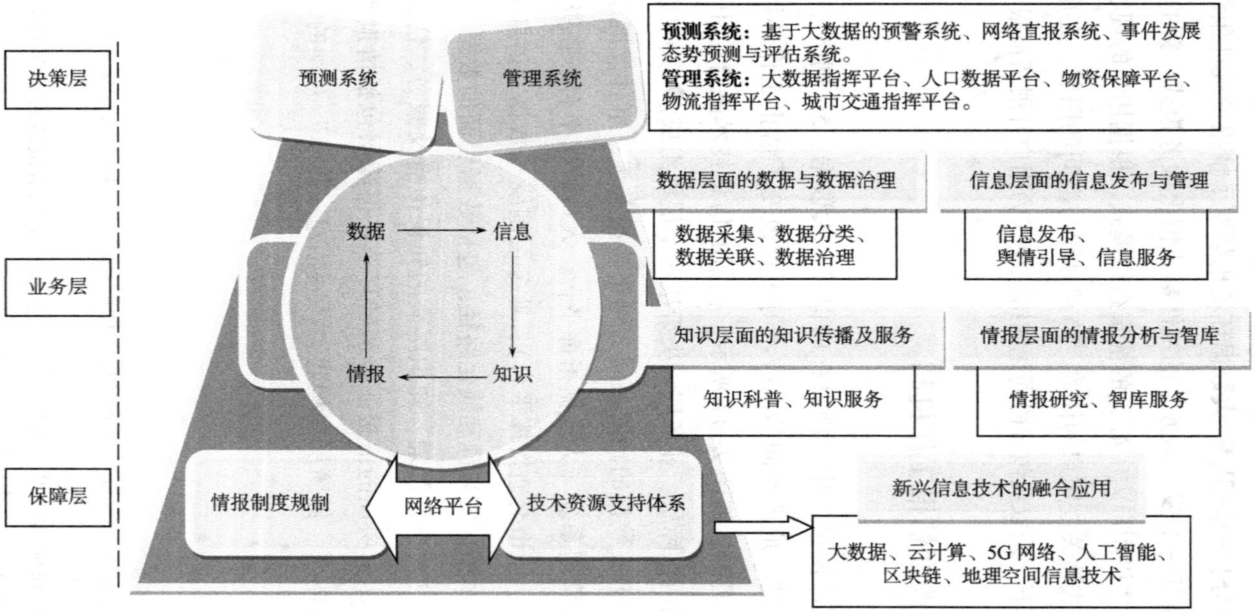

图 2-17 国家情报技术创新驱动机制

2.4.4 改变情报研究方法

大数据技术与方法的应用使得情报学研究方法发生改变,情报研究方法从介入性方式转向非介入性方式、从部分探究转向整体研究、从人工分析为主转向计算机分析为主。❶ 在大数据环境下,情报分析工作可以利用计算机、机器学习、知识理解等计算与智能分析技术,突破了收集、处理和分析庞大信息的人为介入局限,转向以数学模型进行组织并识别情报的非介入性研究范式。借助(大)数据、文本、互联网、社交媒体、移动媒体等大量数据,通过数据语义关联、数据整合聚类、数据深度挖掘、深度学习等方式,可以从部分探究转向整体研究;借助多源大数据资源,在数据挖掘技术、语义关联技术等智能化技术的支撑下,情报研究可以定位于信息链的后端,从数据端直接转向到情报端,甚至可以略过信息链的"信息"与"知识环节",如图2-18所示。数据本身就具有强大的描述功能和预测功能❷,因此,数据的情报价值完全可以越过信息这一环节直接转化为情报,"数据即情报"的思维与理念已经深入到研究人员的内心,导致情报分析从人工分析为主转向利用计算机进行数据分析。

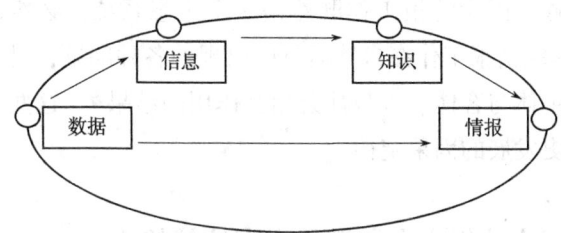

图 2-18 跨越信息链的数据直达情报的研究范式

数据是事实的数字化、编码化。观察信息链可知,数据比信息、知识要素更接近事实,可以说数据是事实的"镜像"。大数据时代的数据具有类

---

❶ 马费成,张瑞,李志元.大数据对情报学研究的影响[J].图书情报知识,2018(5):4-9.

❷ 彭知辉.数据:大数据环境下情报学的研究对象[J].情报学报,2017,36(2):123-131.

似照相机的功能，可以避免或减少来自人的主观化的影响，更客观真实地反映事实。数据是对事实的记录，记录形式是数字、文本、图形、图像和视频多种形式的结合。随着"一切数据化、数据化一切"，人类的日常行为、活动轨迹、通信与交流、心理状态等都可以转化为数据，数据成为人类认识与外部客观事物之间的映射。信息链（data，information，knowledge，wisdom，DIKW）中情报位于顶端的智慧层（wise），情报具备智慧的品质和形成智慧的能力，可以直接指导行动。在大数据和人工智能环境下，运用"机器思维"可以进行数据分析，发现数据微小变化、数据拐点等，支持多类型数据的聚合，发现可以支持行动的驱动要素，实现从数据直接到情报的转化。[1]

2.5 国家情报生态系统的演进

热力学第二定律（Second Law of Thermo Dynamics）指出，一个孤立系统在自然过程中的总混乱度（即"熵"）不会减小，反而会与日俱增。要使一个系统的混乱程度逐渐减低，就必须向系统注入负熵。[2] 目前，国家安全问题日益严峻。国家情报工作既然是一个生态系统，必然也遵循热力学第二定律[3]，国家情报工作在自然运行中出现的各种问题，是现阶段国家情报工作系统中主体与客体、人与社会相互作用的结果[4]，这些不和谐现象的出现是符合历史发展的因果定律。

2.5.1 国家情报走向和谐的生态演替趋势

哲学家说过，世界上唯一不变的是"变化本身"。古往今来，任何工作

---

[1] 杨国立.国家战略背景下情报学发展探析[J].情报学报,2022,41(7):762-773.
[2] 杜林.再论热力学第二定律[J].山东工业技术,2016(1):226.
[3] 李建中.科学与技术的离散和自洽：我国高校科技成果转化率低的根源与对策[J].科技管理研究,2018(11):260-266.
[4] 王晨,张乐.论马克思主义哲学历史必然性观念对社会科学研究方法的启示[J].中共郑州市委党校学报,2017(2):39-41.

无不体现着变化的力量,20世纪初出现的"演替"一词,表达的是生物群落向一定方向产生有顺序的发展变化。❶ 学者王延飞等主张用生态理念来进行国家情报工作的综合治理。❷ 生态演替的观念,能够指导我们分析国家情报工作从不和谐状态走向和谐的演替过程。❸ 马克思主义辩证法强调矛盾具有对立统一性:"两个相互矛盾的方面共存、斗争以及融合成一个新范畴,是辩证运动的实质。"❹ 依据矛盾的统一性观点:国家情报工作的不和谐状态与和谐状态是相互依存、相互转化的。正是由于不和谐因素的存在,才会导致国家情报工作这个生态系统的运动和变化,不和谐状态是国家情报工作和谐发展的一个内在要素。基于系统论的观点,国家情报工作作为一个生态系统,必然经历一个发生、发展、成熟、衰退的过程。❺ 国家情报工作的发展过程总是从不和谐走向和谐,再从和谐走向不和谐的无限交替过程,如图2-19所示。

观察图2-19可知:国家情报工作系统演化是遵循曲线OB,呈现螺旋上升模式,在螺旋上升过程中,也会出现短暂的停滞状态和退化状态,即不和谐状态。正如黑格尔所言:"在历史里面,人类行动除了取得他们直接知道欲望的那种结果之外,通常又产生一种附加的结果。虽然这种结果没有呈现在他们的意识中,而且也并不包括在他们的企图中,却也一起完成了。"❻ 不和谐问题是与情报人员的情报工作实践活动相伴而产生的,是情报人员的情报工作实践活动的一种附加的结果,虽然这种结果可能没有呈现在情报人员的意识中,而且也并不包括在他们的企图中,却也一起完成了,这一点并不以情报人员的意志为转移。自然辩证法指出:任何事物的

---

❶ 周秀云,娄策群.信息生态群落演替的概念、过程与特征[J].情报理论与实践,2011(6):12-14.

❷ 王延飞,刘记,陈美华,等.情报治理的生态观[J].情报理论与实践,2018(1):5-8.

❸ 孙瑞英,蒋永福,刘丹丹.基于生态学视角的信息异化问题研究[J].情报理论与实践,2011(4):5-9.

❹ 马克思,恩格斯.马克思恩格斯选集[M].北京:人民出版社,2009:213.

❺ 余少瑛.信息生态系统的自动演替与环境调控机制的耦合研究[J].情报资料工作,2012(4):33-36.

❻ 黑格尔.历史哲学[M].北京:三联书店,1956:76.

发展都是利弊共存的一个整体，国家情报工作的和谐发展也是如此。❶ 国家情报工作不和谐状态是一把双刃剑，是利弊共存的整体，从逻辑辩证的视角看，国家情报工作不和谐状态是其和谐发展得以生成与存在的条件。反过来，国家情报工作和谐发展状态本身也孕育着新的不和谐问题，国家情报工作的发展是一个从不和谐到和谐，再从和谐到不和谐的无限交替的过程，整体上看总是呈现出螺旋上升的轨迹和趋势。❷

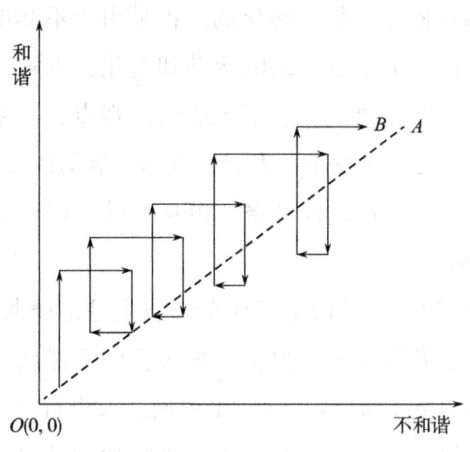

图 2-19　国家情报演替过程

2.5.2　国家情报生态演替的动力机制

国家情报是一个生态系统，在这个生态系统中，情报人员和其他生态因子的相互作用促使情报本体的创造和流转，形成促使国家情报工作系统不断地运动演化的动力机制，国家情报工作这个复杂大系统演化的内外动力协同机制如图 2-20 所示。❸

---

❶ 马克思,恩格斯.马克思恩格斯选集[M].北京:人民出版社,2009:213.
❷ 孙瑞英.从信息异化到信息生态系统和谐发展的演化博弈研究[J].情报科学, 2013(9):122-127.
❸ 孙瑞英.大数据环境下国家情报工作和谐演替的动力机制研究[J].图书与情报, 2018(6):8-15.

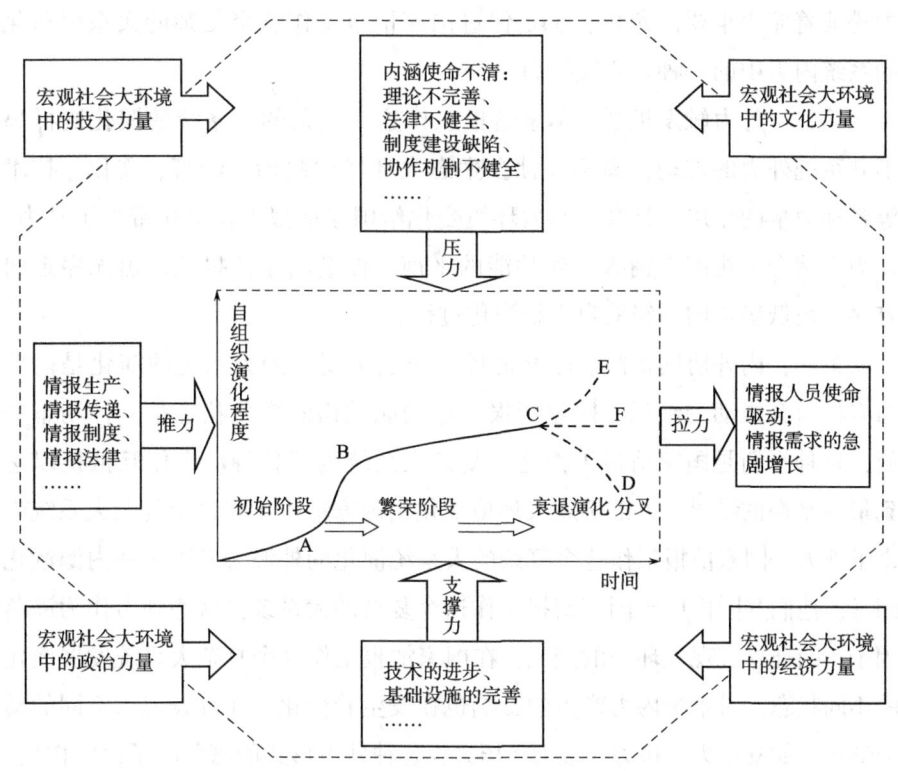

图 2-20　国家情报工作演化的内外动力协同机制

第一，内力激发机制。在国家情报工作系统存在多种系统内力，这些系统内力的相互作用激发国家情报工作系统不断地发展演化：①生存与发展的原动力，在情报工作实践中必然形成促进情报工作"生存"和"贡献"的意识，这种"生存"意识和"贡献"意识反作用于情报工作，形成促进情报工作演替的原动力；②竞争与协同的促动力，在国家情报工作这个复杂的大系统中，国家情报工作中多样性的情报工作种类相互依存，相互影响，维系着整个国家情报工作的生态平衡，情报工作人员的协同导致情报产品的聚集，形成情报工作人员群落，必然会带动整个情报事业的发展，国家情报工作的功能也必然会突破原有的单一走向综合；③科技与制度的支撑力，基于技术、政治制度和安全的综合考虑来探索支撑国家情报工作的支撑力。技术的进步必然提高情报工作人员的工作效率和效果，提供超出原有领域界限的情报保障，情报制度与政策在国家情报工作的演化过程中扮演着尤为重要的角色，也是促进国家情报工作这个复杂的大系统演化的系统内力中的一种核心支撑力。

第二，外力触发机制。国家情报工作这个复杂的大系统的演化同样离不开系统外力的推动，离不开社会生态大环境中政治、经济、文化、技术等各种力量的作用。社会生态大环境变化给国家情报工作演化带来了外力，外力必然会干扰国家情报工作功能的平衡，促进国家情报工作由无序走向有序，由低级走向高级的自组织演化过程。

第三，内外协同机制。国家情报工作这个复杂的大系统的演化是内外力有机组合推动的结果。国家情报工作功能结构的变化状态是一种动态平衡，这种平衡是国家情报工作这个复杂大系统内部各种动力相互抵抗以达到最终平衡的结果。外部宏观大环境变化给国家情报工作这个复杂大系统带来了外力，国家情报工作这个复杂的大系统演化的外源触发因子和内源激化因子，他们共同作用于国家情报工作这个复杂的大系统，这些外力作为涨落因子，因外界宏观大环境的变化，在国家情报工作这个复杂大系统发展演化的不同状态，对系统内力产生的影响也在发生着变化，而且表现为不同的动力形式，如支撑力、拉力、推力、压力，各种外力形式的涨落因子协同作用，共同决定着国家情报工作这个复杂的大系统的状态和演化方向。

2.5.3 促进国家情报工作和谐演替的举措

舒尔斯基（Abram N. Shulsky）在其著作《无声的战争——理解情报世界》中指出：避免情报失误的路径有两种，即在"制度上"和"智能上"寻求解决方案。❶ 前者指情报工作制度框架的重设，后者指情报支撑技术的创新。情报支撑技术，决定情报工作赖以生存的能力，决定情报工作实际的动作，决定情报工作实际的作为；情报工作制度就是确保情报工作得以正常运作的保障性规范。2016年，《国家创新驱动发展战略纲要》坚持"科技创新和体制机制创新"双轮驱动，彰显国家层面要依赖制度和技术的

---

❶ 舒尔斯基.无声的战争:认识情报世界[M].肖皓元,译.北京:金城出版社,2011:103-116.

"双轮驱动"经济增长的战略思路。❶

第一,厘清两种路径的相互作用关系。依据马克思的观点,"技术"与"制度"是相辅相成的关系,技术与制度要相匹配,二者之间的关系是辩证的。在国家情报工作视域下,技术会促进情报工作的发展和进步,然而,拥有先进技术的国家,其情报工作并不一定领先。同时,在技术水平相对不变情况下,情报工作制度的优劣或适应性将决定情报工作的发展。在国家情报工作的理论研究和实践中,要防止片面强调技术的"技术拜物教",也要防范片面夸大制度的"制度拜物教",因此,要正确认识制度和技术的辩证关系,才能推动各项情报工作的进展。❷

第二,坚持技术创新驱动。但在相当长的时期里,经济学界认为一国的经济增长主要取决于以下三个要素:①生产性资源随时间的积累;②在技术知识既定的情况下,资源存量的使用效率;③技术的进步程度。❸直到20世纪60年代,新古典经济增长理论产生,依据柯布-道格拉斯生产函数建立的增长模型主要以劳动投入量和物质资本投入量为自变量,而把技术进步等作为外生因素来解释经济增长。❹20世纪90年代初期形成内生增长理论(The Theory of Endogenous Growth),指出知识在经济增长中所起的巨大作用,知识创新和技术进步等要素内生化,使经济能够不依赖外力推动实现持续增长,存在全球范围收益递增和技术外部性,内生的知识创新和技术进步是保证经济持续增长的决定因素。❺保罗·罗默(Paul M. Romer)等的新增长理论最大的贡献是促使各国明确了经济的发展趋势、确立了知

---

❶ 赵玉林,谷军健.制造业创新增长的源泉是技术还是制度?[J].科学学研究,2018(5):800-812,912.

❷ 冯套柱.技术与制度关系的新解释[J].长安大学学报(社会科学版),2003(3):35-38.

❸ 袁富华,张平,刘霞辉,等.增长跨越:经济结构服务化、知识过程和效率模式重塑[J].经济研究,2016(10):12-26.

❹ 宋冬林,王林辉,董直庆.资本体现式技术进步及其对经济增长的贡献率(1981—2007)[J].中国社会科学,2011(2):91-106,222.

❺ 王双,陈柳钦.内生经济增长理论的演进和最新发展[J].经济与管理评论,2012(4):20-24.

识的战略地位[1]，依据新增长理论，可知技术进步和人力资本是驱动国家情报工作发展的源泉。[2]

第三，坚持制度创新驱动。制度又称为"建制"，制度的含义是：要求大家共同遵守的办事规程或行动准则。用社会科学的角度来解释制度：制度泛指规则或运作模式，是规范个体行动的一种社会结构，长期决定经济绩效的根本因素不是技术而是制度。[3]制度架构包括：正式规则（法律、宪法、规则）、非正式规则（习惯、道德、行为准则）及正式规则和非正式规则的实施效果构成。制度实施可由第一方通过行为自律承担，也可由第二方通过报复来承担，还可以由第三方通过法律执行与社会流转来承担。制度通过交易和转换（生产）成本来影响经济绩效，由于制度和技术之间存在密切联系，所以，制度经济学认为制度直接决定市场的有效性。[4]新制度经济学拓宽了经济学的研究范围，涉足社会学、政治学、法学和史学等领域，借鉴新制度经济学理论，可以指导国家情报工作的改革，促进国家情报工作向和谐发展的方向演替。新制度经济学认为个体的理性不会是"完全理性"的，而是"有限理性"的[5]，必须正确认识国家情报事业的未来发展方向，考察情报工作对国家治理的支撑作用，系统认识情报工作的战略环境变革、战略任务转型及方法论建设等问题，顶住技术革命和国家安全治理等的巨大压力，这样才会认清时代形势，厘定国家情报事业的战略转型，通过制度变革来推动情报治理的现代化，推动情报事业的大发展。从实践视角看，我国的情报工作部门包括：军事情报部门、国安情报部门、公安情报部门、政府信息中心、舆情分析部门、统计局、社科院、政研室、

---

[1] ACEMOGLU D，JOHNSON S，ROBINSON J A. The colonial origins of comparative development：an empirical investigation［J］. The American Economic Review，2001，91（5）：1369-1401.

[2] 吴晨生，李辉，付宏，等. 情报服务迈向3.0时代［J］. 情报理论与实践，2015，38（9）：1-7.

[3] BENNETT D L，FARIA H J，GWARTNEY J D，et al. Economic institutions and comparative economic development：a post-colonial perspective［J］. World Development，2017，96：503-519.

[4] 孙绪娜. 新制度经济学理论概述［J］. 资料通讯，2007(7、8)：51-55.

[5] 陈立民. 马克思主义是"四个自信"的科学基础［N］. 新华日报，2018-07-24(11).

科技情报所、智库（思想库）、高校、图书馆等。❶ 这些情报部门工作中往往会形成重复博弈的囚徒困境，而国家情报制度是这 N 个部门博弈的均衡解。

参考文献

[1] 陈立民.马克思主义是"四个自信"的科学基础[N].新华日报,2018-07-24(11).

[2] 萧新永.从孙子兵法探讨竞争策略[J].滨州学院学报,2011(2):6-9.

[3] 王崇德.情报学引论[M].天津:天津大学出版社,1994:1-18.

[4] 田杰.情报学的核心概念、真正起源及逻辑起点研究[J].情报杂志,2014(7):16-19,37.

[5] 高金虎.美国战略情报与决策体制研究[M].西安:陕西师范大学出版社,2004:41-76.

[6] 王今,马海群,邹纯龙.国家情报评估与决策的关系——基于多源流理论和认知心理学双重视角[J].图书情报工作,2022,66(2):22-31.

[7] 包昌火,马德辉,李艳.Intelligence 视域下的中国情报学研究[J].情报杂志,2015(12):1-6,47.

[8] 郑彦宁.我国科技情报机构核心业务研究[J].情报理论与实践,2007(4):444-446.

[9] 刘宗和,高金虎.外国情报体制研究[M].北京:军事科学出版社,2003:2-10.

[10] 郭永良.国家情报体制的历史沿革[J].情报资料工作,2008(1):15-19.

[11] 林鑫,刘跃进,杨建英.关于《中华人民共和国国家情报法》的若干思考[J].情报杂志,2022,41(1):24-30.

---

❶ 沈固朝.智库热中的一点冷思考[J].智库理论与实践,2016,1(2):137-139.

[12] 陈雪飞,李辉,刘彦君.国家安全与发展视野下的我国国家情报体制构建[J].情报理论与实践,2020(8):15-20,14.

[13] 马德辉,黄紫斐.美国《国家情报战略》的演进与国家情报工作的新变化、新特点与新趋势[J].情报杂志,2015,34(6):1-4,11.

[14] 舒尔斯基.无声的战争:认识情报世界[M].肖皓元,译.北京:金城出版社,2011:103-116.

[15] 吴晨生,李辉,付宏,等.情报服务迈向3.0时代[J].情报理论与实践,2015,38(9):1-7.

[16] 赵玉林,谷军健.制造业创新增长的源泉是技术还是制度?[J].科学学研究,2018(5):800-812,912.

[17] 赵冰峰.现代情报理论研究的国际比较与战略启示[J].情报杂志,2017(1):9-13.

[18] LOCH K JOHNSON. Handbook of intelligence studies[M]. London: Routledge, 2007: 1-14, 28-37.

[19] 刘跃进.总体国家安全观:民心基础与理论溯源[J].人民论坛,2014(16):24-27.

[20] 刘跃进,刘思偲.国域安全观:国家安全新思维[N].中国社会科学报,2017-07-12(007).

[21] 特别策划:习近平总体安全观图解[J].人民论坛,2017(10):24-25.

[22] 李建伟.总体国家安全观的理论要义阐释[J].政治与法律,2021(10):65-78.

[24] 李建伟.总体国家安全观视域下金融安全法律规范体系的构建[J].社会科文摘,2022(11):118-120.

[25] 韩玉贵.非传统安全威胁上升与国家安全观念的演变[J].教学与研究,2004(9):86-90.

[26] 《总体国家安全观干部读本》编委会.总体国家安全观干部读本[M].北京:人民出版社,2016:97.

[27] 刘跃进.我国军事安全的概念、内容及面临的挑战[J].江南社会学院学报,2016,18(3):7-10.

[28] 任卫东.传统国家安全观:界限、设定及其体系[J].中央社会主义学院学报,2004(4):68-73.

[29] 刘跃进.总体安全为人民——学习习近平总书记关于总体国家安全观的重要论述[J].紫光阁,2018(7):16-17.

[30] 舒尔斯基.无声的战争:认识情报世界[M].肖皓元,译.北京:金城出版社,2011:103-116.

[31] 赵玉林,谷军健.制造业创新增长的源泉是技术还是制度?[J].科学学研究,2018(5):800-812,912.

[32] 张氦铟,吴海贤.资源"稀缺性"假定在微观经济学中的运用[J].技术与场,2007(2):85-87.

[33] 李静.美国高校智库生物科学话语权象征互动性建构研究[J].情报杂志,2022,41(11):104-109.

[34] 张鑫,兰小红.科技资源配置对区域创新差距的影响研究[J].云南财经大学学报,2022,38(12):79-92.

[35] 中华人民共和国国家情报法[EB/OL].[2017-06-27][2023-09-02].http://www.npc.gov.cn/npc/xinwen/2017-06/27/content_2024529.htm.

[36] 师维.我国反恐怖行政法基本问题研究[M].北京:中国人民公安大学出版社,2020:130-181.

[37] 赵阳.军事知识和常识百科全书[M].北京:北京联合出版公司,2015.

[38] 刘本旺.参政议政用语集修订本[M].北京:群言出版社,2015:324.

[39] SHEA, H. D. C. and C. BARTHOLOMEW CHINA'S INTELLIGENCE SERVICES and ESPIONAGE OPERATIONS[J/OL]. 2016.

[40] 陈景辉,王锴,and 夯红勃.理论法学[M].北京:中国政法大学出版社,2016.

[41] 高金虎.军事情报学[M].南京:江苏人民出版社,2017.

[42] 任翔.公安情报政策法规体系框架研究[J].中国人民公安大学学报(社会科学版),2008(6):26-32.

[43] 包昌火,马德辉,李艳.Intelligence视域下的中国情报学研究[J].情报杂志,2015(12):1-6,47.

[44] 靳海婷.论总体国家安全观下国家情报法机制构建——以"三层次"和"三状态"为框架[J].情报杂志,2018,37(11):10-15,68.

[45] 冯跃飞,唐晖.形势与政策[M].北京:国家行政学院出版社,2016:172.

[46] 马德辉,黄紫斐.美国《国家情报战略》的演进与国家情报工作的新变化、新特点与新趋势[J].情报杂志,2015(6):1-4,11.

[47] 邓灵斌.《国家情报法》解读——基于"总体国家安全观"视角的思考[J].图书馆,2018(8):52-56.

[48] 冯跃飞,唐晖.形势与政策[M].北京:国家行政学院出版社,2016:172.

[49] 反间谍安全防范工作规定[J].中华人民共和国国务院公报,2021,(14):47-51.

[50] 王恩海.浅析反间谍法与刑法的衔接[C]//《上海法学研究》集刊(2021年第1卷总第49卷)——上海市法学会国家安全法治研究小组文集.华东政法大学,2021:4.

[51] 商瀑.论国家情报工作的运行机理——基于《中华人民共和国国家情报法》词频统计与分析[J].情报杂志,2020,39(2):5-10.

[52] 中华人民共和国国家安全法[N].人民日报,2015-12-24(015).

[53] 中华人民共和国反间谍法[J].中华人民共和国全国人民代表大会常务委员会公报,2014(6):701-704.

[54] 中华人民共和国反间谍法实施细则[J].中华人民共和国国务院公报,2017,(35):14-16.

[55] 杜骁,张青青.5W2H分析法在高校化学试剂调剂中的应用[J].实验室研究与探索,2018(5):294-298.

[56] 黄颜奇玉.关于《中华人民共和国反间谍法实施细则》的颁布对我军反情报工作的几点思考[J].南方论刊,2018(10):77-80.

[57] 李林.新时代坚定不移走中国特色社会主义法治道路[J].中国法学,2019(3):5-25.

[58] 赵冰峰.情报场理论及其在反间谍工作中假扮行为治理的应用[J].情报杂志,2018,37(6):6-9,19.

[59] 刘忠,戴美玲.大国竞争时代构建中国国家安全学的四维向度[J].情报杂志,2021,40(5):42-49,25.

[60] 赵冰峰.论国家情报体系的基本属性、系统运筹与对外政策[J].情报杂志,2018(2):1-7.

[61] 习近平:坚持总体国家安全观 走中国特色国家安全道路[J].中国监察,2014,(9):4.

[62] 何新.新国家主义的经济观[M].北京:时事出版社,2001:12-13.

[63] 赵冰峰.情报学:服务国家安全与发展的现代情报理论[M].北京:金城出版社,2018:383-384.

[64] 吉林工业大学科技情报研究室.情报学概论[M].沈阳:辽宁省阜新市机械局情室,1983:169.

[65] 施瑶瑶.人工智能时代公共部门人力资源管理价值调适研究[J].南通航运职业技术学院学报,2018(2):25-28.

[66] 赵慧臣,唐优镇,马佳雯,等.人工智能时代学习方式变革的机遇、挑战与对策[J].现代教育技术,2018,28(10):20-26.

[67] 李又华.我国情报工作观念的变革[J].情报学刊,1990(6):405-407.

[68] 华勋基.试论情报科学体系[J].情报学报,1987,(6):446-450.

[69] 苏新宁.大数据时代情报学与情报工作的回归[J].情报学报,2017,36(4):331-337.

[70] 王知津.大数据时代情报学和情报工作的"变"与"不变"[J].情报理论与实践,2019,37(7):1-10.

[71] 郝龙,李凤翔社会科学大数据计算——大数据时代计算社会科学的核心议题[J].图书馆学研究,2017(22):20-20,35.

[72] 门洪华.百年变局与中国战略机遇期的塑造[J].同济大学学报(社会科学版),2020,31(2):31-39.

[73] 孙明霞,陈斌,春华.对基层情报研究机构加强情报科研工作的思考[J].情报理论与实践,2020(5):45-48.

[74] 王伟军.我国公共卫生突发事件应对的情报机制及体系——新冠肺炎疫情防控的情报视角[J].图书与情报,2020(1):15-26.

[75] 马费成,张瑞,李志元.大数据对情报学研究的影响[J].图书情报知识,2018(5):4-9.

[76] 彭知辉.数据:大数据环境下情报学的研究对象[J].情报学报,2017,36(2):123-131.

[77] 杨国立.国家战略背景下情报学发展探析[J].情报学报,2022,41(7):762-773.

[78] 杜林.再论热力学第二定律[J].山东工业技术,2016(1):226.

[79] 乔晓东,朱礼军,李颖,等.大数据时代的技术情报工程[J].情报学报,2014,33(12):1255-1263.

[80] 李建中.科学与技术的离散和自洽:我国高校科技成果转化率低的根源与对策[J].科技管理研究,2018(11):260-266.

[81] 王晨,张乐.论马克思主义哲学历史必然性观念对社会科学研究方法的启示[J].中共郑州市委党校学报,2017(2):39-41.

[82] 周秀云,娄策群.信息生态群落演替的概念、过程与特征[J].情报理论与实践,2011(6):12-14.

[83] 王延飞,刘记,陈美华,等.情报治理的生态观[J].情报理论与实践,2018(1):5-8.

[84] 孙瑞英,蒋永福,刘丹丹.基于生态学视角的信息异化问题研究[J].情报理论与实践,2011(4):5-9.

[85] 马克思,恩格斯.马克思恩格斯选集[M].北京:人民出版社,2009:213.

[86] 余少瑛.信息生态系统的自动演替与环境调控机制的耦合研究[J].情报资料工作,2012(4):33-36.

[87] 黑格尔.历史哲学[M].北京:三联书店,1956:76.

[88] 马克思,恩格斯.马克思恩格斯选集[M].北京:人民出版社,2009:213.

[89] 孙瑞英.从信息异化到信息生态系统和谐发展的演化博弈研究[J].情报科学,2013(9):122-127.

[90] 孙瑞英.大数据环境下国家情报工作和谐演替的动力机制研究[J].图书与情报,2018(6):8-15.

[91] 舒尔斯基.无声的战争:认识情报世界[M].肖皓元,译.北京:金城出版社,2011:103-116.

[92] 赵玉林,谷军健.制造业创新增长的源泉是技术还是制度?[J].科学学研究,2018(5):800-812,912.

[93] 冯套住.技术与制度关系的新解释[J].长安大学学报(社会科学版),2003(3):35-38.

[94] 袁富华,张平,刘霞辉,等.增长跨越:经济结构服务化、知识过程和效率模式重塑[J].经济研究,2016(10):12-26.

[95] 宋冬林,王林辉,董直庆.资本体现式技术进步及其对经济增长的贡献率(1981—2007)[J].中国社会科学,2011(2):91-106,222.

[96] 王双,陈柳钦.内生经济增长理论的演进和最新发展[J].经济与管理评论,2012(4):20-24.

[97] ACEMOGLU D,JOHNSON S,ROBINSON J A. The colonial origins of comparative development:An empirical investigation[J]. The American Economic Review,2001,91(5):1369-1401.

[98] 吴晨生,李辉,付宏,等.情报服务迈向3.0时代[J].情报理论与实践,2015,38(9):1-7.

[99] BENNETT D L,FARIA H J,GWARTNEY J D,et al. Economic institutions and comparative economic development:A post-colonial perspective[J]. World Development,2017(96):503-519.

[100] 孙绪娜.新制度经济学理论概述[J].资料通讯,2007(7、8):51-55.

[101] 陈立民.马克思主义是"四个自信"的科学基础[N].新华日报,2018-07-24(11).

[102] 沈固朝.智库热中的一点冷思考[J].智库理论与实践,2016,1(2):137-139.

第 3 章

国家情报工作战略布局

战略一词发源于西方，strategy（英语）、strategia（意大利语）、stratégie（法语），strategie（德语）的词根同出于希腊语。梅齐乐给"战略"的定义：战略即为作战指导。现代的战略研究理论认为，战略制定包括4个任务：①整合数据与信息（integration）；②解释数据与信息（explanation）；③推测相关知识（speculation）；④给出处方（prescription）。情报的价值在于服务于战略，情报能否真正发挥作用，主要取决于决策者（战略家）对于情报的态度，也就是说战略始于情报，也止于情报，今天的情报与战略已经密不可分。国家情报是国家决策最重要的参考依据，国家情报战略的宗旨是合理配置各种国家情报资源、构筑认知优势、提升国家情报能力维护国家安全的纲领和计划。[1]

---

[1] 单东.国家情报战略概念及其构成要素论析[J].情报杂志,2016,35(1):8-11.

3.1 情报工作战略溯源

情报工作要发展,就必须探寻情报工作的使命和愿景,情报工作的使命和愿景是情报工作的核心战略指导框架。明确情报工作的使命和愿景是一个战略溯源的过程,是指导情报人员从已知走向未知、明确行动意义的一个集体旅程。

3.1.1 使命、愿景与战略的关系

"使"字的甲骨文字形与"吏"字相同,最早在《说文解字》中解释:"使,伶也","伶"即"令",表示命令、指令。"使"字造字本义为身负重大"使命"的特派官员,而后引申出"出使""派遣""支使"之义,如《论语》中的"节用而爱人,使民以时"。因此,"使命"(mission)的含义是要回答"我是谁""致力于完成的什么"并"承担责任"这一问题。这里的"责任"包含了"如何定义责任?""愿不愿意承担责任?""有没有能力承担责任?""承担责任的指向和原始动力是什么?"等一系列的命题。

"愿景"(vision)即所向往的前景。在2005年4月29日,胡锦涛与原国民党主席连战的会谈公报中首次出现"愿景"一词,后来,该词收录于《现代汉语大词典》第5版。"愿景"在组织管理中,是指组织所追求的未来状态,"愿景"描述了组织正在向何处发展,希望未来成为什么或被视为什么。

"价值观"(values)是指导组织及其成员如何做事的原则和行为准则。价值观影响并强化组织的"文化内核"(通常这些价值观并没有形成文字,也可能不是有意形成的),帮助组织实现其"使命",达成其"愿景"。总之,一个组织的生存,可以说就是价值观的维系,以及组织成员对价值观的认同。"使命""愿景"的探寻,本质上是一个战略溯源的过程,"使命"

"愿景"是战略决策的源头。使命、愿景、价值观构成组成战略的最高的三个层次,如图 3-1 所示,"使命""愿景"牵引关键决策、决定长期发展方向的战略指导框架。"使命"回答的是"why"的问题——我是谁?在做什么事?为什么做这件事?或者世界为何因我而不同,这是一个关乎组织存在的终极问题;"愿景"回答的是"what"的问题——对于未来成功景象的清晰描述,凝聚了未来想要实现或创造的美好想象;"价值观"回答的是"how"的问题——要制定什么战略来实现价值。

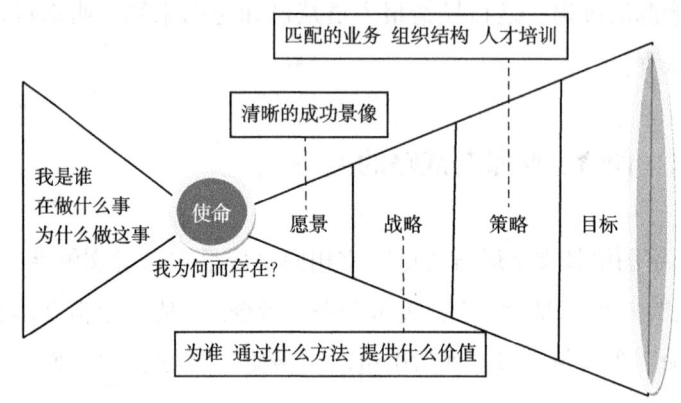

图 3-1　使命、愿景与价值观逻辑关系

所有的组织都必须有使命,没有使命就没有存在的基础,战略的制定必须从发现自己独特的使命和愿景开始,才能明确制定战略的核心:为谁、通过什么方法、提供什么价值?如何做好实现战略的资源配置:"匹配的业务、组织结构、人才培训",最终实现组织的战略目标。

3.1.2　情报工作使命发现与愿景共创

(1)情报工作使命发现。"使命"的含义是要回答"我是谁?""致力于完成什么?""为什么做这件事?"(图 3-2)根据《中华人民共和国国家情报法》第一条、第二条、第三条可知情报工作的"使命":"我是谁?"——"坚持总体国家安全观,维护国家安全和利益的国家情报工作";"致力于完成什么?"——"建立健全集中统一、分工协作、科学高效的国家情报体制";"为什么做这件事?"——"为国家重大决策提供情报参考,为防范和化解危害国家安全的风险提供情报支持,维护国家政权、主权、统一和领土完整、人民福祉、经济社会可持续发展和国家其他重大利益。"

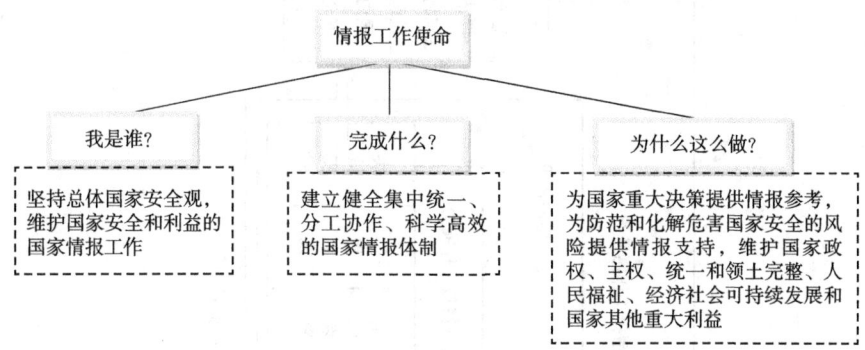

图 3-2　情报工作使命

在大国竞争和对抗的时代背景下,情报工作更要面向国家安全风险的识别与防范,对世界政治、军事等领域的未知态势进行探索研判。高金虎教授将情报工作定位为国家安全的第一道防线,情报工作是大国重器,更是最高统帅部的战略哨兵。❶ 总之,情报工作要践行"耳目、尖兵、参谋"的历史使命,围绕新时代国家安全需求,实现军民融合和技术创新驱动,回应文化强国等重要领域的国家战略,在数据、信息资源开发利用领域不断创新,为国家各领域的重大决策提供情报支撑。❷

(2)情报工作愿景共创。情报工作"愿景"回答的是"What"的问题,是对情报工作未来成功景象的清晰描述,凝聚了情报工作未来想要实现或创造的美好想象。从情报理念、基础设施、工程实践、决策支持等方面提升情报工作能力,共创情报工作愿景,如图3-3所示。

---

❶ 高金虎.论国家安全情报工作——兼论国家安全情报学的研究对象[J].情报杂志,2019,38(1):1-7.
❷ 马费成,李志元.新文科背景下我国图书情报学科的发展前景[J].中国图书馆学报,2020,46(6):4-15.

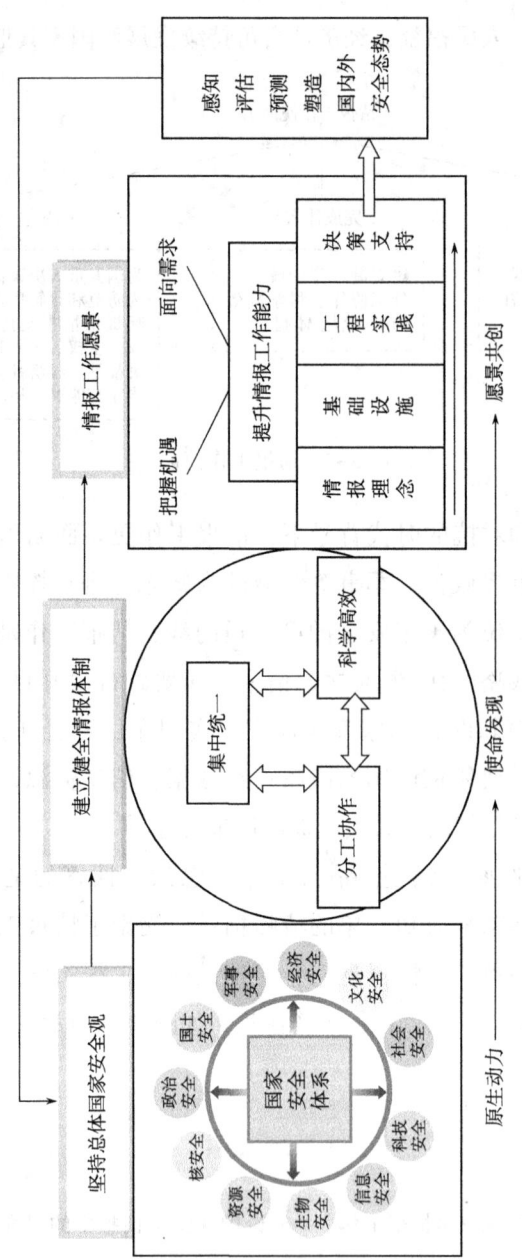

图 3-3 情报工作愿景

面对复杂的国际国内环境，情报工作要支持国家安全与发展战略，坚持总体国家安全观，关注和预测与政治、外交、社会和经济有关的问题，建立健全国家情报体制，提升情报工作的能力，为决策者提供清晰可见的世界局势预测场景，以及维护国家安全和发展的驱动力图景和态势演化图景。❶ 为国家战略决策者提供情报运筹分析报告，感知、评估、预测和塑造国内外安全态势，帮助决策者准确确定关键决策点，通过情报谋划来影响未来事件的发展方向，使国家安全现状导向一个理想的未来愿景。❷

3.1.3 情报工作战略构建逻辑

美国是世界上制定国家情报战略最早的国家，2001年的"9·11"事件直接导致2005版《国家情报战略》报告的诞生，此后美国又出版2009年、2014年、2019年三版《国家情报战略》。仔细研读美国发布的4版《国家情报战略》，得出表3-1所示的各版情报战略的主要内容。❸

表3-1　四版美国《国家情报战略》主要内容

版　本	内　　容	特　　点
2005年	①两大战略目标（反恐和防扩散） ②国家情报战略的两大支柱 ③强调情报界进行自我评估和修复的重要性	首次发布情报战略，为之后三版的情报战略提供了一个内容框架
2009年	①三类挑战 ②六项任务导向目标和七项能力建设目标 ③厘清了可用的手段	丰富和拓展了2005年版的内容，出现了较为完整的内容框架

---

❶ 高金虎.战略欺骗、隐蔽行动与国家安全态势塑造[J].公安学研究,2020,3(4)：2-17,123.

❷ 曾忠禄,张冬梅.情景分析法在美国"预见情报"中的运用[J].情报学报,2013(2)：163-170.

❸ 马海群,韩娜,孙瑞英,等.美国国家情报战略演进分析[J].情报杂志,2021,40(11)：1-7.

续表

版本	内容	特点
2014年	①七条情报界职业道德原则 ②美国当前的战略环境 ③三个基本任务目标和四个主题任务目标	2013年"斯诺登"事件,促使首次以专章的形式提出情报界的职业道德原则,强调安全环境和现实威胁
2019年	①战略环境 ②情报原则 ③七项任务目标 ④七项组织建设目标 ⑤实施途径	对情报界的任务目标进行调整,核心任务由反恐情报转移到地缘政治情报,强调人员招募、伙伴关系等方面的改进

柯平教授指出：情报学研究和情报工作应当把支持国家战略放在重要地位。❶ 依据我国的《中华人民共和国国家情报法》和参考美国四版的国家情报战略，国家情报战略布局要在国家情报核心使命、愿景的引领下，进行情报战略环境分析，对情报战略形势进行正确研判，确定情报战略目标，统筹情报力量，提升维护国家安全的能力，进行情报力量与结构的系统布局，如图3-4所示。❷

当前，世界正经历百年未有之大变局，世界局势变幻莫测，国家情报工作面临新的战略机遇、战略任务、战略阶段、战略要求、战略环境。因此，我们要以情报工作使命、愿景为驱动力，把预测性情报上升为预见（foresight）情报，做到识别和预判影响国家决策的各种事件，分析各种情景发生的概率及造成的影响等。国家情报战略布局是国家未来前进发展的"指南针"，对及时应对的新的风险和挑战、推进国家安全体系和能力建设具有深远的意义。❸

---

❶ 马海群,韩娜,孙瑞英,等.美国国家情报战略演进分析[J].情报杂志,2021,40(11):1-7.

❷ 柯平.迎接下一代情报学的诞生——情报学的危机与变革[J].情报科学,2020,38(2):3-10.

❸ 马海群,张涛,张斌.开源情报视阈下的国家情报工作制度创新研究[J].现代情报,2022,42(1):33-39.

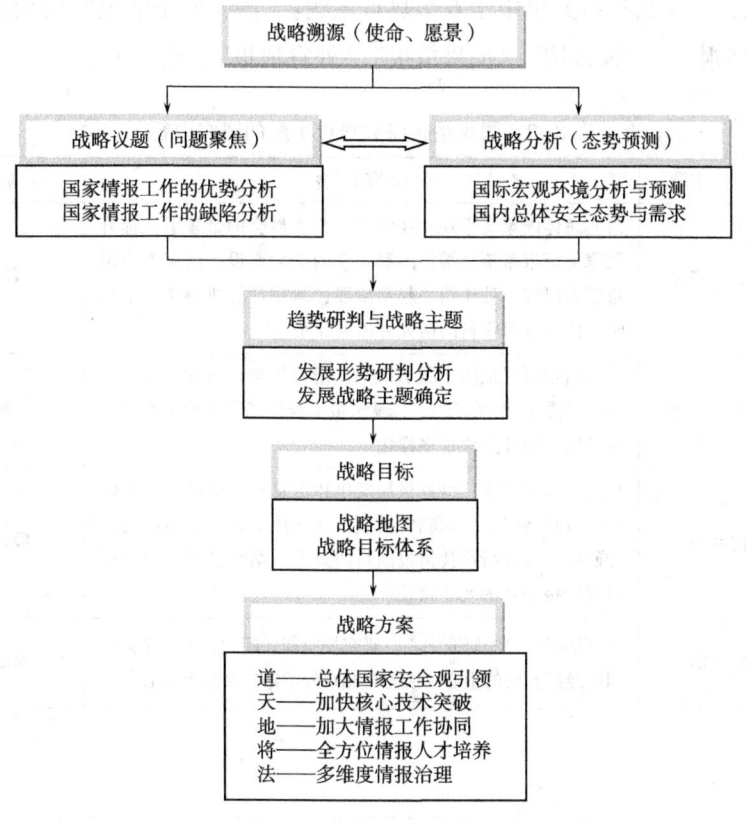

图 3-4 国家情报战略布局

3.2 情报战略问题聚焦

进入大数据时代以来，面对新的技术环境，国家情报面临更加严峻的挑战。本书在研究情报战略问题前，首先进行文献普查，采用 BERTopic 主题建模技术，对国家情报相关的论文进行量化分析，为国家情报工作的战略布局打下基础。对采集的 876 篇期刊论文（2000 年—2023 年 5 月），使用 BERTopic 模型进行对主题的提取。运用 jieba 分词，对原始语料文本进行切分，得到关键词，并设置停用词表，对文本库的论文摘要进行主题建模。20

多年来,国家情报研究集中于6个热点主题:"国家安全情报""经济情报""文献情报""情报机构""反恐情报""外宣情报",见表3-2。

表3-2 国家情报研究热点主题的研究内容

热点研究主题	研究内容	参考文献
国家安全情报	落实总体国家安全观,在中央安全委员会的带领下,提升国家的情报系统和维护国家安全的能力建设,国家安全情报学术研究正处于萌芽起步阶段,运用计算机科学、情报学、法学等跨学科的研究方法展开研究	❶❷
文献情报	文献情报研究隶属于图书馆学、情报学与档案学,与经济学、管理学 相互交融。文献情报本身便涵盖多种学科的研究领域,研究方法也多样化	❸
科技情报	从国家发展需求、世界格局变化和信息技术演进三个角度阐述科技情报工作面临的挑战,又从服务模式、情报资源和研究范式分析科技情报创新的要点,结合具体案例分析科技情报创新的实施路径	❹❺❻
情报机构	国家情报相关的研究中心,研究场所相关问题,上海作为我国的经济发展的中心,成为继北京外的第二个情报中心	❼❽❾

---

❶ 谢晓专,高金虎.中国国家安全情报学术史(1949—1999年):历史范式主导的情报论[J].情报理论与实践,2020,43(4):24-31.

❷ 马天,罗彪.国家安全情报的系统论观察[J].情报探索,2022,(12):39-46.

❸ 蒋伟伟,肖连杰.我国经济情报研究方法体系分析与探究[J].科技情报研究,2022,4(2):37-48.

❹ 方玲,尹龙平.新时代科技情报信息服务模式研究[J].图书情报导刊,2022,7(11):74-77.

❺ 华松逸,张煜晨,季鹏飞,吴志玲.新形势下国有企业科技情报工作创新研究[J].竞争情报,2023,19(1):31-36.

❻ 王琳,赖茂生.中国科技情报事业回顾与展望:基于情报学理论的视角[J].中国图书馆学报,2021,47(4):28-47.

❼ 安璐,葛鑫.反恐怖主义情报信息工作关联资源及其配置研究[J].情报科学,2019,37(8):56-64.

❽ 李本先.人工智能技术在反恐情报中的应用[J].情报杂志,2022,41(12):170-175.

❾ 梅建明.信息化时代反恐情报工作的创新、挑战与启示:基于对美国的分析[J].情报杂志,2020,39(11):1-8.

续表

热点研究主题	研究内容	参考文献
反恐情报	对反恐情报信息资源分布态势进行分析，总结反恐情报工作的具体职责和工作内容，指导维护国家安全。应用人工智能技术，筛选出典型案例分析反恐情报的特点和挑战	
外宣情报	俄罗斯在我国国家情报的研究中处于一个重要地位。加强情报建设，维护国际安全，及时披露相关国际信息，中国应围绕打造周边命运共同体这一战略目标积极塑造周边战略环境	❶

综合以上的文献分析可知，国家战略是为谋求国家生存与发展所制定的国家层面的总体行动方略，是为解决国家重大问题服务的。情报服务要以国家战略的急迫需要和长远需要为导向，面对新的国家战略需求，做到军事、国防、安全、科技、生态环境、社会经济等跨学科的融合，进行嵌入式、结合式、主导式应用情报学研究；基于各种应用场景来激活领域内知识，实现数据、信息资源的有效组织和应用；❷ 将情报学的理论和方法与各领域应用相结合，做好二者的交叉匹配，识别新兴技术的发展趋势，发现新知识和开展新应用，做好情报预测、预见，并进行战略布局；将情报学作为推进领域发展的引领者，促进应用场景的变革，通过情报竞争和对抗，谋划和改变科技发展的战略布局和竞争态势。❸

3.2.1　情报战略环境分析

国家情报战略是在一定的环境条件下提出来的，国家情报战略的实施必然要受到一定环境条件的制约。因此，对国家情报战略环境的分析和判

---

❶　中华人民共和国国民经济和社会发展第十四个五年规划和2035年远景目标纲要[N].人民日报,2021-03-13(001).

❷　苏新宁.不忘初心、牢记使命展望情报学与情报工作的未来[J].科技情报研究,2019,1(1):1-12.

❸　王知津.大数据时代情报学和情报工作的"变"与"不变"[J].情报理论与实践,2019,42(7):1-10.

断,是制定国家情报战略必不可少的环节。只有站在时代的高度,从维护国家安全利益入手,系统地考察国际国内形势的发展变化,综合分析影响国家安全和发展的各种条件,才能提出正确的战略部署。❶ 面对错综复杂的国际形势、艰巨繁重的国内改革发展稳定任务,国家安全要全面加强,社会要保持和谐稳定,我国发展仍然处于重要战略机遇期,但机遇和挑战也在发生新的变化。本部分依据 PESTN 模型(P 代表政治法律环境、E 代表经济发展环境、S 代表社会文化环境、T 代表科学技术环境、N 代表地缘政治环境)分析我国国家安全与发展的战略环境,如图 3-5 所示。

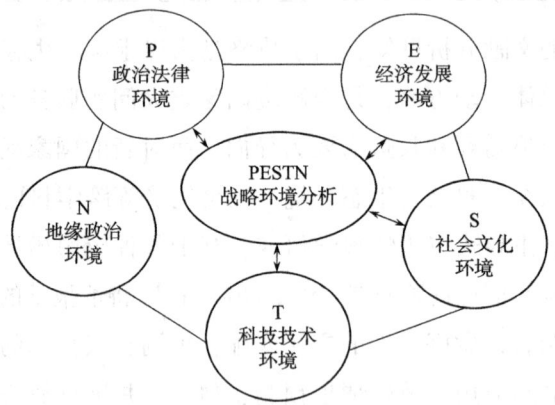

图 3-5　PESTN 战略环境分析

通过 PESTN 模型,能够分析国家情报工作面临的新形势、新任务、新要求,为国家情报部门开展各项工作提供出发点和落脚点,为打造国家情报战略提供保障;确保国家情报工作与各领域的发展进程相适应,情报的支撑能力同国家战略需求相适应;充分发挥情报力量在分析态势、危机预警、应对危机等方面的战略功能,不断提升捍卫保卫国家安全与发展利益的战略能力,以更强大的能力、更可靠的手段为实现中华民族伟大复兴提供情报保障。

第一,国家安全形势分析(政治法律环境)(P)。世界百年未有之大变局加速演进,国际力量对比持续演变,国际环境日趋复杂,全球主要国家

---

❶ 杨国立. 国家战略背景下情报学发展探析[J]. 情报学报,2022,41(7):762-773.

或国家集团之间的竞争和合作关系风云变幻,我们需要解决的矛盾和问题更加错综复杂。中华人民共和国成立之初,情报工作就以"耳目、尖兵、参谋"的身份进入国家战略体系,绝不能在国家和社会发展中失语并丧失决策话语权。❶面对不稳定性、不确定性明显增加的国际形势,需要科学统筹发展和安全,情报工作作为维护国家安全的"引领者"和"先行者"❷,要通过筑牢安全防线为国家发展保驾护航。以反分裂、反恐、反极端工作为切入点,情报人员主动在国家战略问题上提出了自己的主张,面向国家安全需求,以总体国家安全观为指导,对我国国家安全的趋势进行科学的"情报预测",在现代化强国战略场景中,揭示情报活动的新特点和新规律,并根据预测采取情报行动,推动发展和安全深度融合。对情报信息进行全面梳理、追踪和溯源,掌握竞争对立方的情报线索,破解其战略意图、能力意愿和"双方态势",并进行多维度风险评估。❸要强化国际安全领域合作,完善参与全球安全治理机制,防范化解风险挑战、全面建设社会主义现代化国家提供有力的情报保障。❹

第二,经济发展环境分析(E)。2021年我国已全面建成小康社会,实现了"十四五"良好开局。❺但世界经济陷入低迷期,全球经济发展也呈现显著的不平衡性,对世界的政治格局产生深刻影响,各国都在积极推进或调整对外战略,国际局势出现了新的变化。经济实力此消彼长导致的单边主义、保护主义、霸权主义对世界和平与发展构成威胁,当前阻碍经济恢复的主要问题如果不解决,将会导致产业升级放缓、就业不充分、社会不稳定等多种问题,也将影响我国"2035年人均国内生产总值达到中等发达国家水平"这一目标的实现。因此,需要转变思维,将宏观经济治理思维

---

❶ 苏新宁.大数据时代情报学学科崛起之思考[J].情报学报,2018,37(5):451-459.

❷ 李品,杨建林,杨国立.作为科技发展先行者的情报体系理论框架研究[J].情报学报,2019,38(2):111-120.

❸ 李少军.国际政治学概论(第五版)[M].上海:上海人民出版社,2019.12.

❹ 李捷.内外联动视域下我国国家安全形势分析[Z/OL].(2020-06-02)[2023-07-04].https://k.cnki.net/CInfo/Index/5848.

❺ 李稻葵,厉克奥博等."防过冷":宏观经济治理的基础性任务——2023年上半年中国经济形势分析与下半年经济发展展望[J].改革,2023(6):54-72.

从"防过热"转向"防过冷"。❶ 情报工作要为经济建设服务,发挥情报工作对国家经济治理的支撑作用,积极为塑造经济社会发展多元平衡、互利共赢的经济体系出谋划策。

第三,社会文化环境分析(S)。苏联心理学家维果斯基(Vygotsky)提出社会文化理论,该理论强调社会文化因素在人类成长发展中的作用:个体认知、情感、行为与其在特定社会文化环境紧密相关,只有在特定的文化背景下来理解个体认知、情感、行为才有意义。❷ 因此,情报工作要分析深层次的文化对行为体身份和利益的建构,进而分析文化对行为体行为的影响;情报工作要关注社会事件的情境性与社会构成,社会文化与社会事件的利益相关者的身份认同、道德表现、归属感等紧密相连。由于社会文化是由人民群众创造并与广大群众生活实际紧密相连的❸,我国的情报工作强调群众路线(如《中华人民共和国反间谍法》第二条和《中华人民共和国反恐怖主义法》第四十四条)。因此,情报工作要排查、梳理群众生活中的社会矛盾,畅通和规范群众诉求的表达,协调多方的利益平衡,努力构建矛盾的化解机制,为建立健全社会心理服务体系和危机干预机制,完善应对国家安全风险综合体而发挥"参谋"的作用。❹ 坚持情报专业人员与群众结合,强化社会安全治理重点地区排查整治,健全社会安全治理协调联动机制,深化国际执法安全务实合作。

第四,科学技术环境分析(T)。2016年,美国陆军发布《2016—2045年

---

❶ 张晓晶,汪勇.社会主义现代化远景目标下的经济增长展望——基于潜在经济增长率的测算[J].中国社会科学,2023(4):4-25.

❷ MORCOM V. Scaffolding social and emotional learning within "shared affective spaces" to reduce bullying: a sociocultural perspective[J]. Learning, Culture and Social Interaction, 2015 (6):77-86.

❸ 孙雨,孟维杰.社会文化理论视域下大学生网络欺凌的难题与破解[J].苏州大学学报(教育科学版),2022,10(3):89-95.

❹ 赵远.关于我国反恐刑法的反思与完善[J].公安学研究,2020,3(1):84-108, 124.

新兴科技趋势》报告❶，我国的情报工作也重视技术侦查措施如（《中华人民共和国反间谍法》第十二条和《中华人民共和国反恐怖主义法》第四十五条）。2015年12月31日，解放军战略技术支援部队成立，整合了情报侦查技术、卫星管理技术、电子对抗技术、网络攻防技术等情报技术支援活动。《中华人民共和国国家安全法》第五十四条与《中华人民共和国反恐怖主义法》第四十七条，都强调要借用科技手段将情报信息分析与预警相结合。❷ 2023年5月30日，二十届中央国家安全委员会召开。会议强调：国家安全工作要提升网络数据人工智能安全治理水平，推进公安大数据智能化平台建设。可见，新一轮科技革命、大数据和智能化是情报分析业务的核心特征，情报部门搜集和存储的数据量呈几何式增长，对情报处理和分析能力的增长提出了更高的要求。在新的技术背景下，情报工作所要处理的信息渠道更丰富、载体更加充盈、格式更加多样。同时，数据与信息内容的丰富性、时效性成为信息真实性和有效性的辨析难点，对数据与信息的内容和效用的解读也更加困难，需要注意把握特定的时空内涵，"信息迷雾"问题对情报分析也会造成各种干扰，情报分析技术的原始创新能力、情报高端人才储备、大数据与人工智能核心技术、情报技术基础建设等面临着前所未有的复杂性挑战。❸

第五，地缘政治环境分析（N）。地缘环境分析是以多元地缘体间互动实践为中心的，地缘体是能够独立参与国际地缘政治、经济、文化事务的行为体；"地缘环境"是多元地缘体互动实践的决策信息集，也是多元地缘体互动的结果，地缘体行动决策存在博弈关系，地缘环境既是地缘体决策

---

❶ Office of the Deputy Assistant Secretary of the Army (Research & Technology). Emerging science and technology trends: 2016-2045[R/OL]. (2016-04-01)[2020-09-06]. https://max.book118.com/html/2019/0109/8117032117002000.htm.

❷ 郭秦茂.论国家情报体制的法律建构——基于《国家安全法》与《反恐怖主义法》的视角[J].情报杂志，2016,35(6):19-22,28.

❸ 曾文,王卓昊,张昱.论复杂信息环境下的科技情报技术基础建设[J].情报学报，2022,41(12):1238-1247.

的依据,也是地缘体互动的结果。❶ 地缘环境分析,要重视行为体决策的复杂性,既要分析地缘文化内容(理念结构),更要分析物质要素在地缘历史上制约的呈现,才能够帮助情报人员弄清楚地缘体身份与利益等。❷ 情报工作涉及所谓的"有关部门"涵盖了电信业务经营者、互联网服务提供者、财政、金融、审计、税务、海关、边防等多部门在内的情报支持。近年来,气候变化、传染性疾病、粮食安全和能源安全等方面的问题和挑战不断出现,给全球治理带来新的难题。特别是乌克兰危机爆发,美国与西方对俄罗斯实施全面制裁进一步恶化了我国周边的地缘环境。金融、科技、贸易领域不断出现摩擦,我国周边的地缘环境问题凸显:逆全球化思潮开始抬头,单边主义、保护主义论调明显上升,这些对我国应对全球性问题和参与全球治理,提出严峻的挑战。

3.2.2 情报战略形势研判

情报工作领域超越政治、经济、社会文化、科技、地缘等情报活动的范畴,情报体系和能力建设水平是衡量一个国家安全状态的重要标尺。要坚持总体国家安全观,拥护党中央对情报工作的集中统一领导,要把握国家情报的战略需求,强化情报工作协调机制,推动各领域情报工作一体融合、战略资源一体整合、战略力量一体运用;要更加注重情报工作法治思维,健全情报体系和能力建设,强化情报工作责任制落实,提高各级领导统筹发展和安全能力;要更加注重情报工作基层基础,增强全民国家安全意识和素养,完善情报工作社会治理体系,要建立情报工作协作机制,避免条块分割,要主动协调、快速出击,发挥情报的预警、预知和预防的先导作用;要更加注重科技赋能,加速情报核心技术更新,利用最先进的技术手段对数据信息进行规划指导、搜集、整理、分析、传递、服务;要明

---

❶ 胡志丁,曹原,刘玉立,等.我国政治地理学研究的新发展:地缘环境探索[J].人文地理,2013,28(5):123-128.
❷ 黄梓航,蒋秉川,万刚,等.地缘环境知识建模方法及应用分析[J].地域研究与开发,2022,41(4):1-6,25.

确地缘政治的新挑战,切实汇聚社会各方资源和力量参与维护国家安全和地缘政治安全。❶

如图3-6所示,情报工作要从党和国家事业发展战略全局出发,推进情报工作体系和能力建设,突出落实总体国家安全观的鲜明导向,注重法治思维、科技赋能、协同合作、社会治理、国家安全教育等,推动情报系统联动集成。要以新安全格局塑造于我有利的外部地缘环境,推动发展和安全深度融合,实现国家安全风险综合体建设,实现情报实时监测、及时预警,贯彻落实党的二十大决策部署,切实做好维护国家安全等方面的工作。❷

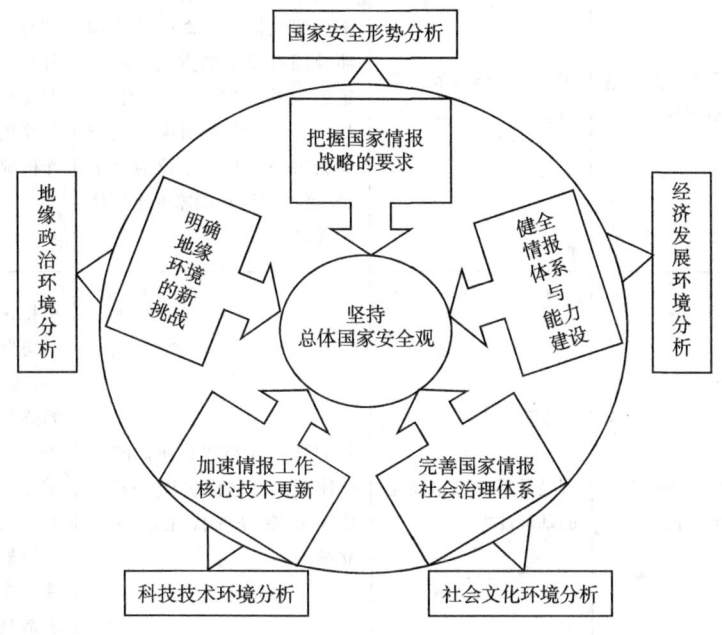

图3-6 情报战略形势研判

第一,准确把握国家情报战略的要求。党的十八大以来,国家高度重视国家安全工作,习近平总书记亲自担任中央国家安全委员会主席,对国家安全做出全面部署。党的二十大报告明确提出:推进国家安全体系和能

---

❶ 申华.军事情报学学科发展的前瞻性思考[J].情报杂志,2023,42(4):1-5,13.
❷ 马海群,邹纯龙,王今.总体国家安全观下国家情报评估制度的基本逻辑研究[J].图书情报工作,2022,66(2):4-12.

力现代化,坚持党中央对国家安全工作的集中统一领导,完善情报工作体制机制和制度体系。党的二十大报告指引我们要准确把握国家情报战略的要求,就必须做好如表3-3所示的几个方面,这是推进国家情报战略的最高原则和根本保证。

表3-3 国家情报的战略要求

序号	战略要求	内容实质	内容要点	战略目的
1	坚持党的绝对领导	中央设立国家安全委员会	中央国家安全委员会作为中央国家安全工作的决策和议事协调机构,负责统筹协调涉及国家安全的重大事项和重要工作,2018年4月17日,十九届中央国家安全委员会第一次会议审议通过了《党委(党组)国家安全责任制规定》	拥有应对国内外综合安全和制定国家安全战略的顶层运作机制
2	以人民安全为宗旨	人民是维护国家安全的基础性力量	我们党宗旨和初心使命的具体体现,也是推进国家安全体系和能力现代化的根本立场	坚持国家安全一切为了人民、一切依靠人民,始终把保护人民安全放在最重要的位置,充分发挥广大人民群众积极性、主动性、创造性,汇聚起维护国家安全的强大力量
3	以政治安全为根本	这是推进国家安全体系和能力现代化的首要任务	政治安全是最高的国家安全,是维护国家主权、安全、发展利益的生命线,在国家安全中居于统领地位	维护政治安全,最根本的就是维护中国共产党的领导和执政地位、维护中国特色社会主义制度

续表

序号	战略要求	内容实质	内容要点	战略目的
4	以经济安全为基础	发展是中国共产党执政兴国的第一要务，是解决我国一切问题的基础和关键	只有推动经济持续健康发展，才能筑牢人民安居乐业、社会安定有序、国家长治久安的物质基础	加强经济安全风险预警、防控机制和能力建设，实现重要产业、基础设施、战略资源、重大科技等关键领域安全可控，不断增强经济实力、科技实力、综合国力，运用发展成果夯实国家安全的实力基础
5	以军事、科技、文化、社会安全为保障	军事手段是维护国家安全的保底手段，科技是国家强盛之基，文化是一个民族、一个国家的灵魂，社会安全关乎经济发展和人民福祉	积极适应军事、科技、文化、社会领域面临的新情况新问题，遵循不同领域的特点规律，建立完善强基固本、化险为夷的各项对策措施	为维护国家安全提供硬实力和软实力保障
6	以促进国际安全为依托	经济全球化时代，各国安全相互关联、彼此影响，没有一个国家能实现脱离国际安全的自身安全	树立共同、综合、合作、可持续的全球安全观，加强国际安全合作，共同构建普遍安全的人类命运共同体	积极营造我国现代化建设的良好外部安全环境
7	统筹外部安全和内部安全、国土安全和国民安全、传统安全和非传统安全、自身安全和共同安全	国家安全是一个系统工程，各类因素十分复杂	推进国家安全体系和能力现代化，要坚持科学统筹，强化系统思维、辩证思维，全面把握、整体谋划、协调推进，着力解决国家安全工作的不平衡不充分问题	实现各方面安全统筹治理、良性互动、共同巩固

续表

序号	战略要求	内容实质	内容要点	战略目的
8	统筹维护和塑造国家安全	维护国家安全和塑造国家安全是统一的，塑造是更高层次、更具前瞻性的维护	准确把握当今世界发展大势和时代发展潮流，在变局中把握规律、在乱局中趋利避害、在斗争中争取主动，不断塑造总体有利的国家安全战略态势	把维护国家安全的战略主动权牢牢掌握在自己手中
9	夯实国家安全和社会稳定基层基础	维护国家安全和社会稳定，重心在基层，力量也在基层	坚持问题导向，紧盯基层基础工作中的短板弱项，加强基层组织建设，做好基层工作保障，夯实基础工作，提升业务本领	增强基层干部群众维护国家安全和社会稳定的意识和能力
10	完善参与全球安全治理机制	全球性安全问题愈加突出，安全领域威胁层出不穷，加强全球安全治理刻不容缓	着眼推动全球安全治理体系朝着更加公正合理的方向发展，高举合作、创新、法治、共赢的旗帜，不断完善参与国际和区域安全合作的机制，推动建设有关领域安全治理新机制新规则	为全球安全治理贡献智慧和力量
11	建设更高水平的平安中国	党中央着眼于国家长治久安、人民安居乐业，推动平安中国建设迈向更高水平	要准确把握平安中国建设面临的新形势新任务，全面提升平安中国建设科学化、社会化、法治化、智能化水平	建设统筹层次更高、治理效能更强、安全稳定局面更巩固、人民更满意的平安中国
12	以新安全格局保障新发展格局	守住安全发展这条底线，是构建新发展格局的重要前提和保障	要统筹维护国家安全各类要素、各个领域、各方资源、各种手段，加快构建与新发展格局相适应的新安全格局	打好维护国家安全总体战，以高水平安全保障高质量发展

第二，健全国家情报体系与能力建设。党的二十大报告明确要求：国家安全体系和能力要全面加强，因此要深入研究谋划国家情报体系，细化

情报工作措施，确保情报工作各项部署要求落地见效。

（1）健全国家情报体系建设。健全国家情报体系建设要完善领导体制——坚持党中央对国家情报工作的集中统一领导，贯彻执行中央国家安全委员会的命令，全面落实情报工作责任制；要完善情报工作机制，强化情报工作协调机制，完善法治、战略、政策、风险监测预警和国家应急情报体系；深入实施《国家安全战略纲要》，强化重大基础设施、网络、数据等安全保障的体系建设，优化国家安全力量布局，构建全域联动、立体高效的情报工作体系，为维护国家安全与发展服务。

（2）增强维护国家安全的情报工作能力。更加注重协同高效、科技赋能、统筹推进各领域情报工作，严厉打击敌对势力的渗透、破坏、颠覆、分裂活动，维护国家政权安全、制度安全、意识形态安全等，提高情报工作防范、化解重大风险能力，锻造忠诚纯洁可靠的情报人员队伍，提高干部群众国家安全意识和能力，全面加强国家安全教育，筑牢国家安全人民防线。

第三，完善国家情报社会治理体系。要完善国家情报社会治理体系，就要细化国家情报工作的分工。国家情报工作是为了保证国家的安全和发展，必然要求将军事情报、外宣情报、科技情报等融合成一个统一的情报体系，既要进行国家情报工作整体战略布局，又要做到专项的强化。健全共建、共治、共享的情报工作社会治理制度，使得各情报子系统相辅相成，提升情报工作社会治理的效能。要加强和改进人民信访工作，畅通和规范群众诉求表达、利益协调、权益保障通道，完善网格化情报管理、精细化情报服务、信息化情报支撑的基层治理平台，健全城乡社区治理体系。统筹政府、社会、市场各方情报力量，完善市域情报体系的组织架构和组织方式，努力把国家安全领域的重大风险防范化解在市域。完善群众参与平安建设的组织形式和制度化渠道，创新互联网时代群众情报工作机制，更好地汇聚民智、民力，提高公共安全治理水平。要加强信息化源头管控，进行精准化情报监测预警，实现动态化情报风险评估，推动公共安全治理模式向事前预防转型。要加强个人信息保护，确保数据安全，为情报服务提供数据基础。

第四，加速情报工作核心技术更新。高端科技是国之利器，情报工作没有核心技术的优势，在国际政治上、军事上、外交上的竞争就没有优势。大数据时代，大数据、人工智能、互联网等核心技术是国家网络与信息安全最大的"命门"，如果情报工作核心技术受制于人，必将给国家安全带来无法弥补的隐患。要加速情报工作技术的更新，把计算机技术、大数据技术群、网络技术、人工智能等广泛应用于情报工作，做到情报工作与新技术发展的密切联动，深入研究情报工作流程中各环节（情报加工、情报组织、情报分析、情报传递、情报服务）使用的新技术，情报界必须开发访问、处理和分析数据的新技术和方法，牵住情报工作核心技术自主创新这个"牛鼻子"，力争突破制约情报工作的前沿技术，并且将最新信息技术和人工智能技术应用到情报工作中来，实现情报工作无障碍数据访问，基于数据开发情报的能力，通过人机协同工作加快对数据的理解，在海量数据中进行操作和定位，提升情报分析的技能。充分利用云计算技术和大数据技术群，构建国家情报数据中心，利用各种最新技术为国家制定重大决策提供准确、高效、及时的情报支撑服务。❶

3.2.3 情报战略主题确定

国家情报涉及的领域十分广泛，国家情报战略的制定无法凭借单一的学科内容进行考察研究，国家情报关乎社会上各个行业、各个阶层、各个方面，特别是情报人员的思维、技能等在维护国家利益和安全中发挥重要的作用。国家想要稳定自己在国际上的竞争地位，需要在政治、军事、经济、文化等多方面具有话语权。我国国家情报的情报战略布局如图3-7所示：第一，要在总体国家安全观的指引下，进行顶层设计和制度建设，打造一体化的情报体制；第二，要注重国家情报相关人才队伍的建设，进行情报组织内外的协作与互动，构建资源整合与协作外包机制；第三，加强国内外情报、信息的交流与合作，完善多元化的情报共享与监督机制；第

---

❶ 赵志耘.论复杂信息环境下的科技情报卓智赋能[J].情报学报,2022,41(12)：1229-1237.

四,强化情报生产的技术赋能,构建人机协同的情报工作流程体系;第五,关注国家间的利益博弈和中国面临的挑战,重塑中国周边的安全和经济环境。

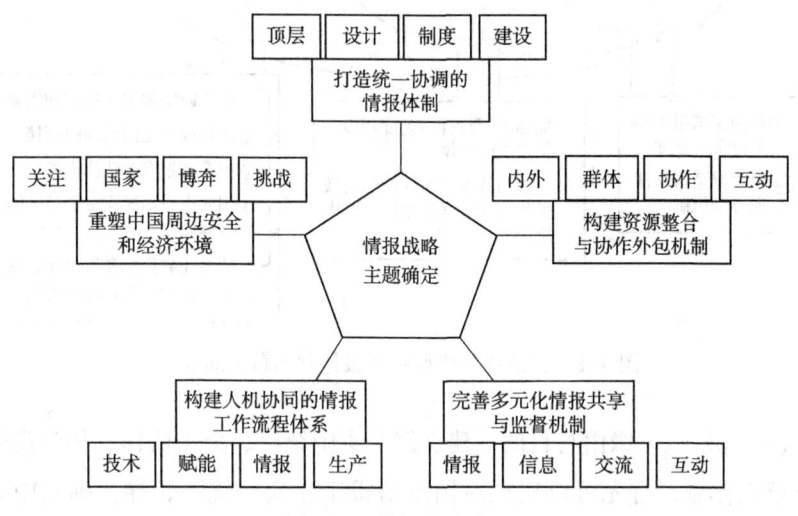

图 3-7 情报战略布局

本部分根据西蒙·斯涅克的黄金圈思维(思考和认识问题,黄金圈分为三个圈层,从里到外,依次是"为什么""怎么做""做什么"),如图 1-1 所示,对图 3-7 所示的五个战略主题进行分析阐述,先分析清楚每一个战略主题的缘由与目的,再想行动路线与具体落地执行策略。❶

第一,加强顶层设计与制度建设——打造统一协调的情报体制的黄金圈逻辑,如图 3-8 所示。统一协调的情报体制决定国家情报工作能够顺利开展,我国正是因为长期缺乏一体化的情报体制,才导致各领域的情报工作分散割据,经常出现协调困难和利益冲突的问题。所以,建立统一协调的情报体制,才能在国家层面统筹协调各领域的情报工作,为国家重大的决策提供高质量的情报产品和服务。❷

---

❶ 黄贵.黄金圈法则与公司学习与发展创新实践[J].中国培训,2016(12):298.
❷ 包昌火,等.我国国家情报工作的挑战、机遇和应对[J].情报杂志,2016,35(10):1-6.

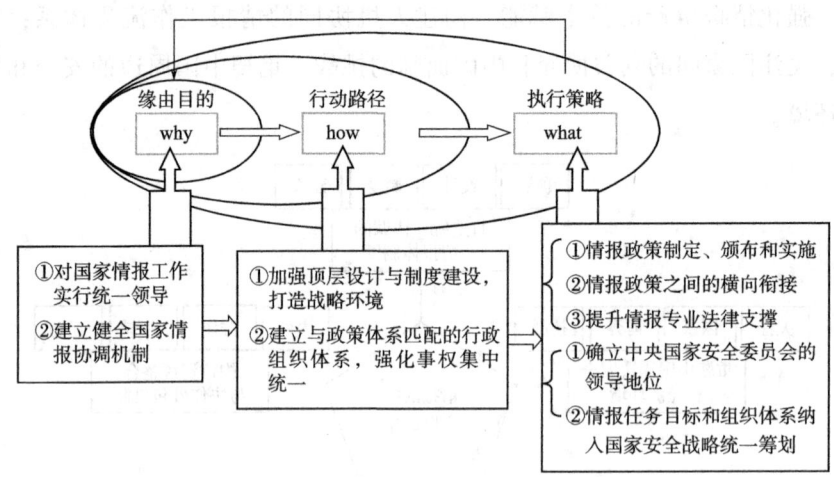

图 3-8　打造统一协调的情报体制的黄金圈逻辑

（1）why——缘由与目的。建立健全集中统一、分工协作、科学高效的国家情报体制，首先可以实现对国家情报工作实行统一领导，确立中央军事委员会统一领导和组织权力，方便中央国家安全领导机构制定国家情报工作方针政策，规划国家情报工作一体化发展；其次，可以建立健全国家情报工作协调机制，对各领域的国家情报工作进行统筹协调，优化情报资源的配置，提高情报机构的工作效率和效果，满足国家安全领域决策的情报需求，对重大的情报问题形成情报界共同的意见。❶

（2）how——行动路径。建立健全国家情报体制，可以从以下两个方面展开行动：①加强顶层设计与制度建设，打造战略环境，为推行国家情报领域的重大决策打下坚实制度基础；②建立与政策体系匹配的行政组织体系，强化事权集中统一原则，为情报决策支撑体系的建设奠定组织领导基础，保证情报行动能够得到所需的行政资源支撑。

（3）what——执行策略。围绕加强顶层设计与制度建设的行动路径，可以从以下三个方面着手执行：①加快情报政策的制定、颁布和实施，形成遍布国防军事、应急管理、安全与情报等各个行业领域的有机统一的

---

❶ 高金虎. 试论国家情报体制的管理——基于美国情报界的考察[J]. 情报杂志，2014，33(2)：1-5.

"政策体系";②做好各项情报政策法律之间的横向衔接,完善各法律法规的修订,实现《中华人民共和国国家安全法》《中华人民共和国反间谍法》《中华人民共和国反恐怖主义法》《中华人民共和国国家情报法》等多部法律之间的相互支撑和有效衔接;③加速各领域的专门性立法进程,为进一步提升各领域情报支撑能力,提供强大且更有针对性的专业法律法规。围绕建立与政策体系匹配的行政组织体系的行动路径,可以从以下两个方面着手执行:①确立中央国家安全委员会的领导地位,为国家情报体系建设奠定坚实的组织领导基础,领导跨国界、跨领域、跨部门的综合性"复杂情报系统";②情报任务目标和组织体系纳入国家安全战略统一筹划,采取建设和运营事权归口国家安全部,其他相关联的机构通过协同配合的模式,实现行政管理、业务专业性、占有资源等方面的情报资源整合,使得各系统各部门能够"各司其职"。

第二,加强情报组织与内外群体的协作互动——构建"超部门"的资源整合与协作外包机制的黄金圈逻辑,如图3-9所示。经济全球化与现代技术的发展,情报机构无法独自开展情报工作,不仅需要情报机构与情报系统内其他部门协作互动,还需要情报机构与情报系统外的相关机构协作互动。

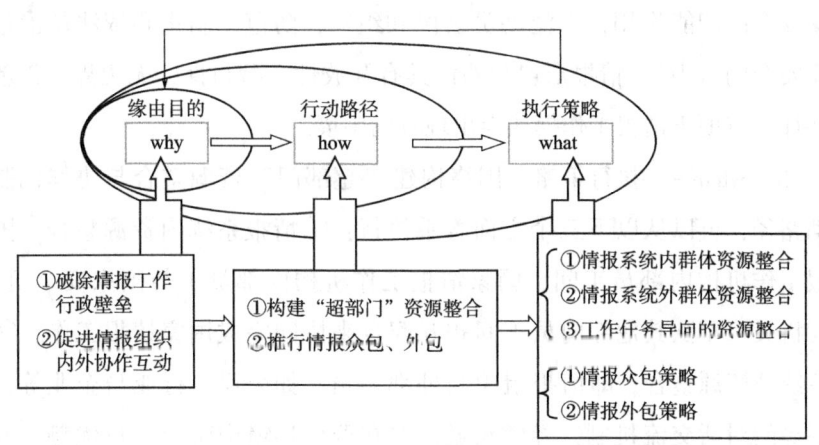

图3-9 构建"超部门"的资源整合与协作外包机制的黄金圈逻辑

(1) why——缘由与目的。根据《中华人民共和国国家情报法》《中华人民共和国反恐怖主义法》《中华人民共和国国家安全法》的条款规定,国家安全情报机构、公安情报机构、军队情报机构应该按照职责进行分工，依法搜集涉及国家安全的情报信息，开展情报行动；国家机关及其子部门也应根据各自职能和任务分工，密切配合国家情报机构，获取涉及国家安全的信息并及时上报，国家极力主张破除情报工作行政壁垒，促进情报组织内外协作互动。

（2）how——行动路径。构建资源整合与协作外包机制可以沿着以下两条路径进行：①构建"超部门"的资源整合与协作机制。从机构设置看，我国的情报机构归口不同的组织体系，这无形中造成了情报工作部门之间行政壁垒，应当依据《中华人民共和国国家情报法》《中华人民共和国反恐怖主义法》《中华人民共和国国家安全法》的实施细则，构建"跨机构"资源整合和联动机制，打造情报工作全流程"工作闭环"。②推行情报众包与外包模式。情报众包和外包模式在法律上是予以支持和认可的，《中华人民共和国国家情报法》规定"国家情报工作机构可以与有关个人和组织建立合作关系，委托开展相关工作"，《中华人民共和国国家安全法》也主张"采取专门工作与群众路线相结合，充分发挥专门机关和其他有关机关维护国家安全的职能作用，广泛动员公民和组织，防范、制止和依法惩治危害国家安全的行为"。情报众包和外包具有开放性、参与性、无边界、创新性的特征，有助于情报工作模式走出现有的困境。

（3）what——执行策略。围绕构建"超部门"资源整合与协作机制的行动路径，可以从以下三个方面着手执行：①情报系统内资源整合，国家情报工作机构内部员工间、国家情报工作机构内部员工与国家安全机关、公安机关、军队其他部门员工间相互配合来协同完成国家情报工作。②情报系统外资源整合，即情报组织与外部人员，如公民、行业与企业等，建立平等的对话交流机制，经常沟通，并在群体环境中整合各自优势，通过宣传教育，使情报系统外群体凝聚成一种无形的力量，推动情报组织与外部群体的协作和配合。③以情报工作任务为导向的国家情报工作机构与有关国家机关及其部门相互配合、协作，围绕国家情报工作目标，以国家情报工作机构内部员工、有关个人和组织等的合作为基础，共同开展国家情报工作，有效地发挥总体力量；以情报共谋为本，以理论共建为基，以资源共享和方法共通为路，集中和协调一切资源，提高情报服务质量和时效。围绕推行情报众包、外包的行动路径，对于情报众包的模式，由于情报众包具有开放性、参与性、无边界、创新性的特征，所以要从以下几个方面着手：首先，要构筑一体化的情报大数据网络和移动终端平台，实现情报组织与内外群体的协作互动；其次，加强情报众包的宣传力度，扩大和强化民众知悉度和参与度；再次，建立激励机制，激发情报众包参与者持续参与的动力；最后，通过正面舆论引导形成情报众包的规则意识。对于情报外包的模式，是主张"国家情报"也可以外包给私人企业（根据彭博行业数据，美国2013年大约70%的情报都被外包）。例如，斯诺登原来供职的博思艾伦（Booz Allen Hamilton）公司，在2013财年收入中的57.6亿美元的99%来自政府的情报外包，情报外包具有匿名、客观性、交叉优化组合、间歇式服务、节约成本等优势，同时诸多新技术大多掌握在私人公司或研究机构中，私人公司或研究机构中具有大量的人力、物力等资源，因此进行情报外包势在必行，但是，并不是所有的情报服务都可以外包，为保情报外包能够顺利进行，必须有配套的制度设计并执行到位，以免情报泄密。

第三，支持情报信息的国内外交流与合作——完善多元化情报共享与监督机制的黄金圈逻辑，如图3-10所示。《中华人民共和国国家情报法》《中华人民共和国网络安全法》《信息通信网络与信息安全规划（2016—2020）》等法律均指出：国家情报机构可以开展对内、对外交流合作以维护国家（网络）安全。《中华人民共和国国家安全法》主张：国家应建立协同联动工作机制、跨部门情报信息工作协调机制。《网络空间国际合作战略》建议：要完善网络空间对话协商机制。《中华人民共和国反恐怖主义法》主张：建立跨部门情报工作协作机制，以上这些情报工作机制的建立、是以情报信息的共享与协同为基础的。《国家网络空间安全战略》明确指出：建立政府、行业与企业间的信息有序共享机制，统筹协调国家安全工作。

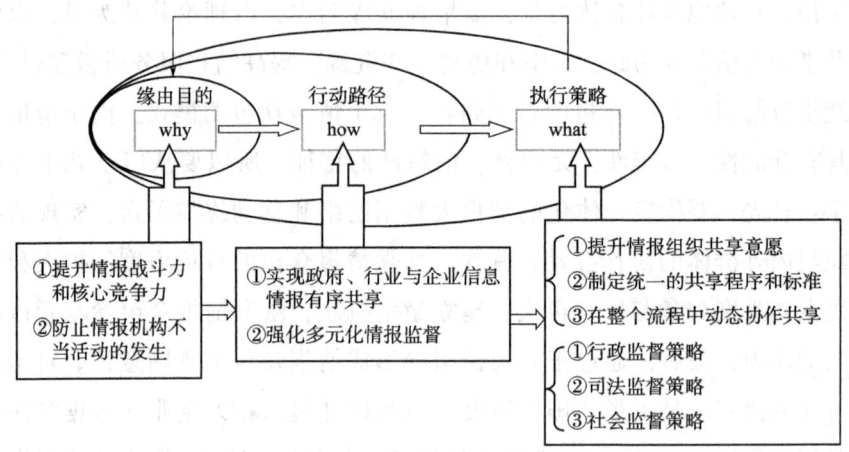

图 3-10　完善多元化情报共享与监督机制的黄金圈逻辑

（1）why——缘由与目的。网络与信息安全方面的政策法律主张情报信息的交流与合作，为情报机构合作创造了有效通道，并提供了实施的制度基础。情报信息的共享与情报工作协同是多维情报融合的基础，是提升情报战斗力和核心竞争力的关键。情报共享有助于发挥各情报机构特色情报优势，减少重复劳动，提升情报系统整体的工作效率，基于大数据分析和多维情报共享，能够集中情报人员的有限精力，而不必发散到各个领域的琐碎问题上。由于情报与国家安全部门的工作涉及国家核心机密，且掌握大量的行政资源，因此，需要完善多元化的监督机制，防止情报机构不当活动的发生，避免情报工作中出现"资源集中化"和"体制官僚化"等问题。

（2）how——行动路径。完善多元化情报共享与监督机制可以沿着以下两条路径进行：①实现政府、行业与企业信息情报有序共享。依据总体国家安全观的要求，各领域相关情报机构均应共享各自领域的情报信息。我国网络与信息安全领域的政策法律也为情报共享提供了制度基础，国家情报工作的领导者——中央国家安全委员会要平衡好各情报共享主体的利益。②强化多元化情报监督。高效多元的情报监督机制是确保情报体系建设沿着正确方向发展、维护情报工作正常运转的重要"平衡力量"。重视对情报

机构的监督和制衡,是国家权力使用规范化、法制化的重要表现。❶

(3) what——执行策略。围绕"实现政府、行业与企业信息情报有序共享"的行动路径,可以从以下三个方面着手执行:首先,要提升情报组织情报信息共享意愿,从技术和平台的角度加速情报信息的流动,实现情报共享与协同;其次,制定统一的共享程序和标准,完善共享成果的绩效评估制度;第三,在情报工作的整个流程中,围绕情报工作任务、目标,推动情报工作的动态化协作。围绕"强化多元化情报监督"的行动路径,可以从以下三个方面着手执行:首先,进行行政监督,关注情报机构的工作效率,监督情报机构是否有效运转并完成指定任务,促使情报机构恰当地履行职能,提高情报流程的实践能力,生产出高质量的情报产品,防止情报机构滥用职权并做出有违情报伦理的行为;其次,进行司法监督,关注情报活动的合法性,通过确定性的、完善的法律条文和规章制度对情报机构进行正式监督;❷最后,进行社会监督,主要靠大众传播媒体和公众舆论来执行,鼓励广大公众对情报人员价值观和职业操守进行非正式监督,全方位地监督情报活动和情报人员,监督情报机构和情报活动是否具有正当性。

第四,强化技术赋能的情报分析生产——构建人机协同的情报工作流程体系的黄金圈逻辑,如图 3-11 所示。以大数据为代表的科技与产业革命,为情报分析生产带来的创新发展机遇,作为政府决策的参谋和国家发展助手的国家情报,必须强化技术赋能。❸

(1) why——缘由与目的。情报分析生产的核心技术是国家情报安全最大的"命门",各国在情报分析生产技术领域都投入最大力度的研发支持,强化技术赋能情报分析生产,构建安全可控的情报技术体系,保障情报工作的机密性和智能性。

---

❶ 汪明敏,谢海星,蒋旭光.美国情报监督机制研究[M].北京:光明日报出版社,2013:10-29.

❷ 郭秦茂.论国家情报体制的法律建构——基于《国家安全法》与《反恐怖主义法》的视角[J].情报杂志,2016,35(6):19-22,28.

❸ 申姝婧,杨建林."数智赋能"及其背景下的情报思维培养[J].情报学报,2023,42(4):465-476.

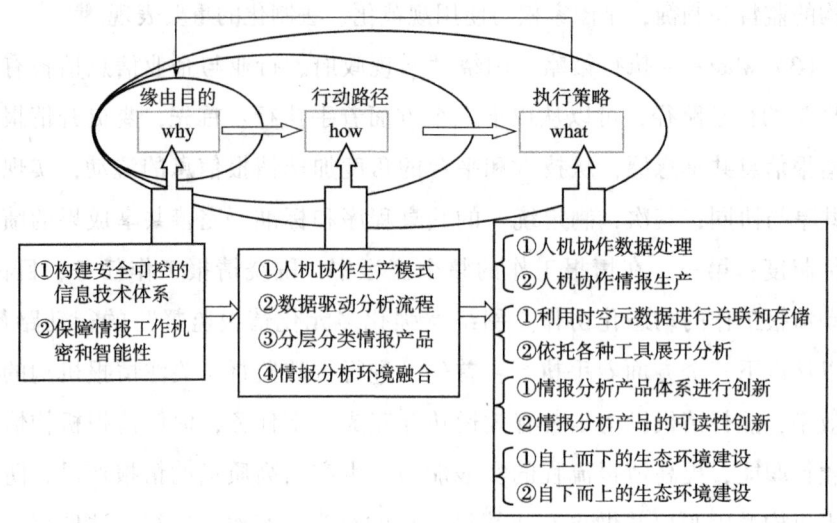

图3-11 构建人机协同的情报工作流程体系的黄金圈逻辑

(2) how——行动路径。构建人机协同的情报工作流程体系可以沿着以下四条路径进行：①人机协作生产模式。鉴于当前的大数据环境，情报工作必须从低级、可重复的繁重数据处理任务中解脱出来，要在人工智能、数据管理等领域，采用"人机协作"生产模式。②数据驱动分析流程。智能时代，情报部门正在把"以预设目标为中心"的分析流程，转化将"数据的自动化观察、关联、分析"为核心环节的情报分析流程，在数据驱动式分析流程中，数据会"自动提醒"情报人员，并由此来驱动相关情报活动的开展，加速整个情报分析流程的运转。③分层分类情报产品。要为情报高层主管、军事指挥高层、各重要部门的决策者等提供日常决策支撑的情报产品，还要就临时性情报分析任务，抽调情报人员组成支援小组，为各种临时决策提供情报支撑，并吸纳智能化新理念，对产品体系、表达和管理等进行技术创新。④情报分析环境融合。在智能化时代，情报部门要以"自上向下"和"自下向上"手段相结合的方式，推动情报分析生态环境建设。

(3) what——执行策略。围绕"人机协作生产模式"的行动路径，可以从以下两个方面着手执行：第一，人机协作数据处理，发挥情报分析人员在整体性、创造性工作上的优势，利用机器在重复性、局部性、计算性等工作领域的长处，实现人机协作数据处理；[1] 第二，人机协作情报生产，结合情报界面临的挑战，研发相关技术，并在比重大、数量多的研究领域采用自动化处理与分析，运用大数据、可视化、生物识别等前沿智能技术，实现人机协作情报生产。[2] 围绕"数据驱动分析流程"的行动路径，可以从以下两个方面着手执行：第一，利用时空元数据进行关联和存储，根据情报分析人员的需要，可在时空粒度下生成派生产品，或者进行数据多源轨迹关联等，生成有关目标人群（或事物）的轨迹模式，实现对目标地区情况的实时掌控。第二，依托各种工具展开分析，在融合海量数据的基础上，依托各种技术工具，进行目标群体的整体理解与感知，通过搜集和融合所有数据，描绘出整个目标群体人员的生活模式，最终实现筛选、甄别威胁目标并预测其行动。围绕"分层分类情报产品"的行动路径，可以从以下两个方面着手执行：第一，情报分析产品体系进行创新，情报部门对基本情报、动态情报、预测评估情报等产品体系进行创新，以期加强对目标情报的实时掌控。第二，情报分析产品的可读性创新，情报部门把虚拟现实（VR）、增强现实（AR）、混合现实（MR）、触控技术等融入到分析产品的表达之中，提升情报分析产品的可读性，实现情报分析产品生产、存储、分发、访问等过程的透明化，促进情报产品管理的可追溯性和可监控性。[3] 围绕"情报分析环境融合"的行动路径，可以从以下两个方面着手执行：第一，自上而下的生态环境建设，情报主管部门对分析标准、分析需求、分析协作、数据来源等进行统一规范；打造"集成的、可互操作的云生态系统"，使得情报人员"在任何地方、任何时间、任何条件下都能实现安全访问"。第二，自下而上的生态环境建设，各类情报机构主动推动情报数据融合，主动将有关目标的所有数据、信息和情报按照统一标准"封装"起

---

[1] 郑荣,高志豪,魏明珠,等.基于联盟区块链的产业应急情报协同共享模式研究——以半导体产业应对"四川限电"应急场景为例[J].图书情报知识,2022,39(5):67-81.

[2] 张桂蓉,雷雨,王秉,等.数智赋能的应急情报协同体系研究[J].现代情报,2022,42(11):150-157.

[3] 雷雨,张桂蓉,王秉,等.应急情报协同失灵模型研究[J].情报理论与实践,2022,45(10):90-95.

来,以解决不同情报部门数据、信息和情报存储标准不一致的问题,缩短分析人员检索情报素材的时间,为不同数据、信息和情报建立关联,提升情报分析效率。❶

第五,关注国家间博弈与挑战——重塑中国周边安全和经济环境的黄金圈逻辑,如图3-12所示。中国周边的安全是我国安身立命之所、发展繁荣之基,周边关系对我国具有极为重要的战略意义,因此,面对中国周边战略环境可能出现的挑战,把握周边关系演进趋势,情报界要采取有效应对措施,努力为中国塑造有利的周边战略环境。❷

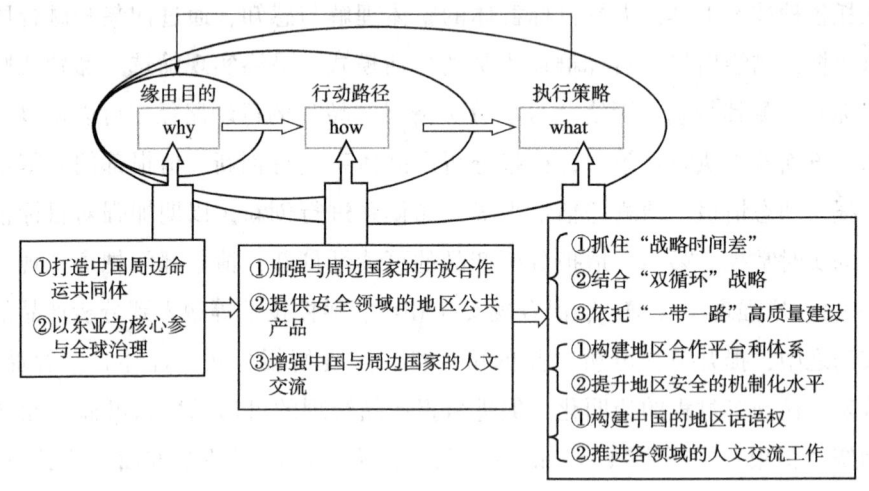

图3-12 重塑中国周边安全和经济环境的黄金圈逻辑

(1) why——缘由与目的。2023年10月24日,习近平总书记出席周边外交工作座谈会,习近平总书记指出:"做好周边外交工作,是实现'两个一百年'奋斗目标、实现中华民族伟大复兴的中国梦的需要,要更加奋发有为地推进周边外交,为我国的发展争取良好的周边环境,使我国的发展更多惠及周边国家,实现共同发展。"依据世界大国崛起的历史经验,考察

---

❶ 李明,贺伟,丁本洲.基于S2B模式的小微企业竞争情报多元协同供给机制研究[J].情报科学,2018,36(12):52-56.

❷ 李同昇,黄晓军.新时代国别地理研究的若干思考[J].世界地理研究,2020,29(5):875-882.

全球化未来发展趋势可知，中国周边地区是当前（直至2049年实现第二个百年奋斗目标）实现中华民族伟大复兴的重要战略依托。中国与周边国家在经济关联度、产业链密集度、文化传统等方面的相似度非常高，因此，我们要努力打造中国与周边国家的命运共同体，全面提升周边外交在中国总体外交布局中的地位，要以东亚为核心参与全球治理，切实增强中国在周边区域治理中的话语权和影响力。

（2）how——行动路径。重塑中国周边安全和经济环境可以沿着以下三条路径进行：①加强与周边国家的开放合作，中国可秉持"优先东盟策略，深化俄罗斯中亚策略，改善南亚策略，推动韩日策略"的战略思路，积极处理好同周边国家的关系，并展开多方合作，要结合"双循环"战略，与周边国家在低碳经济、循环经济、绿色经济等新能源产业链中展开合作，加强与周边国家的数字经济合作，构建地区新发展格局，坚持周边外交的优先方向；②提供安全领域的地区公共产品，由易而难、由存量到增量，加强国家间的非传统安全合作切入，打造金融、气候变化、反恐、公共卫生等领域的地区公共产品；③增强中国与周边国家的人文交流，在中国周边外交中，要增强中国地区治理的知识积累、人才储备与技术创新，夯实地区民意基础，增强中国与周边国家良好关系的韧性。

（3）what——执行策略。围绕"加强与周边国家的开放合作"的行动路径，可以从以下几个方面着手执行：第一，抓住"战略时间差"，将中国周边地区打造成新发展格局的战略节点，使周边国家成为高质量共建"一带一路"的示范区。目前，欧美的经济复苏压力过大，并且受乌克兰危机的影响，他们国内的基建需求举步维艰，短期内恐难以投入大量资金支持海外基础设施建设，以此，我国要抓住"战略时间差"，与中国周边地区建设"全球基础设施和投资伙伴关系"。第二，要结合"双循环"战略，抓住周边国家大力发展低碳经济、循环经济的时机，利用中国在新能源产业链中处于的优势地位，与周边国家共同打造（但是，要由中资跨国公司主导）太阳能、新能源汽车等产业链，加强与周边国家的数字经济合作，通过产业有序转移，促进国内市场加大开放。第三，依托"一带一路"高质量建设方案,将中国市场打造成周边国家最终消费市场之一,逐渐提高人民币在周边地区贸易投资中的比例,增强中国市场对周边地区的辐射力,以市场强固中国与周边的经济关系。围绕"提供安全领域的地区公共产品"的行动路径,可以从以下几个方面着手执行:第一,积极建构周边安全合作体系,妥善处理热点敏感问题,提供国家安全领域的地区公共产品。从非传统安全合作切入,在反恐、金融、公共卫生、地区气候变化等领域构建地区合作平台和体系,通过非传统安全合作争取民意、积累信任,并逐步扩展到传统安全领域。第二,提升地区安全机制的机制化水平,根据地区形势发展需要,在与周边国家加强战略沟通的基础上,创设新的地区安全组织,并积极寻求和平解决方案。围绕"增强中国与周边国家的人文交流"的行动路径,可以从以下几个方面着手执行:第一,构建中国的地区话语权,进一步加强周边地区的区域国别研究,依托汉语语言、中国的国际政治地位、国际经济等综合交叉优势,打造一流智库和专业情报研究人才,进一步拓展和深入区域关注维度,形成中国特色辐射周边的知识体系和话语体系;第二,推进各领域的人文交流工作,在政府层面,拓展和深化中国政府与周边国家的人文交流机制,并发挥官方交流机制的示范带动作用。在社会层面,充分挖掘中国与周边国家往来的历史经验,通过民间组织、高校和科研院所、新闻媒体等力量,展现双方的优秀文化,塑造地区人文精神,促进双方情感交流,增进彼此认识和理解,营造良好的社会和舆论氛围,促使周边国家更支持、更认同中国。

3.3 情报战略地图

战略地图(Strategy Map)由罗伯特·卡普兰(Robert S. Kaplan)和戴维·诺顿(David P. Norton)提出。战略地图是战略解码中承上启下的关键工具,是对战略进行具体、系统、全面描述的工具。根据战略地图的核心理念，构建国家情报战略地图，如图 3-13 所示。[1] 国家情报战略地图从下至上包括四个层面的战略主题，这四个层面的战略主题是对战略地图的框架性描述，每个战略主题会进一步展开为一组情报业务逻辑相关、主题一致的战略要素（提高战略目标的可理解、可落地性），这四个层面是螺旋演进的关系，下一层是上一层存在与发展的基础，从下至上依次是：学习成长层、情报运营层、用户体验层面、情报价值层四个层面。国家情报战略地图从下至上四个层面的螺旋演进，实现国家情报的愿景，即是牵引国家情报战略地图其他各层次构成元素的总体目标——感知、评估、预测、塑造、国内外安全态势，落实总体国家安全观的要求。情报战略地图的核心逻辑如图 3-13 中右侧的长"箭头"所示，从下至上的关系就是情报机构通

图 3-13　国家情报战略地图

[1] 刘策. 基于战略地图理论企业价值创造策略分析与评价——以地市级移动公司为例[J]. 中国集体经济, 2022(32): 95-97.

过运用人力资本、信息资本和组织资本等无形资产（学习与成长层），创新和建立情报战略优势和效率（情报运营层），进而使情报机构把特定情报价值带给情报用户（用户体验层），从而实现国家情报的价值——维护国家安全与发展（情报价值层）。情报战略地图自上而下逐层分解，一直将情报战略目标分解到最基础的组织能力。

3.3.1 国家情报的关键资源——学习成长层

学习成长层，是国家情报存在的关键资源层，包括人力资本、信息资本和组织资本三部分。人力资本体现的是国家情报的战略能力，是执行情报战略活动所要求的知识、价值观、技能、技术诀窍等能力，人力资本能力的评估，要和公司的战略方向相一致；信息资本是指战略信息，是支持战略所要求的信息系统、网络和各种数据库等，是情报工作相关知识运用的基础设施的可用性程度，信息资本的能力评估，要看信息和技术是否公司的战略相一致；组织资本是情报执行战略所要求的动员和维持变革流程的组织能力，包括情报文化（即执行情报战略所需要的共同使命、愿景、价值观及其内在化）、领导力（各层级中动员情报组织朝着情报战略发展的合格领导的可获取性）、协调一致（情报人员个人，情报团队，情报部门的目标和激励机制与情报战略目标的实现相结合程度）、团队工作（整个情报组织贡献的具有战略潜力的知识），组织资本的能力，是要营造一个利于成长和适应变化的环境氛围。

第一，人力资本。1960 年舒尔茨（Theodore W. Schultz）发表题为《人力资本投资》（*Investment in Human Capital*）的演说，标志人力资本理论的诞生。早期学术界主要从人力资本的存量、积累、结构等几个视角来研究人力资本。罗伯特·卢卡斯（Robert Lucas）提出了人力资本积累增长模型，认为人力资本的内部效应，会提高自身劳动生产率，人力资本的外部效应，会提高他人劳动生产率和其他生产要素使用效率，强调人力资本的经济外部性呈现边际收益递增规律,人力资本的积累是促进经济增长的真正动力。❶ 人力资本是执行情报战略活动所要求的核心价值、科学素养、关键能力、必备知识,如图 3-14 所示。情报人员的"核心价值",促使情报人员拥有正确并且远大的理想、信念与情怀,引领情报工作的导向,能够从更高层次看待问题;情报人员的"科学素养",是通过科学看问题的视角和思维方式,使得情报人员能够确定什么才是关键的能力;情报人员的"关键能力",可以使情报人员在具体情报工作实践中,快速掌握可运用的本领,快速认识问题与解决问题;情报人员的"必备知识",能够使情报人员将各种知识融合起来,形成情报人员特有的知识谱系、知识图景和知识结构。❷

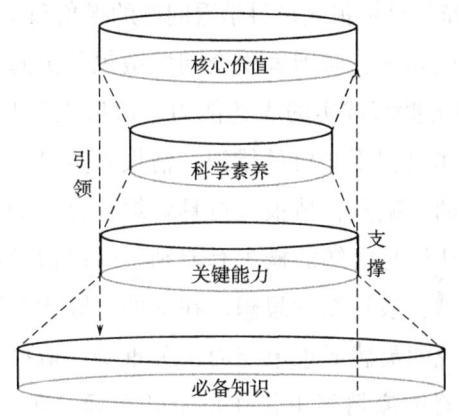

图 3-14 人力资本要素关系

(1)"核心价值"是驱动情报行动的深层信仰,决定着情报行为的方向。目前,我国的情报界坚持总体国家安全观,面向总体国家安全观的多种安全领域,从全局视野和整体角度出发,将相关领域情报工作整合在一起,从战略层面提出更深层次、更高效、更具有远见的情报解决方案。❸ 在

---

❶ 罗伯特·J.巴罗,哈维尔·萨拉伊马丁.经济增长[M].何晖,刘明兴,译.北京:中国社会科学出版社,1995.
❷ 刘伟,张立元.经济发展潜能与人力资本质量[J].管理世界,2020,36(1):8-24,230.
❸ 杨国立,李品.总体国家安全观背景下情报工作的深化[J].情报杂志,2018,37(5):52-58.

总体国家安全观指引下，情报工作以服务于国家创新、发展与安全为宗旨，以体制、机制和平台建设支撑情报能力的提升，将情报工作置于一个更开放、更包容、更协同一致的系统环境中进行，坚持"大情报观"的理念回归和价值重塑。❶ "大情报观"在国家创新驱动发展战略与总体国家安全观的指导下，从国家安全、经济、社会发展的需要出发，将"军事情报""安全情报""科技情报""社科情报"等联为一体，促进各情报领域的相互融合发展，发挥情报的"先导""引领""耳目、尖兵、参谋"作用，从而真正意义上实现情报学科的智库功能，推动情报工作担负起国家安全、科技、经济、社会发展等重任，做好政府决策的总参谋。❷

（2）"科学素养"是情报人员科学看问题的视角和思维方式，包括扎实的情报工作专业基础知识、对国家安全问题敏锐的灵感或想象能力、很强的综合分析能力和无畏而诚实的表达能力。情报人员具备专业基础知识，就可以避免情报工作出现不必要的错误；情报人员具备敏锐的灵感，就能很快找到解决问题的突破点；情报人员具备综合分析能力，就不容易忽略新的发现；新发现往往与已知的概念有差别，可以指导情报人员敢于突破原有思维框架的束缚，表达新的思想。在新的国际竞争环境下，情报人员对国家安全问题敏锐的灵感或想象能力至关重要，情报工作要根据大国竞争发展实际情况，对国家情报工作作出全新布局，在合理合法的框架下，进行数据、信息的共建共享，实现信息互通，有效提升情报工作整体效能。但是，是对事关国家战略安全和核心竞争力的国家安全领域，要进行全面严格保护，避免重要信息泄露，保证实际情报工作体现国家意志。❸

（3）"关键能力"可以使情报人员在具体情报工作实践中快速认识问题与解决问题。中共中央办公厅、国务院办公厅印发的《关于深化教育体制机制改革的意见》，明确提出要进一步培养四种关键能力：认知能力、合作

---

❶ 苏新宁.大数据时代情报学与情报工作的回归[J].情报学报,2017,36(4)：331-337.

❷ 邓三鸿,郭骅.情报学与情报工作发展论坛(2017)隆重召开并凝聚形成《南京共识》[J].图书情报知识,2017(6)：125-127.

❸ 陈峰.竞争情报与中国和平崛起[J].情报杂志,2016,35(11)：60-65.

能力、创新能力、职业能力。❶ 认知能力是指人脑加工存储和提取信息的能力，是情报人员完成活动的最重要的心理条件。情报人员的认知能力包括独立思考、逻辑推理和信息加工的思维能力，情报人员理解他人传递的信息和让他人理解自己表达的思想的沟通交流能力和自主学习能力。合作能力是情报人员在团队中与他人合作的能力，是情报人员自我管理，遵守、履行道德准则和群体行为规范，融入集体、协调人际关系等必备的品格。创新能力是情报人员运用创造性思维，开拓情报工作认知新领域、认知新成果的思维活动，是情报人员以综合性、探索性和求新性特征的高级心理活动，需要情报人员付出更艰苦的脑力劳动。目前，情报工作围绕实现科技突破式原始创新，要进行核心技术攻关，需要情报人员运用数智化技术将数据信息智慧同人的智慧有机结合起来，进行融合创新，才能深入挖掘情报价值。❷ 职业能力是情报人员从事情报工作的多种能力的综合，在目前高新技术创新和新兴产业发展的背景下，要实现情报工作价值，情报工作要提供战略性信息情报支撑能力，要调研用户群体的现实需求，进行以需求为导向的信息加工处理和情报分析论证工作，真正发挥情报工作的最大效用。

（4）必备知识是那些已经被情报界发现和证明的规律，也就是确定的，不需要通过情报人员自身的实践成功、失败去验证的知识内容。情报工作"必备知识"可分为三大核心领域：即在特定的信息领域相关知识、情报活动领域知识与情报组织领域知识。①信息领域相关知识是对原始数据的处理后，通过数据分析，可为何人（who）、何事（what）、何处（where）、何时（when）等问题提供答案的信息，信息来源分为开源渠道提取获得和秘密渠道获得。②情报活动领域知识，是对繁杂的情报活动进行语义表征的知识，情报活动包括情报搜集、情报分析、反情报活动、隐蔽行动等流程。情报搜集的手段大致划分为人力情报搜集（即谍报，英文简称：HUMINT）、技术情报搜集（英文简称：TECHINT）、开源情报（英文简称：OSINT）、图像情报（英文简称：IMINT）、照片情报（英文简称：PHOTINT）、地理空间情报（英文简称：GEOINT）、信号情报（英文简称：SIGINT）、通信情

---

❶《关于深化教育体制机制改革的意见》摘要[J].陕西教育(高教),2017(10):81.
❷ 赵志耘."十四五"科技情报创新的思考[J].信息资源管理学报,2021,11(6):4-9.

报（英文简称：COMINT）、遥测情报（英文简称：TELINT）、电子情报（英文简称：ELINT）等。反情报活动是保护我方情报能力免受敌方情报机构破坏的情报行动，采取的措施包括限制信息的传播范围、加密信息的传播渠道，打击内鬼，干扰敌方的情报搜集和分析活动，采取欺骗行动、认知误导、误判我方意图等措施。隐蔽行动不一定等同于间谍行动，隐蔽行动的措施包括劝导、宣传和准军事行动等，是居于外交和战争之间的情报行为。③情报组织领域知识从传统的情报领域向国家的秘密部门拓展，情报机构是一个组织机构（上至国家、下至私营企业）设置的部门，该部门专门负责目标的数据信息搜集、信息分析、情报提供、执行反情报活动、进行隐蔽情报行动等职能，面向各类决策者提供及时、客观、和有效情报服务，支持各类决策者进行决策。

第二，信息资本。信息资本支持国家情报战略所要求的信息系统、网络和各种数据库等，如图3-15所示。《大数据产业发展规划（2016—2020年）》指出：大数据已经成为塑造国家竞争力的要素，信息（数据）能够促使资源匮乏的国家，通过技术赋能而获得新的发展空间。国家情报系统依托政府数据统一共享交换平台，构建数据服务平台实现不同行业、领域大数据的融合，加快推进跨部门的数据共建、共享、共用。❶ 在政府数据统一共享交换平台上，依托各个情报机构共建的基础平台设施，充分运用各方的优势资源，运用先进智能技术推进数据驱动的联合情报工作分析，以线上和线下相结合方式拓展情报合作空间，着力提高对关键信息和技术的整体把控能力，并对所搜集关键信息进行深度挖掘分析，在充分知识推理支撑下，进行情报集成融合，对情报目标进行整体理解与感知，推进情报综合判断工作。❷

情报活动并不是独立、封闭的体系，而是一个开放的、动态的交融的信息系统，在这个开放的、动态的、交融的信息系统中，信息资本与人力资本、组织资本等彼此交融在一起。随着情报工作与政府行动、领导决策

---

❶ 工业和信息化部.大数据产业发展规划(2016-2020年)[EB/OL].[2023-08-10].https://www.ndrc.gov.cn/fggz/fzzlgh/gjjzxgh/201706/t20170622_1196822.html.

❷ 赵冰峰.论国家情报体系的基本属性、系统运筹与对外政策[J].情报杂志,2018, 37(2):1-7.

的进一步融合,情报活动不仅仅是情报部门的一项专门化工作,任何情报机构都可视为一个完整的情报信息系统,情报机构的情报生产、管理、营销、人事、资金、物流等构成一个个信息子系统。情报工作活动作为情报组织内部的一个子系统,与其他子系统形成相互影响、互为支撑的关系。情报工作流程是情报组织整体构架的核心部分,以情报工作流程为核心,整合情报组织内部各要素,构建一体化的情报工作流程体系(如图3-16所示)。情报工作流程由情报用户层、业务流程层、协同工作层、辅助保障层及外部环境层构成。情报用户层是情报活动的服务对象,整个情报工作流程是以满足用户的需求为目标的;业务流程层是情报工作活动的核心;协同工作层是指在开展情报活动过程,不同部门之间的协调配合与通力合作;辅助保障层是为情报工作流程的正常运转提供支撑与辅助的要素;外部环境层是情报活动所关注和适应的外部环境,以及所能获取的社会面信息资源。❶

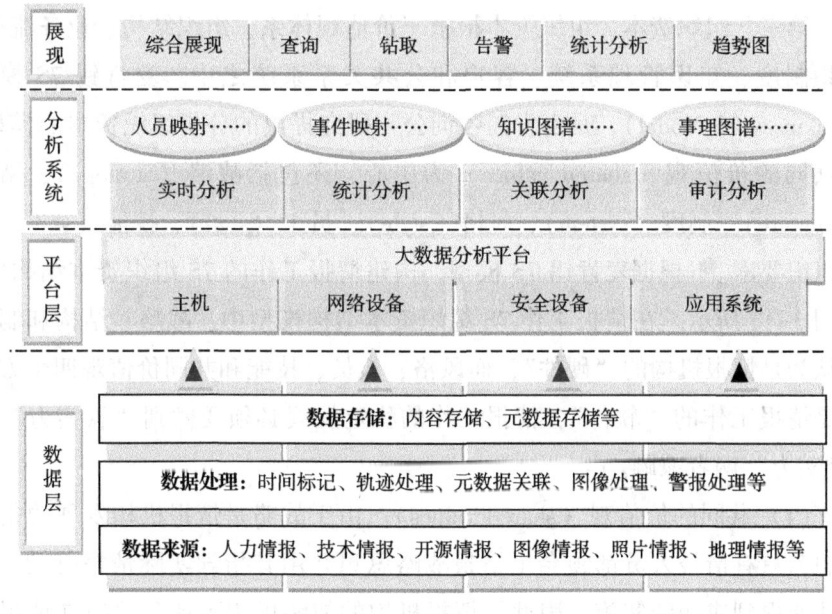

图3-15 情报工作的信息资本

---

❶ 彭知辉.情报流程研究:述评与反思[J].情报学报,2016,35(10):1110-1120.

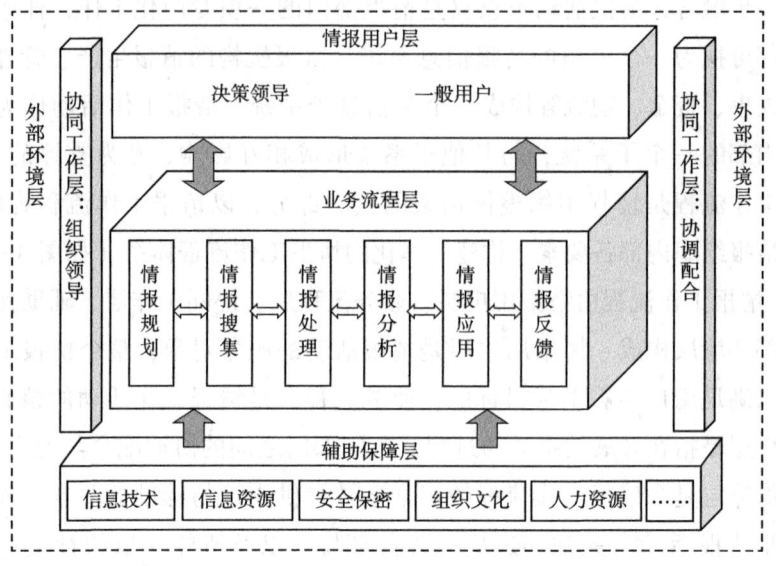

图 3-16　一体化的情报工作流程体系

第三，组织资本。组织资本根植于价值观体系、组织结构、业务流程、组织制度、知识管理系统、客户和公共关系系统之中。麦肯锡 7S 模型（Mckinsey 7S Model），是麦肯锡咨询公司研究提出的分析组织资本的模型，以共同的价值观（shared values）为中心，还包括战略（strategy）、结构（structure）、制度（system）、风格（style）、员工（staff）、技能（skill）六个组织要素。❶ 根据麦肯锡 7S 模型，构建情报工作的 7S 组织资本结构图，如图 3-17 所示。在情报工作 7S 组织资本结构模型中，战略、结构和制度被认为是情报机构的"硬件"，而风格、人员、技能和共同价值观四个方面则是情报工作的"软件"，情报工作的稳定发展必须要做到"软实力"和"硬实力"两者兼顾。

（1）共同的价值观（shared values）。由于战略是情报机构发展的指导思想，只有情报人员都领会了情报战略思想并用其指导实际情报行动，战略才能得到成功的实施。因此，情报机构的战略思想不能只停留在情报机

---

❶ 刘文轩,左薇. 虚拟团队管理探析——以麦肯锡 7S 模型为思维框架[J]. 产业创新研究,2023(11):150-152.

构高层管理者和战略研究人员这一个层次上，而应该让执行战略的所有情报人员都能够了解情报机构的整个战略意图。情报人员共同的价值观念具有行为导向、言行约束、思想凝聚、激励及辐射作用，可以激发全体情报人员的热情，齐心协力地为实现情报机构的战略目标而努力。

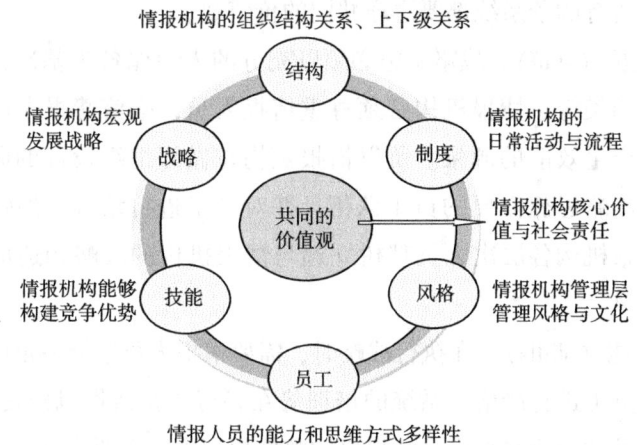

图 3-17　情报工作的 7S 组织资本结构

（2）战略（strategy）。战略是情报机构根据内外环境及可获得资源的情况，为求得情报机构生存和长期稳定的发展，对情报机构发展目标、达到目标的途径和手段的总体谋划。它是情报机构经营管理思想的集中体现，是一系列战略决策的结果，同时又是制定情报机构长远规划和工作计划的基础。

（3）结构（structure）。战略实施需要健全的组织结构来保证，组织结构是情报机构存在意义和发展机制赖以生存的基础，它是情报机构的构成形式，即情报机构的战略目标、工作协同、情报人员、职责职位、相互关系、数据信息等组织要素的有效排列组合方式。将情报机构的目标任务分解到相应的职位，再把职位综合到具体的部门，众多的部门具有垂直权力管理关系和横向分工协作，最后形成纵横交错的有机整体。

（4）制度（systems）。情报机构的发展和战略实施必须有完善的制度作为保证，而实际上各项规章制度又是情报机构精神和战略思想的具体体现。所以在战略实施过程中，应制定与战略思想相一致的制度规则体系，必须做到制度与战略的相互配套、彼此协调，绝对要杜绝战略与制度背离的情况出现。

（5）风格（style）。杰出的情报系统应该呈现中央集权与地方分权的宽严并济的管理风格，情报机构要让情报生产子系统等部门高度自主，同时又必须做到所有的子系统都要遵守共同的价值观。

（6）人员（staff）。战略实施必须以充分的人力储备为基础，人力准备是战略实施的关键。情报机构必须尊重情报人员，坚信情报人员不论职位高低，都是产生效能的源泉。所以情报机构在做好组织设计的同时，应注意配备符合战略思想需要的员工队伍，并对员工进行培训、加强国家安全教育，使情报机构各层次人员都树立起与情报机构的战略相适应的思想观念和工作作风。

（7）技能（skills）。在执行战略时，需要情报人员掌握一定的技能，因此，对情报员工进行严格、系统的培训势在必行。在情报机构发展过程中，提升情报人员的技能水平也是情报机构整体规划中的重要一环。

3.3.2　国家情报的价值创造——情报运营层

情报运营层，是国家情报创造价值的层面，包括运营管理、用户管理、创新开发、规章和社会四个部分。其中，情报运营管理要在总体国家安全观的指引下，进行顶层设计和制度建设，打造一体化的情报体制，进行情报组织内外的协作与互动，构建资源整合与协作外包机制，加强国内外情报、信息的交流与合作，完善多元化的情报共享与监督机制。用户管理采用RARRA模型，通过运营情报核心用户，实现用户留存，先获取用户本身的价值，再通过用户去帮我们转化新的用户以扩宽情报服务的范围，实现用户的精细化运营；创新开发，强化情报生产的技术赋能，构建人机协同的情报工作流程体系；规章和社会，关注国家间的利益博弈和中国面临的挑战，重塑中国周边的安全和经济环境。❶

---

❶ 李明,豆洪清,贺伟.小微企业竞争情报精准定制服务体系构建与运营策略研究[J].情报科学,2023,41(5):115-123.

第一，运营管理，运营管理要打造以威胁情报为中心的运营平台，树立竞争意识，进而尊重竞争，最终享受竞争的过程，竞争将成为情报运营各环节的重要思考维度，如图 3-18 所示。

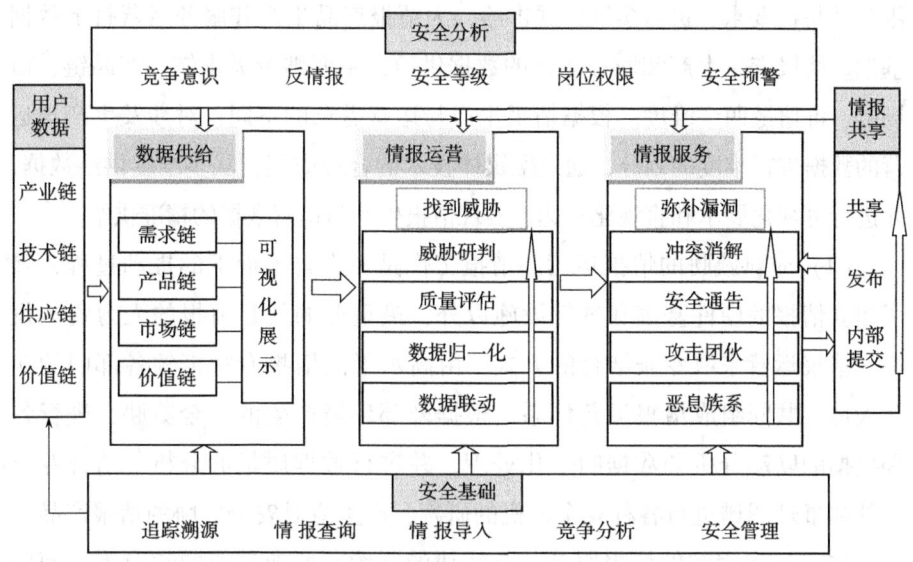

图 3-18 以威胁情报为中心的运营平台

（1）竞争导向的安全分析。情报工作是一把双刃剑，情报与反情报贯穿于工作的各个环节中。安全意识在情报战略实施中具有首要的地位，要将安全意识融入情报机构的价值系统，激发起情报人员对国家安全与发展的责任感。要成立反情报组织，通过协作配合，保证反竞争情报工作的落地；要确保情报机构的安全运营，就要对内部信息进行安全等级设定，结合不同岗位和职级的信息权限，就必须增强情报人员的安全预警方面分析与研究，做好情报系统的安全管理。更要使情报人员时刻保持危机感，让情报人员切身感受到国家安全与发展与自己的关联性，使情报人员的危机意识成为自觉行为，激励他们尽其所能，为自身和情报机构的发展贡献力量。要树立安全情报意识，主动地进行情报追踪溯源、情报查询、竞争分析、安全预警，分析判断形成安全的情报运营基础。

（2）情报用户联结。情报运营是基于用户群不断汇聚的运营模式，要从情报用户方群体和用户行为的动态化发展的视角，进行情报用户的联结，从产业链、技术链、市场链、价值链四个维度收集和分析用户数据,形成用户数据的联动协同分析机制、互动沟通机制,畅通情报服务与用户分析。

(3) 多维数据供给。由于情报生产与运营需求的不同,采用"即需即所用"的特征要求,进行多维数据供给,为情报产品生产和服务运营打下数据基础。情报产品生产和服务运营的数据供给,主要涉及需求链、产品链、市场链、价值链四个维度。根据情报生产与运营需求的不同,对涉及生产与运营的数据进行维度的划分,通过融媒体技术的合理应用,从多维度供给数据,并进行可视化展示和直观化表达,实现情报生产与运营数据的精准供给。

(4) 应对威胁的情报运营。情报工作是一个自上而下的推动过程,除了建立情报的硬件基础和软件设施以外,最重要的就是情报的人力资本投资,情报运营采取专兼结合的方式,由高水平的情报专家带领各部门的兼职人员,共同组成情报运营体系,根据外部环境产生的安全威胁,进行各种数据的联动分析和数据归一化处理,并进行数据质量的分析,结合专家智慧和事理图谱进行各种安全危机的研判,产生应对安全威胁的情报产品。

(5) 冲突消解的情报服务。在法律的制约和职业道德的约束下,面向各类情报用户,根据社会化行为系统思维和情报运营理念所产生的应对安全威胁的情报产品,要面向情报用户展开服务,实现恶意信息的挖掘、可能形成的攻击团伙的确定、发布安全通告,进而为实现各种冲突的消解提供情报支撑,弥补国家安全领域的各种漏洞。

(6) 情报汇聚共享。由于情报需求的不确定性和行为的间断性,为实现情报服务的生态化、可持续运营,最优化情报服务效能,应建立情报汇聚的共享机制。通过制度保障,建立信息共享平台,采用在情报系统平台内提交信息、发布信息、共享信息的方式,实现信息的有效传递,使一般价值的信息通过交流碰撞,产生价值升值,发现更多的情报线索。

第二,用户管理。智能化时代,情报工作的用户数量急速增长,用户不仅包括传统的国家领导及军事领域情报用户,还包括那些因国家安全形势变化而出现的新用户,这些新情报用户的数量随着大数据与智能化背景下安全形势的变化不断持续增长。同时,情报用户的需求也更加繁复多样,用户的情报需求在信息内容、情报类型等方面均呈现不同,有的用户希望提供政策性的评估情报，有的用户需要深度挖掘情报分析等。在目前社交媒体信息大爆发时代，情报用户可以非常方便地通过社交媒体获得感兴趣的信息，这对情报分析服务提出了更高的要求，基于以上原因，加强对情报用户的管理势在必行。

如图3-19所示，面向用户的需求开展情报服务时，要深入分析用户需求的多样性，满足情报用户需求多样性的本质要求。根据情报用户发展的需要，以及竞争态势的阶段性，要以间断的方式开展情报服务活动。情报活动是专业化、系统化的社会行为，为满足情报用户特质的情报需求，可以采用定制化的服务方式。为发挥情报产品的效能，情报服务可以以"即需即所用"的形式展开，精准对接用户的情报需求，提供精准化定制情报服务。在面向用户的需求开展情报服务的同时，要争取最大限度地留存用户，以免情报用户的流失。2019年，托马斯·佩蒂特（Thomas Petit）和贾博·帕普（Gabor Papp）提出RARRA模型，RARRA模型是对AARRR模型的优化，是一个反向漏斗的模型，是更高阶的获取和留存用户的分析模型。❶

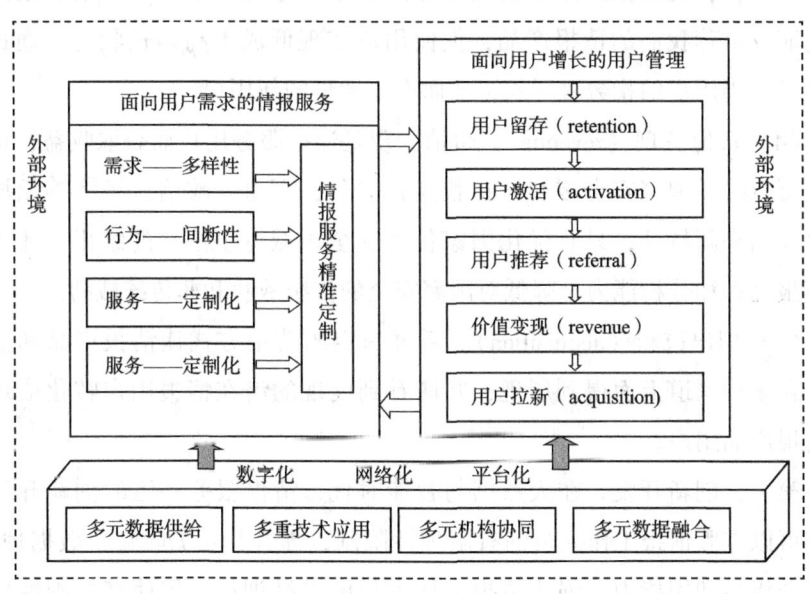

图3-19 用户服务管理系统

---

❶ 刘毅,夏怡璇,曾佳欣.基于AARRR模型的图书直播营销用户运营策略研究[J].出版发行研究,2021(6):44-53.

(1) 用户留存 (retention)。RARRA 模型把用户留存放到了第一位,作为提升用户增长的核心内容。用户留存要思考的是如何让用户不断地使用情报产品,减少情报用户的流失,提升情报用户黏性。要使情报用户留存,提高情报产品的质量是前提,只有情报产品能够更好地满足情报用户的需求,为用户提供持续的价值,并且用户无法或不能找到合适的替代情报产品,才能留住用户。

(2) 用户激活 (activation)。在做好情报用户留存之后,就要去优化用户激活,让用户在情报产品内尽快产生关键行为,体验情报产品作用,进一步提高情报产品的使用黏性,提升用户使用情报产品的深度。用户激活的实质是让用户发现情报产品的核心价值,给予老用户不同身份的价值体验、提高使用黏性,要给新用户信心,使其明确我们的情报产品是用户能够得到的最高性价比的情报产品、激励用户接受我们的情报服务。

(3) 用户推荐 (referral)。只有通过提升情报产品的竞争力,才能促使用户更相信我们情报产品和情报服务的质量,才能使用户心甘情愿地向他们的朋友推荐我们的情报产品,促使用户实现低成本高增长状态,通过用户推荐实现用户的指数级增长,从而产生大量的新用户。

(4) 价值变现 (revenue)。价值变现是通过服务用户而获取收益,情报服务可以降低国家安全威胁。在智能化时代,军事、政治、经济等领域不断呈现出来新特征,只有优化国家各个安全领域竞争博弈的结果,才能提升情报处理和分析能力,降低对国家安全的传统威胁和非传统威胁。

(5) 用户拉新 (acquisition)。通过一定的营销方式让情报产品和情报服务在多种渠道上面得到展现,并使看到展现的潜在情报用户转化成现实的情报产品用户。

第三,创新开发。在大数据与智能时代,情报服务队伍的创新开发能力,可以克服情报工作人员的有限理性限制,提升其数据收集、数据理解、数据分析与利用能力。强化情报工作人员的思维训练,促使其批判性思维模型的建立,可以避免镜像思维、群体思维的产生。❶ 创新开发可以加强情

---

❶ 曾忠禄. 21 世纪商业情报分析[M]. 北京:中国经济出版社,2018:234-236.

报人员的反情报能力，对收集的信息的真实性时刻保持警惕，这需要不断地对情报来源进行甄别，对收集到的信息进行评价，此种工作必须依赖于反情报能力，反情报工作是捍卫情报工作，保障涉密信息安全的有力支撑。❶ 特别是在大数据环境下，数据数量的无限丰富，必然避免不了"噪声"数据的干扰，创新研发能力可以对数据的正确性、隐蔽性进行分析与评估，提升情报人员的反情报能力，发现更多的情报线索。

（1）发现机会。第二次世界大战后现代情报体制建立以来，重视关键核心技术匮乏问题，将科技创新主体纳入科技信息服务生态链中，情报工作竞争优势主要来源于其强大的情报技术应用。❷ 在新技术快速发展的今天，更是如此。情报分析工作更是要依赖许多分析技术工具，创新研发为情报分析技术智能化程度的提高提供了更多的机会。2017 年习近平强调，运用大数据提升国家治理现代化水平，是新的治理课题。用好大数据这个利器，将增强服务经济社会发展、防范化解风险的能力。国家情报工作源于对国家安全的维护，要坚决履行维护国家安全的责任和义务。①创新研发提高了情报工作保护国家安全的能力，提升数据采集、处理、存储、传输、传播、管理、分析利用等的技能，促使情报分析方法和数据挖掘技术的深度融合，保证了情报服务更加智能化。②大数据关键核心技术的自主研发，可以最大限度地消除核心技术受制于人的安全隐患，为国家情报大数据安全平台的建设提供保障，实现数据的数字化转型、多域数据的集成。③在社会文化安全方面，依托大数据平台，利用新的大数据分析与挖掘技术，可以实现实时监测社会舆情，掌握社会文化发展的趋势和关键因素，及时探查到社会意识形态中的安全隐患，进而及时有效地进行引导，防止敌对方的意识形态渗透、文化侵略，守卫文化安全防线。

（2）创新研发流程。在新的技术背景下，大国竞争推动国际格局加速演进，促进科技创新研发范式及技术应用内容发生新的变化，情报运作不

---

❶ 张晓军.美国军事情报理论研究[M].北京:军事科学出版社,2007:57.
❷ 刘佳,彭鹏,黄雨微.面向科技创新的科技信息服务生态链模型构建研究[J].现代情报,2019,39(6):32-37.

再遵循"数据—信息—知识—情报"的链式转化模式。❶ 在信息整理、数据挖掘、知识转换、情报研判等具体环节，呈现出数据、信息、知识、情报的网状交叉融合、快速变化的新特质，可以从"数据"到"情报"进行跳跃式发展。在数据驱动的情报对抗中，首先比拼的是哪一方能够更快地收集、处理和共享数据，促使数据在竞争对抗中实现无缝流动。依据指挥理论中OODA闭环，情报对抗过程抽象为观察（observe）、判断（orient）、决策（decide）、行动（act）四个环节。在观察（observe）阶段，不仅要感知，更要融入战略环境中，对情报行动所处的外部环境细致察觉，用心体察自己和情报对手的各方面差异。在观察的基础上，进行判断（orient）。判断是OODA闭环中最重要的环节，判断至少要包括冲突双方的基因、文化、先验知识、新信息、分析/综合等。现代的情报对抗是在大数据支撑下的巨型"数字孪生战场"，观察和判断必须由智能化机器完成，情报人员更需聚焦于决策环节，大数据导致OODA闭环快速运转，最终实现"发现即行动"。因此，在无缝流转的"数字孪生战场"上，情报对抗流程必须紧紧围绕数据来展开。首先，要登上"情报云"。"云"即大规模云计算，"情报云"是一个巨大的数据仓库，不同情报工作领域产生的海量数据在这里汇总、筛选、融合、存储，最终以云服务的形式提供给情报人员，方便情报人员进行"云端"接入，获取数据的同时也可以上传数据。其次，融成"情报棋"，所有的情报人员接入无缝访问数据的"情报云"之后，数据壁垒将被打破，形成一盘"情报棋"。在"数字孪生战场"可以跨层级、跨地域、跨系统地调用数据，依托算力和智能算法为情报用户找到最适合的情报服务机构。最后，执行一把"情报尺"。随着先进智能软件的开发使用，可以将庞大的底层情报资源进行高效配置，一线情报人员可以随时通过各自的终端，获取实时更新的情报对抗数据，可以高速率共享情报对抗数据，实现情报机构间的精准协同，打破传统一层一层"剥洋葱"式的情报指挥方式，实现由最高情报领导机构直接指挥的"垂直式指挥"模式，情报集

---

❶ 雷帅,李晓松,陈敬一. 系统动力学视角下国防科技信息工作体系建设研究[J]. 情报理论与实践,2021,44(2):103-108,49.

群可以自主实施的"分布式作战"的模式，完成最高情报领导的指令。❶

（3）创新研发应用。伴随"大数据""云计算""区块链""人工智能"等信息技术的快速发展，情报信息的内容形态、情报工作运作模式发生巨大的变化，情报工作的内容和执行策略处于动态调整中。大规模数据交叉、关联、融合的情报实体关系不断演化，情报工作中的数据获取整理、集成筛选、总结分析显现出智能化特征；情报工作必须依托虚拟化技术、云平台技术、人工智能技术等构建的网络平台，运用智慧情报手段，提升情报工作的智能化水平，进行综合情报研判。数字时代的情报对抗，数据的作用将超越弹药。基于大数据的智能化情报对抗，必须将数据优势转化为信息优势、认知优势、决策优势和行动优势。❷ 首先，在辅助决策方面实现"先发制人"——基于海量数据提升大数据感知能力，通过知识自主发现、自主学习等机器学习，分析大数据流向变化和关联性改变，对重要情报任务执行情况进行自主评估，对情报威胁目标进行推演和过滤，调整情报对抗方案，并生成危急态势的紧急处置方案。其次，在战略研判与预警方面实现"未卜先知"——在先进算法、推演系统和数据驱动模型等技术支撑下，对全球和区域内的政治、经济、外交、社会环境等方面的数据，以及社交网络数据和开源大数据，进行全面的收集和深度分析，提升深度认知能力，形成情报的交叉发现，预测国家安全、地区安全与冲突态势，提供有预测性的结论，以达到情报预警的目的。❸

第四，规章和社会。完善相关政策制度安排，可以促进各类信息资源有效聚焦，为各层级情报的一体化发展提供基础性支持。深刻把握情报的作用主体、具体内容、政策措施、规范标准，根据其内在运作规律加强动

---

❶ 罗威,谭玉珊,罗准辰.国防科技信息大数据开发利用:问题、框架与实践[J].情报理论与实践,2018,41(12):27-30,45.

❷ 赵志耘,曾文,王忠军,等.需求导向的中国科技情报研究方法探索与思考[J].情报学报,2022,41(1):1-9.

❸ 吴素研,吕志坚,吴江瑞,等.科技情报大数据业务平台设计[J].现代情报,2018,38(1):131-135.

态情报跟踪,在知识整合重构过程中主动提供个性化知识增量服务❶,扭转被动开展情报工作的局面,推动更多战略性决策生成。

(1) 情报工作规章制度。为了加强和保障情报工作顺利进行,维护国家安全和利益,2017年6月28日起实施《中华人民共和国国家情报法》,以法律的形式规范情报部门在中国国内外进行情报工作的权力。为加强对国家安全工作集中统一领导,2014年通过《中华人民共和国反间谍法》、2015年通过《中华人民共和国国家安全法》《中华人民共和国反恐怖主义法》、2016年通过《境外非政府组织境内活动管理法》《中华人民共和国网络安全法》,以上法律完善国家安全相关法律规范,建立健全国家情报体制,强化国家情报整体监控、管制权限,以确保国家利益不受侵犯。情报公开制度是政府信息公开的关键,但是我国还没有一部情报公开法,在情报公开领域最具权威的是2007年颁布的《中华人民共和国政府信息公开条例》。❷ 除了情报公开制度外,各国还出台一些与情报工作相关的其他制度,如英国国家情报评估制度、日本标准情报制度、美国涉外情报监控法院制度、美国情报业务外包制度、美国开源情报制度、美国国会现代情报授权制度、美国电子监控与情报搜集制度等。我国在情报工作相关制度建设方面,还有待加强。❸ 为了保证情报服务工作取得良好效果,标准化工作极其重要,没有情报工作的标准化,就无法进行情报交流与合作。❹ 目前很多国际组织都倡导情报工作标准化,并积极推进。1980年出版《世界科技情报系统标准手册》,该手册规定文献情报工作应遵守的国际标准就多达308页。我国应该借鉴美国等情报界的工作规范,健全我国情报工作标准。

(2) 情报工作社会化。情报社会化亦即情报活动的社会化,14世纪出现资本主义经济萌芽,报馆类传播体最先介入国家情报活动,通信机构、

---

❶ 董文轩,姚晗,晏裕生,等.新形势下国防科技智库信息资源建设模式研究[J].智库理论与实践,2021,6(2):33-39,55.

❷ 刘慧南,邹纯龙,王今.新型举国体制下我国科技情报工作制度构建研究[J].现代情报,2022,42(12):73-82.

❸ 王新清,李响.美国电子监控与情报搜集制度研究——兼论我国反恐情报与技术侦查制度的完善[J].中国刑事法杂志,2017(1):94-112.

❹ 严怡民.情报学概论(修订版)[M].武汉:武汉大学出版社,2000:273.

调查机构、咨询机构、基金会、互联网公司、研究机构、信息服务机构等社会机构陆续承接国家情报任务，形成情报社会化历史洪流。美国情报界发展情报外包业务等，形成了世界上最大的情报社会化运作体系。❶ 现代情报工作主要包括两条战线：秘密战线（间谍工作）和公开战线（开源情报）。目前，开源情报已经成为情报获取的新途径，据美国情报部门统计：美国政府所利用的情报中有80%~95%来自开源情报，仅有5%~20%的情报内容是通过隐秘渠道获取的。2013年斯诺登曾爆料，美国国家安全局利用微软、谷歌、脸书、苹果、推特等9家IT公司在全球收集情报信息。斯诺登事件说明：美国情报体系利用社会化力量来完成国家情报任务。❷ 2005年11月美国国家公开情报中心（National Open Source Center，NOSC）成立，负责搜集、整理、分析和提供与国家安全有关的公开源情报。公开源情报成本低、效益高，这是不争的事实。在网络通信技术和社交媒体极其发达的今天，获取情报的边际成本无限减小，这为公开源情报的获取提供了便利。❸ 情报社会化是人类情报史演进到一定阶段的产物，借助世界经济一体化的历史进程，情报任务采用社会化运作方式，建立国家情报社会化运作体系，通过情报任务确立与拆分、情报问题转化、情报任务错峰管理等方式，实现情报活动的社会化转变。

3.3.3 国家情报的价值传递——情报用户体验层面

情报用户体验层面，是国家情报传递价值的交互层面，实现交互的部分包括：情报产品服务的特征、用户价值的主张、情报机构与用户的关系、情报机构之间伙伴关系、情报机构的形象等。依据彼得·莫维里的蜂窝模型将情报用户体验层面分为有用性、可用性、合意性、可寻性、可及性、信任性和价值性，如图3-20所示。情报用户体验的蜂巢模型超越了可用性，能够帮助情报人员理解用户需求，并定义用户需求的优先级。情报产

---

❶ 李本先,张薇.反恐情报2.0:互联网时代的反恐情报体系[J].情报杂志,2017,36(10):17-21.

❷ 李本先,梅建明,张薇,等.对反恐情报体系构建中几个问题的思考[J].情报杂志,2014,33(12):1-5.

❸ 李会明.美国国家公开情报研究中心[J].国际资料信息,2008(6):29-31.

品服务的特征包括：可用性（情报产品服务功能可以很好地满足用户需求）、可寻性（可找到，情报户能找到他们需求的东西）、信任性（可靠性，让情报用户产生信任）。用户价值的主张包括：价值（即情报产品服务要产生价值，情报用户对情报的内容的满意程度）、质量（有用性，面对的情报用户需求是真实的）。情报机构与用户的关系为可及性（情报服务与用户之间的相互依赖关系）。情报机构的形象为合意性（情报产品的品牌和形象等都是有独特价值的）。❶

图3-20　情报用户体验的蜂窝模型

有用性（useful）。情报产品必须满足特定目标，并为情报用户带来利益。作为情报工作的实践者，不能仅仅满足于按照管理者的旨意行事，情报产品或者情报服务必须有勇气和创新能力去查看情报产品是否有用，有没有更有创造性的想法使方案、使情报产品更加有用。可用性（usable）。可用性可以解释为情报用户通过与情报产品的有效交互来实现情报用户的目的，并且让情报用户感到满意的能力。在可用性因素中，用户的直觉行为不能够被忽视，通常可用性通过情报产品的数次迭代来最终实现的。合意性（desirable）。情报产品的品牌和形象等都是有独特价值的。情报产品越理想，使用该产品的用户越会对这个产品进行高度评价，增加潜在情报用户选择的机会。可寻性（findable）。这意味着情报产品对于用户来说是很容易获得的。所有的情报产品要进行分级分类，并建立方便用户的导航网

---

❶ 李新，彭丹.传媒品牌塑造的"蜂窝模型"[J].传媒观察，2005(8)：24-26.

站，使得用户可以很迅速找到他们需要的东西。可及性（accessible）。可获取性是基于考虑特殊情报用户群体而言的，需要考虑每个人都可以充分体验情报产品的想法，要促使网站是高效运行，就必须考虑到特殊用户的需求特点。信任性（credible）。要使情报用户信赖情报产品，就必须保证用户对情报产品的预期用途产生信任。因此，要展现情报产品的特殊价值，而不是仅仅展现可用性，增强用户相信和信赖情报产品的程度。价值性（valuable）。情报产品应该能够创造价值，情报产品要取得成功，不仅仅需要有用性和可用性，提供的情报产品或服务必须让用户产生良好的感觉，提升客户的满意度，才能够给用户带来价值。

3.3.4　国家情报的价值获取——情报价值层面

情报价值层面，是国家情报价值获取的层面，这一层面的目标是实现情报价值的最大化，包括生产力战略和增长战略两大部分，为此要思考新价值的来源、提高用户价值的手段、增加价值的机会、提高资产的利用率。情报价值层面的生产力战略是一个复杂的战略体系，可分为宏观、中观、微观三个层次。宏观情报生产力战略是总战略，代表情报生产的整体布局，要思考新价值的来源；中观、微观的情报生产力战略都是其子战略，更多的是考虑提高用户价值的手段，中观生产力从横向看是各地区的情报生产力，微观生产力主要是指基层情报机构的特色情报服务。情报增长战略，首先要明确情报系统要聚焦什么样的服务，创造价值的机会是什么？其次要研究情报系统资源的部署和配置的模式，提高资产的利用率。

第一，情报生产力战略。就是要在提高情报生产力因素素质的同时，把各种生产力因素组合好，使各层次的生产力结构、规模、布局、时序合理化、优化，从而使情报生产力因素的潜力充分发挥出来，促进情报生产力在素质不断提高、结构不断完善的基础上更快地发展。

（1）情报工作一体化发展目标。始终围绕和服务于国家安全与发展，情报工作必须进行一体化建设。在大数据思想、大情报思想、总体国家安全观、开放思维的指导下，情报工作要实现协同创新发展、军民融合发展。

情报工作运筹调控机制研究

在总体国家安全观的指导下,在服务于国家创新、安全与发展目标的宗旨下,情报工作的一体化建设是有效发挥情报职能与情报智能的充分条件,也是协同创新发展、军民融合发展能否顺利进行的关键。

(2)情报工作统一的战略部署。情报工作的统一战略部署有利于增强情报系统的凝聚力和情报工作整体战斗力,产生情报工作的规模效应和聚合效应。总体国家安全观包括很多领域,在这每一个安全形态领域中都需要相应的情报工作提供智库服务。如果没有统一的战略部署,各领域情报工作会出现离散状态,阻碍总体国家情报工作目标的实现。因此,要打破情报工作这种各自为政的局面,从国家战略顶层设计出发,构建国家层面统一领导的情报体制,建立统一领导的国家情报中心,制定规范的情报工作相关标准,建立情报工作协作机制和网络平台,统一部署各领域情报工作,在保持各领域情报工作特色和相对独立性的前提下,消除认知与实践上的壁垒,激发情报工作一体化建设的联动效应。

(3)创建开放安全的系统环境。目前,公开情报战线的投入产出比高于秘密情报战线。"全源情报"逐渐取代了"单一来源"情报,大数据环境与技术发展,赋能情报信息获取能力,促进情报工作的多元化发展,尤其在总体国家安全观所构建的国家安全体系中,非传统安全形态的安全保障所需的情报信息大都来自开放系统的公开源情报。但同时,情报系统的开放性和公开性也存在潜在的安全隐患、隐私侵权、恶意舆论引导、非法获取和贩卖公民个人信息等,加剧了开放所引起的安全问题。因此,打造一个相对开放且安全的情报系统环境势在必行。

第二,情报增长战略。要参考英国著名政治学家苏珊·斯特兰奇(Susan Strange)的"结构性权力"理论。斯特兰奇认为,在国际秩序中,大国之间的竞争,主要是制定规则的权力,即结构性权力。首先要明确情报系统要聚焦什么样的服务,创造价值的机会是什么?在当前的大数据战略下,情报工作创造价值的机会(提升结构性权力)主要体现在数据获取与评估能力。其次,提升研究情报系统资源的部署和配置的模式,提高资产的利用率,同样是提升情报工作结构性权力的基础。

(1)加强数据获取与评估能力。情报治理是对情报工作的各种资源

（相关的组织、人员和信息资源）进行管控措施和制度的总称。❶ 情报治理的最终目标是提升情报机构和人员的情报能力，在大数据战略下，这种能力主要体现在数据获取与评估能力。在信息超载的情况下，对信息的获取、分析、挖掘和解读至关重要。信息技术的发展增强了信息获取能力，但智能化信息处理与情报搜集能力并不匹配，堆积在数据库中的大量信息，并不能发挥其应有的作用。因此，必须对数据和信息进行分析和综合，并产生"威胁和环境的知识"，进而产生情报，才会对决策起到支撑的作用。提升情报人员的信息获取和分析的能力，才能在大国之间竞争中，提升制定规则的权力，增加情报工作创造价值的机会。❷

（2）优化情报系统资源的部署和配置。有组织、有类别地对情报系统的资源进行统一的部署和配置，才能从整体上挖掘不同的情报领域所拥有的不同资源的潜力，消除不同系统情报人员认知之间的差别，让情报人员更好地理解国家情报对维护国家安全与发展的重要意义。促使军事情报、公安情报、经济情报、外宣情报、科技情报等进一步融合，形成一体化的国家情报体系和国家安全力量，满足落实总体国家安全观的战略需求。情报是一种宝贵的资源，更是人类社会的共同精神财富，在优化国内情报系统资源的部署和配置的时候，也要促进国家情报系统的国际合作。

3.4 《孙子兵法》指导下的国家情报战略布局

哲学家米歇尔·福柯（Michel Foucault）指出："谁控制了人们的记忆，谁就控制了人们行为的脉动。"❸ 国家情报战略运筹调控是历史与现实辩证、交互运动的过程。人类情报历史上建立先进的情报思想并开创情报事业的

---

❶ 王延飞,陈美华,赵柯然,等.国家科技情报治理的研究解析[J].情报学报,2018, 37(8):753-759.

❷ 曾忠禄.21世纪商业情报分析[M].北京:中国经济出版社,2018:4-5.

❸ 蔡莹.略论新时代社会主义意识形态建设[J].郑州师范教育,2018(6):1-8.

典型人物——孙武,他的《孙子兵法》包括"始计、作战、谋攻、军形、兵势、虚实、军争、九变、行军、地形、九地、火攻、用间"十三篇,其内容就是一套完整的情报理论体系,阐述了传统情报战争的核心理论与方法。❶《孙子兵法》囊括了古今情报工作所有可能的活动形态,指导我们研究情报工作的历史渊源、发展脉络、思想走向,增强情报工作的文化自信和价值观自信。基于《孙子兵法》文化软实力,寻找中国特色情报战略布局和运筹调控的思想源泉,结合时代要求厘清现实困局,创新情报工作,确定中国特色国家情报战略体系,丰富情报方法论,促进情报事业大发展。正如恩格斯所言:理论思维是支撑一个民族站在科学高峰的基石。❷ 所以,本书基于《孙子兵法》哲理研究国家情报工作的战略布局和运筹调控,希望用《孙子兵法》哲理指导我们铸造情报工作的利剑,以此纵横情报斗争的战场。

3.4.1 《孙子》哲理思想与文化支撑

《孙子兵法》作为国家情报体系构建的元理论,能够指导国家情报工作的技术融合、业务融合、数据融合,实现跨越地域、系统、部门、业务、层级的协同情报管理和服务,在社会安全态势感知、舆论沟通渠道畅通、政府决策施政等方面提供思想和文化支撑。

第一,《孙子兵法》被奉为情报工作圭臬。"圭臬"一词的含义,根据《现代汉语词典》(第7版)和《汉语大词典》的解释:"圭臬是指土圭和水臬,古代测日影、正四时和测度土地的仪器。也借指人们的行为准则。"❸《孙子兵法》中蕴含的整体性、系统性和辩证性的东方思维,是现代情报工作的智慧来源,《孙子兵法》的思想精髓能超越时间与空间的限制,在新的时代背景下依然具有熠熠光彩的时代特色。❹ 其广泛应用于社会生活的各个

---

❶ 赵冰峰.论中国情报学派的兴起与发展[J].情报杂志,2016,35(4):1.
❷ 马克思恩格斯文集(第9卷)[M].北京:人民出版社,2006:437.
❸ 杨芳,高玉林."奉为圭臬"缘何屡被用错?[J].语文建设,2018(36):59-60.
❹ 汪涛.孙子军事欺骗思想对美国情报理论研究的影响[J].滨州学院学报,2012,28(2):41-48.

领域，特别是在其战略上的应用保持经久不衰的态势。❶《孙子兵法》以"谋"为核心的全胜战略思维、谋形造势的战略运筹思想等，对现代情报工作的布局和运筹调控具有深刻的指导意义。❷ 融汇《孙子兵法》的智慧，挖掘其现代价值，对指导我们构建总体国家安全观统领的情报体系具有重要的启示作用。❸

第二，《孙子兵法》激发国家情报工作的实力。迈克尔·汉德尔（Michael I. Handel）作为美国著名的情报研究专家，在其著作《情报与军事行动》中直接或间接引用到《孙子兵法》中的相关内容，强调《孙子兵法》思想在情报工作的重要作用。❹ 担任美国国会情报事务监督管理官员的安杰罗·考德维拉（Angelo Codevilla）也在其著作《明晓治国方略：新世纪的情报》引用《孙子兵法·用间篇》中的思想，阐释《孙子兵法》反情报工作中的重要作用——"五间之事，主必知之，知之必在于反间，故反间不可不厚也"。❺ 国内外学者还有很多著作专门研究《孙子兵法》思想在情报工作和反情报工作中的应用❻，《孙子兵法》作为情报问题的专著，在研究国家情报工作的硬实力和软实力方面同样具有强大作用。❼《孙子兵法》在发挥文化吸引力的同时，正在不断推动国家情报工作从竞争对立走向和谐。❽

---

❶ 付红红.日本《孙子兵法》研究百年综述[J].滨州学院学报,2014,30(5):79-83.
❷ 刘春志.《孙子兵法》对信息时代战争形态的影响与启示[J].滨州学院学报,2005(5):47-52.
❸ 包昌火,马德辉,李艳,等.我国国家情报工作的挑战、机遇和应对[J].情报杂志,2016,35(10):1-6,17.
❹ HANDEL M I. Intelligence and Military Operation[M]. Portland:FRANK CASS,1990.
❺ CODEVILLA A. Informing Statecraft:Intelligence for a New Century[M]. New York:Free Press,1992.
❻ HANDEL M I. Masters of War-Classical Strategic[M]. Portland:FRANK CASS,1992.
❼ 张国祚.文化软实力研究[J].中国高校社会科学,2015(1):42-45,157.
❽ 霍桂桓.文化软实力的哲学反思[J].学术研究,2011(3):13-18.

3.4.2 《孙子兵法》指导下的国家情报"三维"布局

维护国家安全与发展的情报工作,不仅需要硬实力的提升,更需要文化软实力的支撑。❶ 以《孙子兵法》的文化精髓作为国家情报工作安全体系构建的哲学体系的元理论,依据总体国家安全观的要求,建构总体国家安全观视域下的国家情报工作战略布局,如图3-21所示。

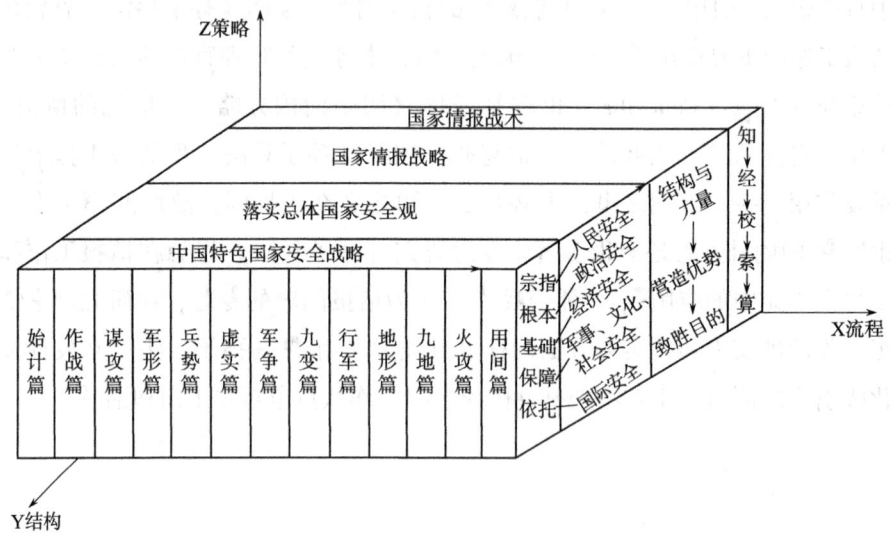

图3-21 基于《孙子兵法》的"三维"情报战略布局

第一,《孙子兵法》智慧思维流程维度。X轴是指《孙子兵法》的智慧思维流程维度,借鉴《孙子兵法》十三篇的思想精髓,制定出"不战而屈人之兵"的国家情报战略布局;《始计篇》比较情报对手和情报对象的各种条件,在估算情报战胜负可能性的基础上,制定国家情报工作战略。《作战篇》里的"作战"并不是指真正的情报对抗,而是指情报战前的筹划。《谋攻篇》是以智克力,谋求战胜情报对手的方法和策略。《军形篇》是对敌我双方情报工作的各种有形与无形资源的分析。《兵势篇》是在《军形篇》各

---

❶ 曲青山. 关于文化自信的几个问题[J]. 中共党史研究,2016(9):5-13.

种资源分析的基础上，重点研究激发各种资源的最大潜力。《虚实篇》研究如何造成我强敌劣情报态势。《军争篇》讲的是如何夺取情报战的先机。《九变篇》讲的是情报工作的战略与战术的合理运用。《行军篇》是如何在具体的情报工作中观察详细情况。《地形篇》是依据情报作战地形而改变为相应的战术。《九地篇》依"主客"形势和深入情报对手的程度，来配合相应的战术要求。特殊战法中的《火攻篇》的"火"并不仅代表自然界的"火"，更是指运用所有自然的力量战胜对手。《用间篇》是情报侦查的重要篇章，强调五种间谍配合使用，提升情报获取的实力。总之，X 轴借鉴《孙子兵法》的兵学智慧，进行国家情报战略布局和调控。

第二，国家安全情报战略结构维度。如图 3-21 所示。Y 轴是国家安全情报战略结构维度。国家安全委员会制定国家安全情报战略，国家情报战略强调要落实总体国家安全观，实现军事情报、外宣情报、公安情报、经济情报、科技情报等的融合。[1] 国家情报战略营造各种保障国家安全的情报工作优势，指导制定各种情报工作战术，维护政治、军事、文化等领域的安全[2]，满足国家总体战略和重大决策的情报需求，为重塑国家竞争优势，提升政府治理能力提供"一体化"情报支持。[3]

第三，国家安全情报认知行动策略维度。Z 轴是国家安全情报认知行动策略维度。在国家安全情报体系中，执行主体（完成国家情报工作的机构）包括情报认知部门和实践部门。其中的情报认知部门由情报侦查和情报分析部门组成，情报实践部门由情报设计（咨询、谋略、智库等）和情报行动（隐蔽行动、统战、战略传播、外宣等）部门组成。因此，在情报行动之前，情报认知部门要先进行侦查和分析，制定情报行动部门的行动策略。围绕情报行动流程体系构建"知""经""校""索""算"五个层面的认知行动策略。国家情报认知部门的情报主体要对自身及情报客体（包括情报

---

[1] 张家年,马费成.总体国家安全观视角下新时代情报工作的新内涵、新挑战、新机遇和新功效[J].情报理论与实践,2018(7):1-6,13.

[2] 马德辉,黄紫斐.美国《国家情报战略》的演进与国家情报工作的新变化、新特点与新趋势[J].情报杂志,2015,34(6):1-4,11.

[3] 张家年,马费成.我国国家安全情报体系构建及运作[J].情报理论与实践,2015,38(8):5-10.

对象和情报对手两部分）控制，即要预先对情报客体的进攻或防御进行预测，并迅速转变为对情报客体的控制或反控制，同时在情报行动过程中，情报认知体系作为国家安全情报系统的反馈部分，及时反馈情报对手的干扰行为，并通过设计情报策略来对情报目标和情报对手的行为实施激励与补偿，塑造情报活动场域的环境，使得情报客体的活动朝我方设定的目标演变，此时的情报认知优势必将转化为情报行动对抗优势实现情报工作维护国家安全的目的。国家安全情报战略结构如图3-22所示。❶

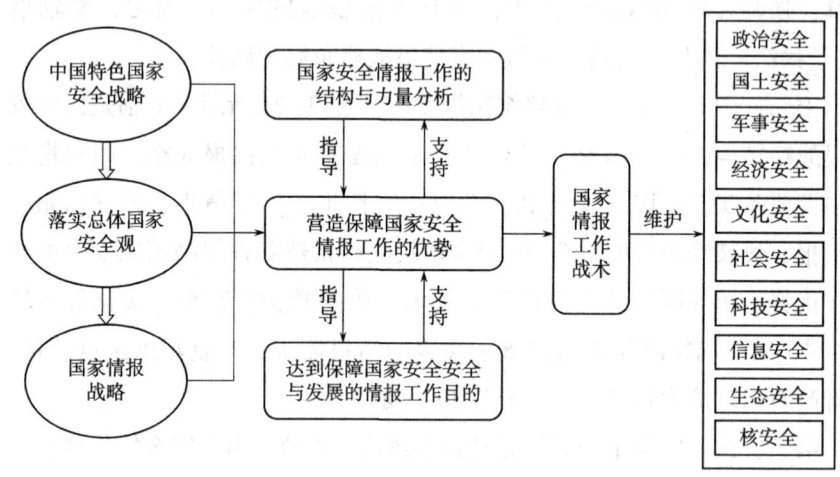

图3-22 国家安全情报战略结构

3.4.3 力量与结构的系统分布

情报战略运筹调控主要解决国家情报力量的部署和运作问题，以《孙子兵法》哲理为指导，构建基于《孙子兵法》逻辑系统的战略运筹调控机制模型，如图3-23所示。要观察国际安全形势，运用《孙子兵法》的"战略运筹""作战指挥""战场机变""军事地理""特殊战法"实现"造形"与"治气"，激发文化软实力主导性在情报治理中的作用，构建国家情报治理的系统工程化的建设模式和管理模式，营造国家情报活动的优势，最后

---

❶ 赵冰峰.情报论[M].北京:兵器工业出版社,2011:27,52,99.

形成新一代国家情报能力构成,从而实现国家情报体系运行的科学化与现代化。[1]

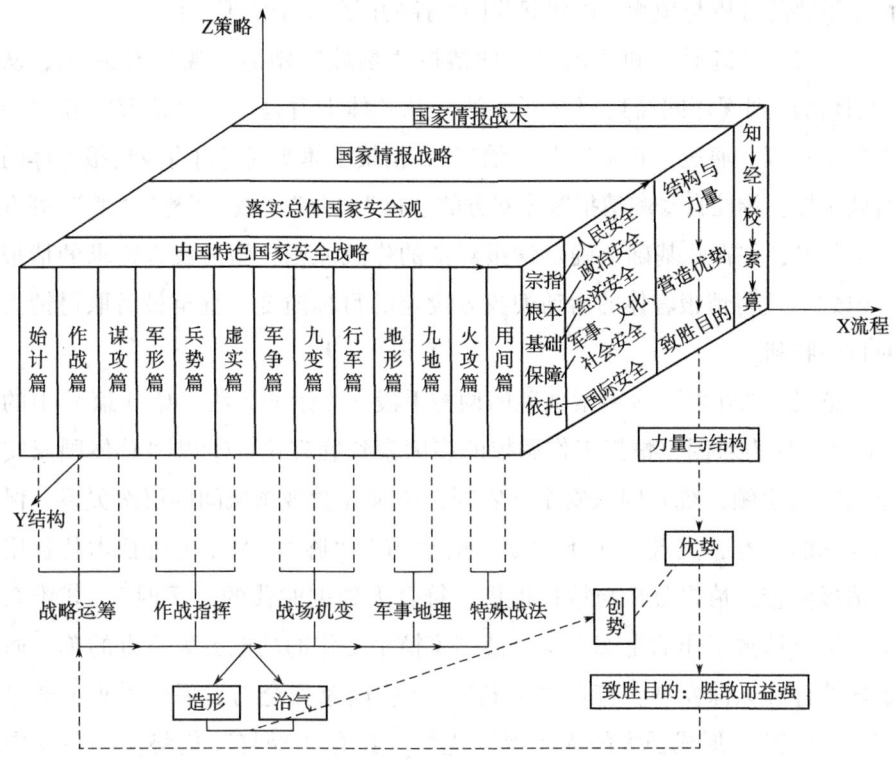

图 3-23 基于《孙子兵法》逻辑系统的运筹调控机制模型

第一,力量与结构的系统运筹。要应用《孙子兵法》中《始计篇》的"五事""七计"的多维思考模式,构建起"择天取人""审时度势""因敌尚变"的全胜国家情报运筹思想体系。[2] 要把《孙子兵法》中《作战篇》的战前的准备和筹划思想,应用到国家情报工作的资源配置领域,统筹各

---

[1] 赵冰峰.情报运筹与调控及其在中国国家情报领域国际化中的应用[J].情报杂志,2018,37(8):12-17.
[2] 孙瑞英,马海群.总体国家安全观视域下中国特色的国家情报体系构建研究[J].情报资料工作,2019,40(1):33-43.

方面的情报力量。❶ 要把《孙子兵法》的《谋攻篇》思想运用在国家情报战略运筹上，要"以智驭力""致人而不致于人"，"谋"求对国家安全与情报形势的分析与预测，构建起我国可控的国际安全治理平台。

第二，"造形"和"治气"的情报"场域"塑造。观察图3-24，从《始计篇》到《用间篇》，《孙子兵法》从总体上看是一个"造形"和"治气"的过程。通过"造形"与"治气"，情报主体实现对自身及情报客体的有效调控，调控自身和情报客体双方的"度""量""数""称""胜"等方面的信息，并在此基础上确定情报对抗的作战原则，塑造我方需求的情报"场域"，使得情报客体的活动朝我方设定的目标演变，直至最后取得情报对抗的胜利。

第三，"五事"多因素致胜的调控手段。《孙子兵法·始计篇》中的"五事"代表对国家情报工作调控的多因素致胜理论。①以"总体国家安全观"为引领，统筹国家安全在宏观、中观和微观领域间的层次关系，保障人民的利益，实现"上下同欲"的"道""胜"。②用先进技术装备用于情报侦查、情报分析与情报提供，符合大数据时代的"天时"。③维系整个国家情报工作的生态平衡，使国家情报工作的功能突破原有的单一而走向综合和纵深发展，符合"地利"。④应国家安全与发展的需求，通过"择人任势"，形成强大的人才保障优势，具有"择将"优势。⑤在《中华人民共和国国家情报法》的规范下，建成国家安全防御情报组织网，注重建立国际合作关系，提升国际合作安全防护的能力等，实现"保法"。❷ 基于"五事"的国家情报运筹调控手段，能够激发"客观"和"主观"两大系统的潜力，实现对情报客体的有效控制，达成"胜敌而益强"的情报对抗目标。

---

❶ 张家年,马费成.总体国家安全观视角下新时代情报工作的新内涵、新挑战、新机遇和新功效[J].情报理论与实践,2018(7):1-6,13.

❷ 胡雅萍,潘彬彬.Intelligence视角下的美国情报学研究进展——以Studies in Intelligence解密文献为例[J].情报杂志,2014(1):6-10.

参考文献

[1] 单东.国家情报战略概念及其构成要素论析[J].情报杂志,2016,35(1):8-11.

[2] 高金虎.论国家安全情报工作——兼论国家安全情报学的研究对象[J].情报杂志,2019,38(1):1-7.

[3] 马费成,李志元.新文科背景下我国图书情报学科的发展前景[J].中国图书馆学报,2020,46(6):4-15.

[4] 高金虎.战略欺骗、隐蔽行动与国家安全态势塑造[J].公安学研究,2020,3(4):2-17,123.

[5] 曾忠禄,张冬梅.情景分析法在美国"预见情报"中的运用[J].情报学报,2013(2):163-170.

[6] 马海群,韩娜,孙瑞英,等.美国国家情报战略演进分析[J].情报杂志,2021,40(11):1-7.

[7] 柯平.迎接下一代情报学的诞生——情报学的危机与变革[J].情报科学,2020,38(2):3-10.

[8] 马海群,张涛,张斌.开源情报视阈下的国家情报工作制度创新研究[J].现代情报,2022,42(1):33-39.

[9] 曹树金,曹茹烨.基于研究主题和引文分析的信息资源管理学科发展探究[J].信息资源管理学报,2023,13(2):12-29.

[10] 谢晓专,高金虎.中国国家安全情报学术史(1949—1999年):历史范式主导的情报论[J].情报理论与实践,2020,43(4):24-31.

[11] 马天,罗彪.国家安全情报的系统论观察[J].情报探索,2022,(12):39-46.

[12] 蒋伟伟,肖连杰.我国经济情报研究方法体系分析与探究[J].科技情报研究,2022,4(2):37-48.

[13] 方玲,尹龙平.新时代科技情报信息服务模式研究[J].图书情报导刊,2022,7(11):74-77.

[14] 华松逸,张煜晨,季鹏飞,吴志玲.新形势下国有企业科技情报工作创新研究[J].竞争情报,2023,19(1):31-36.

[15] 王琳,赖茂生.中国科技情报事业回顾与展望:基于情报学理论的视角[J].中国图书馆学报,2021,47(4):28-47.

[16] 安璐,葛鑫.反恐怖主义情报信息工作关联资源及其配置研究[J].情报科学,2019,37(8):56-64.

[17] 李本先.人工智能技术在反恐情报中的应用[J].情报杂志,2022,41(12):170-175.

[18] 梅建明.信息化时代反恐情报工作的创新、挑战与启示:基于对美国的分析[J].情报杂志,2020,39(11):1-8.

[19] 中华人民共和国国民经济和社会发展第十四个五年规划和2035年远景目标纲要[N].人民日报,2021-03-13(001).

[20] 苏新宁.不忘初心、牢记使命展望情报学与情报工作的未来[J].科技情报研究,2019,1(1):1-12.

[21] 王知津.大数据时代情报学和情报工作的"变"与"不变"[J].情报理论与实践,2019,42(7):1-10.

[22] 杨国立.国家战略背景下情报学发展探析[J].情报学报,2022,41(7):762-773.

[23] 苏新宁.大数据时代情报学学科崛起之思考[J].情报学报,2018,37(5):451-459.

[24] 李品,杨建林,杨国立.作为科技发展先行者的情报体系理论框架研究[J].情报学报,2019,38(2):111-120.

[25] 李少军.国际政治学概论(第五版)[M].上海:上海人民出版社,2019.12.

[26] 李捷.内外联动视域下我国国家安全形势分析[Z/OL].(2020-06-02)[2023-07-04].https://k.cnki.net/CInfo/Index/5848.

[27] 李稻葵,厉克奥博,等."防过冷":宏观经济治理的基础性任务——2023年上半年中国经济形势分析与下半年经济发展展望[J].改革,2023(6):54-72.

[28] 张晓晶,汪勇.社会主义现代化远景目标下的经济增长展望——基于潜在经济增长率的测算[J].中国社会科学,2023(4):4-25.

[29] MORCOM V. Scaffolding social and emotional learning within "shared affective spaces" to reduce bullying: a sociocultural perspective[J]. Learning, Culture and Social Interaction,2015(6):77-86.

[30] 孙雨,孟维杰.社会文化理论视域下大学生网络欺凌的难题与破解[J].苏州大学学报(教育科学版),2022,10(3):89-95.

[31] 赵远.关于我国反恐刑法的反思与完善[J].公安学研究,2020,3(1):84-108,124.

[32] Office of the Deputy Assistant Secretary of the Army(Research & Technology). Emerging science and technology trends:2016-2045[R/OL].(2016-04-01)[2019-01-09]. https://max.book118.com/html/2019/0109/8117032117002000.htm.

[33] 郭秦茂.论国家情报体制的法律建构——基于《国家安全法》与《反恐怖主义法》的视角[J].情报杂志,2016,35(6):19-22,28.

[34] 曾文,王卓昊,张昱.论复杂信息环境下的科技情报技术基础建设[J].情报学报,2022,41(12):1238-1247.

[35] 胡志丁,曹原,刘玉立,等.我国政治地理学研究的新发展:地缘环境探索[J].人文地理,2013,28(5):123-128.

[36] 黄梓航,蒋秉川,万刚,等.地缘环境知识建模方法及应用分析[J].地域研究与开发,2022,41(4):1-6,25.

[37] 申华.军事情报学学科发展的前瞻性思考[J].情报杂志,2023,42(4):1-5,13.

[38] 马海群,邹纯龙,王今.总体国家安全观下国家情报评估制度的基本逻辑研究[J].图书情报工作,2022,66(2):4-12.

[39] 赵志耘.论复杂信息环境下的科技情报卓智赋能[J].情报学报,2022,41(12):1229-1237.

[40] 黄贵.黄金圈法则与公司学习与发展创新实践[J].中国培训,2016(12):298.

[41] 包昌火,等.我国国家情报工作的挑战、机遇和应对[J].情报杂志,2016.35(10):1-6.

[42] 高金虎.试论国家情报体制的管理——基于美国情报界的考察[J].情报杂志,2014.33(2):1-5.

[43] 汪明敏,谢海星,蒋旭光.美国情报监督机制研究[M].北京:光明日报出版社,2013:10-29.

[44] 郭秦茂.论国家情报体制的法律建构——基于《国家安全法》与《反恐怖主义法》的视角[J].情报杂志,2016,35(6):19-22,28.

[45] 申姝婧,杨建林."数智赋能"及其背景下的情报思维培养[J].情报学报,2023,42(4):465-476.

[46] 郑荣,高志豪,魏明珠,等.基于联盟区块链的产业应急情报协同共享模式研究——以半导体产业应对"四川限电"应急场景为例[J].图书情报知识,2022,39(5):67-81.

[47] 张桂蓉,雷雨,王秉,等.数智赋能的应急情报协同体系研究[J].现代情报,2022,42(11):150-157.

[48] 雷雨,张桂蓉,王秉,等.应急情报协同失灵模型研究[J].情报理论与实践,2022,45(10):90-95.

[49] 李明,贺伟,丁本洲.基于S2B模式的小微企业竞争情报多元协同供给机制研究[J].情报科学,2018,36(12):52-56.

[50] 李同昇,黄晓军.新时代国别地理研究的若干思考.世界地理研究,2020,29(5):875-882.

[51] 刘策.基于战略地图理论企业价值创造策略分析与评价——以地市级移动公司为例[J].中国集体经济,2022(32):95-97.

[52] 罗伯特·J.巴罗,哈维尔·萨拉伊马丁.经济增长[M].何晖,刘明兴译,北京:中国社会科学出版社,1995.

[53] 刘伟,张立元.经济发展潜能与人力资本质量[J].管理世界,2020,36(01):8-24,230.

[54] 杨国立,李品.总体国家安全观背景下情报工作的深化[J].情报杂志,2018,37(5):52-58.

[55] 苏新宁.大数据时代情报学与情报工作的回归[J].情报学报,2017,36(4):331-337.

[56] 邓三鸿,郭骅.情报学与情报工作发展论坛(2017)隆重召开并凝聚形成《南京共识》[J].图书情报知识,2017(6):125-127.

[57] 陈峰.竞争情报与中国和平崛起[J].情报杂志,2016,35(11):60-65.

[58] 《关于深化教育体制机制改革的意见》摘要[J].陕西教育(高教),2017(10):81.

[59] 赵志耘."十四五"科技情报创新的思考[J].信息资源管理学报,2021,11(6):4-9.

[60] 曾忠禄.21世纪商业情报分析[M].北京:中国经济出版社,2018:109.

[61] 赵冰峰.论国家情报体系的基本属性、系统运筹与对外政策[J].情报杂志,2018,37(2):1-7.

[62] 彭知辉.情报流程研究:述评与反思[J].情报学报,2016,35(10):1110-1120.

[63] 刘文轩,左薇.虚拟团队管理探析——以麦肯锡7S模型为思维框架[J].产业创新研究,2023(11):150-152.

[64] 李明,豆洪清,贺伟.小微企业竞争情报精准定制服务体系构建与运营策略研究[J].情报科学,2023,41(5):115-123.

[65] 刘毅,夏怡璇,曾佳欣.基于AARRR模型的图书直播营销用户运营策略研究[J].出版发行研究,2021(6):44-53.

[66] 曾忠禄.21世纪商业情报分析[M].北京:中国经济出版社,2018:234-236.

[67] 张晓军.美国军事情报理论研究[M].北京:军事科学出版社,2007:57.

[68] 刘佳,彭鹏,黄雨微.面向科技创新的科技信息服务生态链模型构建研究[J].现代情报,2019,39(6):32-37.

[69] 雷帅,李晓松,陈敬一.系统动力学视角下国防科技信息工作体系建设研究[J].情报理论与实践,2021,44(2):103-108,49.

[70] 罗威,谭玉珊,罗准辰.国防科技信息大数据开发利用:问题、框架与实践[J].情报理论与实践,2018,41(12):27-30,45.

[71] 赵志耘,曾文,王忠军,等.需求导向的中国科技情报研究方法探索与思考[J].情报学报,2022,41(1):1-9.

[72] 吴素研,吕志坚,吴江瑞,等.科技情报大数据业务平台设计[J].现代情报,2018,38(1):131-135.

[73] 董文轩,姚晗,晏裕生,等.新形势下国防科技智库信息资源建设模式研究[J].智库理论与实践,2021,6(2):33-39,55.

[74] 刘慧南,邹纯龙,王今.新型举国体制下我国科技情报工作制度构建研究[J].现代情报,2022,42(12):73-82.

[75] 王新清,李响.美国电子监控与情报搜集制度研究——兼论我国反恐情报与技术侦查制度的完善[J].中国刑事法杂志,2017(1):94-112.

[76] 严怡民.情报学概论(修订版)[M].武汉:武汉大学出版社,2000:273.

[77] 李本先,张薇.反恐情报2.0:互联网时代的反恐情报体系[J].情报杂志,2017,36(10):17-21.

[78] 李本先,梅建明,张薇,等.对反恐情报体系构建中几个问题的思考[J].情报杂志,2014,33(12):1-5.

[79] 李会明.美国国家公开情报研究中心[J].国际资料信息,2008(6):29-31.

[80] 李新,彭丹.传媒品牌塑造的"蜂窝模型"[J].传媒观察,2005(8):24-26.

[81] 王延飞,陈美华,赵柯然,等.国家科技情报治理的研究解析[J].情报学报,2018,37(8):753-759.

[82] 曾忠禄.21世纪商业情报分析[M].北京:中国经济出版社,2018:4-5.

[83] 蔡莹.略论新时代社会主义意识形态建设[J].郑州师范教育,2018(6):1-8.

[84] 赵冰峰.论中国情报学派的兴起与发展[J].情报杂志,2016,35(4):1.

[85] 赵冰峰.论情报(上)——情报思想的历史考察与情报概念[J].情报杂志,2015,34(7):2-3.

[86] 马克思恩格斯文集(第9卷)[M].北京:人民出版社,2006:437.

[87] 习近平.在联合国教科文组织总部的演讲[EB/OL].(2014-03-28)[2022-10-18].https://www.gov.cn/xinwen/2014-03/28/content_2648480.htm.

[88] 杨芳,高玉林."奉为圭臬"缘何屡被用错?[J].语文建设,2018(36):59-60.

[89] 汪涛.孙子军事欺骗思想对美国情报理论研究的影响[J].滨州学院学报,2012,28(2):41-48.

[90] 付红红.日本《孙子兵法》研究百年综述[J].滨州学院学报,2014,30(5):79-83.

[91] 刘春志.《孙子兵法》对信息时代战争形态的影响与启示[J].滨州学院学报,2005(5):47-52.

[92] 包昌火,马德辉,李艳,等.我国国家情报工作的挑战、机遇和应对[J].情报杂志,2016,35(10):1-6,17.

[93] HANDEL M I. Intelligence and Military Operation[M]. Portland:FRANK CASS,1990.

[94] CODEVILLA A. Informing Statecraft:Intelligence for a New Century[M]. New York:Free Press,1992.

[95] HANDEL M I. Masters of War-Classical Strategic[M]. Portland:FRANK CASS,1992.

[96] 张国祚.文化软实力研究[J].中国高校社会科学,2015(1):42-45,157.

[97] 霍桂桓.文化软实力的哲学反思[J].学术研究,2011(3):13-18.

[98] 曲青山.关于文化自信的几个问题[J].中共党史研究,2016(9):5-13.

[99] 张家年,马费成.总体国家安全观视角下新时代情报工作的新内涵、新挑战、新机遇和新功效[J].情报理论与实践,2018(7):1-6,13.

[100] 马德辉,黄紫斐.美国《国家情报战略》的演进与国家情报工作的新变化、新特点与新趋势[J].情报杂志,2015,34(6):1-4,11.

[101] 张家年,马费成.我国国家安全情报体系构建及运作[J].情报理论与实践,2015,38(8):5-10.

[102] 赵冰峰.情报论[M].北京:兵器工业出版社,2011:27,52,99.

[103] 赵冰峰.情报运筹与调控及其在中国国家情报领域国际化中的应用[J].情报杂志,2018,37(8):12-17.

[104] 孙瑞英,马海群.总体国家安全观视域下中国特色的国家情报体系构建

研究[J].情报资料工作,2019,40(1):33-43.

[105] 张家年,马费成.总体国家安全观视角下新时代情报工作的新内涵、新挑战、新机遇和新功效[J].情报理论与实践,2018(7):1-6,13.

[106] 胡雅萍,潘彬彬.Intelligence 视角下的美国情报学研究进展——以 Studies in Intelligence 解密文献为例[J].情报杂志,2014(1):6-10.

第 4 章

国家情报工作战略运筹与调控

《中华人民共和国国家情报法》指出中央国家安全领导机构对国家情报工作实行统一领导，规划国家情报工作整体发展，建立健全国家情报工作协调机制，统筹协调各领域国家情报工作。国家情报工作以影响国家安全的因素为研究对象，以保障国家安全决策为目的，以全局性和战略性国家安全议题为内容。[1] 国家情报战略运筹调控是历史与现实辩证、交互运动的过程，对国家情报工作的发展具有重要意义。[2] 情报运筹即情报力量的运筹，情报机构依照情报职能对情报力量整体统筹和对外使用，是国家情报体系相对于情报防御功能的情报进攻。本书通过文献统计分析和生命周期理论，对 2012—2023 年情报工作运筹与调控的文章进行梳理和分析，从认知客体和环境、联合同盟、抑制对手、激励目标四个视角，把握情报运筹与调控领域的研究内容，并分析研判主题发展趋势。通过分析赵冰峰提出

---

[1] 高金虎. 论国家安全情报工作——兼论国家安全情报学的研究对象[J]. 情报杂志,2019,38(1):1-7.

[2] 孙瑞英. 面向文化自信的中国特色国家情报战略运筹研究——基于《孙子兵法》的"三维"战略布局[J]. 现代情报,2020,40(7):43-51.

的"情报运筹四大策略组合",对"情报体系框架、冲突形势分析、情报空间与资源优化、情报侦查、情报分析与情报设计、情报行动、情报决策与控制、情报活动优化、情报体系效能评估、情报仿真与模拟"十个板块,以不同主题进行分类检索。❶

以中国知网为数据库,来源类别选取全部期刊,选取时间为2012—2023年,检索时间为2023年5月20日。系统梳理和归纳相关文章研究内容、代表性观点和学科研究特点,按不同研究视角对其分别运用NoteExpress进行数据可视化。首先,从"认知客体和环境"角度,以"情报侦查、情报分析、情报仿真与模拟"为主题词检索国内发文和研究情况。其次,从"抑制对手和激励目标"的角度,以"情报设计、情报行动、情报活动优化"为关键词进行搜索,梳理国内相关研究情况。最后,从"联合同盟"角度,以"情报体系框架、情报体系效能评估"等为主题词进行搜索。得到1040篇相关文献,人工筛选剔除后,最终选取992篇中文文献作为研究对象。

三类主题2012—2023年间发文量如图4-1所示。"认知客体和环境"类主题研究较多,前期呈现波动上升态势,后期趋于稳定发展;"联合同盟""抑制对手和激励目标"主题相关研究较少,起步较晚,整体呈上升趋势。

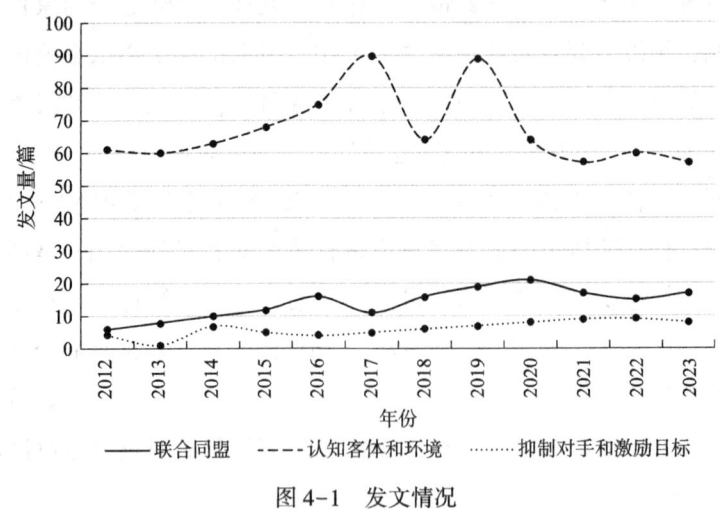

图4-1 发文情况

---

❶ 赵冰峰.情报运筹与调控及其在中国国家情报领域国际化中的应用[J].情报杂志,2018,37(8):12-17.

生命周期理论反映了事物从产生、发展、成熟到消亡的过程,学科领域研究主题的演化同样遵循这一过程。[1]

由于"认知客体和环境"主题在2012年前就已有相关研究,故不存在萌芽期阶段,历时多年研究和分析已进入发展期或成熟期(情报分析在1978—2011年已有500多篇相关文章,为后人研究奠定了基础)。

表4-1 主题生命周期发展

主题阶段	认知客体与环境	抑制对手与激励目标	联合同盟
萌芽期			2012—2015年
缓慢发展期	2012—2016年	2012—2018年	2016—2018年
快速发展期	2017—2019年	2018—至今	2019—至今
成熟期	2020—至今		

基于认知客体和环境的代表性研究观点如表4-2所示。图书情报领域在该主题的研究中占比较多,重点基于情报研究、情报工作、大数据等视角,结合实证研究、文献计量等方法对情报分析模型、体系、理论发展等主题展开研究。计算机领域侧重于网络安全和大数据两个维度,结合自然语言处理、可视化技术、数据挖掘、模型、算法等技术对情报分析展开应用研究。

大数据视角下,学者基于网络安全和情报分析、人才培养、企业竞争情报分析等角度进行相关研究。情报学视角下,部分学者基于不同研究对象对情报学主题发展和演化趋势进行透视,不再局限于单一的学术论文,如近年来召开的会议、学术出版物、论文著作等。

抑制对手和激励目标主题选取"情报设计、情报行动和情报活动优化"作为主题词进行检索,由于"情报设计和情报行动"的代表性文章只有赵冰峰的《论情报设计及情报行动在情报活动中的意义》,其描述情报设计及情报行动与情报活动的逻辑关系并构造了新的情报循环模型,故研究对象主体为情报活动优化。基于情报活动优化的代表性研究观点如表4-3所示。

---

[1] 杜薇薇.中国科技报告研究之60年:发展阶段、主题与特点[J].情报科学,2023,41(1):110-117.

该主题理论研究较多，较少涉及技术应用。图书情报领域涉及应急情报优化、情报工作优化、情报服务优化等主题。公安领域涉及较多公安情报的研究，如公安机关情报工作体系建设、公安情报收集优化、公安情报流程优化、公安情报分类与优化等主题。在流程优化视角下，学者的研究集中于基于控制论建立公安情报流程模型和大数据背景下公安情报流程优化策略如表4-2所示。

表4-2　认知客体和环境研究代表性观点

研究内容	研究视角	代表性观点	学科研究特点
大数据	模型、体系构建	大数据环境下安全情报融合体系归纳为安全情报需求与安全情报系统的融合、安全情报分析与大数据技术的融合、安全情报分析融合、安全情报应用融合及人机融合❶	图书情报领域和计算机领域研究较多，部分涉及企业经济、公安、军事等领域，较少涉及金融、教育、自动化技术、政治等领域
大数据	理论研究	知识融合的发展阶段包括基于代理的知识融合、基于模式的知识融合、基于机器学习的知识融合❷	
情报学	研究进展	我国安全情报学研究成果主要包括安全情报学学科建设、分析理论和方法、工作与安全情报管理❸	
情报学	概念辨析	从数据对象、产出结果、分析起点、分析方法等维度探讨数据分析和情报分析的区别；数据分析是情报分析的基础，作为数据分析方法体系重要组成部分的大数据分析无法取代情报分❹	

---

❶ 黄玺,王秉,吴超.大数据环境下安全情报融合体系构建[J].情报理论与实践,2020,43(10):39-44.

❷ 李广建,罗立群.走向知识融合——大数据环境下情报学的发展趋势[J].中国图书馆学报,2020,46(6):26-40.

❸ 王秉.我国安全情报学研究回顾与展望[J].情报理论与实践,2020,43(12):163-171.

❹ 杨建林,李品.基于情报过程视角辨析情报分析与数据分析的关系[J].情报理论与实践,2019,42(3):1-6.

表 4-3　抑制对手和激励目标研究代表性观点

研究内容	研究视角	代表性观点	学科研究特点
流程优化	策略研究	构建出协同多方主体、合理共建共享、创新方式方法、统筹规划设计、优化布局结构等为基本内容的实践策略模型❶	图书情报和公安领域研究较多，主要涵盖应急情报优化路径、图书情报优化、公安情报优化等主题，部分涉及计算机、军事、经济等
情报流程	模型研究	借助控制论功能模拟方法构建公安情报流程模型❷	
情报流程	理论研究	公安情报流程建设存在问题：环节划分混乱、各环节之间存在交叉或脱节现象、不同参与主体之间缺乏有效互动、与其他业务工作未能有效衔接、存在封闭孤立现象❸	

效能指一个系统满足一组特定任务要求程度的能力（度量），或是系统在规定条件下达到规定使用目标的能力。余力等提出军事情报的效能是某一条情报或某一组情报对于特定军事活动的支持力度。❹ 军事情报效能评估指标体系是对军事情报效能本质、结构及其构成要素的客观描述。本书认为情报体系效能评估是对情报体系结构、各类构成要素及该体系实现目标的能力进行的客观评价。突发事件和应急管理情景下情报体系的研究有异曲同工之妙。突发事件视角下，学者基于计算机技术和案例分析，为推进应急管理体系和能力现代化提供支撑，构建大数据背景下的应急管理情报体系。应急管理视角下，包括基于 EA 理论的情报体系顶层设计，从组织模式、功能架构、技术架构等角度构建适应风险社会特征的应急管理情报体系等。

竞争情报视角下，包括情报体系模式构建，如互联网企业、智慧城市、

---

❶ 刘庆龄,王一伊,曾立.大国竞争下国防科技情报工作的优化策略研究[J].情报杂志,2022,41(10):1-8.

❷ 姜峰,谢川豫.基于控制论的公安情报流程优化研究[J].图书馆杂志,2019,38(2):17-24.

❸ 彭知辉.论大数据环境下公安情报流程的优化[J].情报杂志,2016,35(04):15-20.

❹ 余力,岳振军,梁坤泰.军事情报效能评估指标体系的构建[J].情报杂志,2010,29(S2):116-117,129.

政府、高校的反情报或竞争情报体系构建，以及国外竞争情报发展对我国企业的经验启示，如日本、韩国、美国、法国等。

表 4-4 联合同盟研究代表性观点

研究内容	研究视角	代表性观点	学科研究特点
突发事件	案例分析	建立基于区块链的粮食应急情报体系理论框架❶	行政学和图书情报领域研究较多，主要定性研究我国应急决策情报体系较少涉及计算机、医学、教育学、政治等领域
	影响因素	用户、技术、环境等因素影响应急情报系统服务能力❷	
	文献计量	提出"事实性数据+工具方法+专家智慧"的情报工程化服务模式，实现静态应急预案动态跟进❸	
竞争情报	模式构建	我国国家对外贸易竞争情报体系的建设模式应为政府、企业、中介三位一体的互动与融合模式❹	企业经济侧重企业竞争情报体系构建、图书情报领域研究企业、国内外竞争情报体系，较少涉及计算机、政治领域
	理论研究	从组织机构、人员及相关制度、应用技术等角度构建云计算环境下企业反竞争情报体系❺	
应急管理	协同治理	需从应急情报体系整体理念、制度设计、法律法规等方面推进政府应急情报协调❻	主要涉及图书情报和行政学，较少涉及医学和政治学
	主题分析	社会语义网、事件链和信息流形成应急情报体系的主题研究方法框架❼	

---

❶ 王琳.基于区块链的粮食应急情报体系构建研究[J].情报杂志,2023,42(6):124-130,207.

❷ 潘文文.政府应急情报系统服务能力影响因素研究[J].情报理论与实践,2020,43(4):74-81.

❸ 李阳,李纲.应急决策情报体系:历史演进、内涵定位与发展思考[J].情报理论与实践,2016,39(4):8-13.

❹ 李国秋,吕斌,徐丽华.论国家对外贸易竞争情报体系的组织结构和建设模式[J].情报杂志,2006(3):46-48.

❺ 王丹丹,李玉海.云计算环境下企业反竞争情报体系的构建研究[J].情报科学,2014,32(11):36-40,70.

❻ 杨巧云.整体性治理视域下的应急情报体系协调研究[J].情报理论与实践,2020,43(1):61-67,97.

❼ 李纲,叶光辉.网络视角下的应急情报体系"智慧"建设主题探讨[J].情报理论与实践,2014,37(8):51-55.

对情报运筹与调控的研究分为认知客体和环境、抑制对手、激励目标、联合同盟四个视角，分析相关主题研究热点（如表 4-5 所示）并展望发展趋势，旨在统筹国家情报工作协调发展，及时为突发行为和风险行为提供对策支持。

表 4-5　情报运筹与调控突变词发展趋势表

热点关键词	开始年	结束年	热度时间长度/年
竞争情报	2013	2016	4.42
智慧城市	2015	2016	2.07
智库	2016	2018	2.3
情报工作	2018	2023	4.73
网络安全	2017	2019	3.39
情报感知	2019	2022	3.8
知识图谱	2018	2023	5.19
国家安全	2019	2023	4.17
科技情报	2020	2023	3.91
开源情报	2021	2023	2.85

①开源情报，早期开源情报视角下，以对策研究和文献计量等理论研究为主。从 2020 年开始，相关研究逐渐增多，研究内容越来越丰富。当前的研究内容集中在开源情报开发利用的影响因素分析，人工智能技术对开源情报的影响，如 ChatGPT、AIGC 等技术的影响。研究表明，开源情报领域的研究热点集中在对境外开源情报领域的研究、新兴技术在开源情报领域的应用研究、对开源情报感知能力和数据资源的研究。❶ 我国开源情报研究发展潜力巨大，未来应全方位研究国外开源情报体系发展，以及新技术在开源情报领域的应用和问题分析，同时考虑新兴技术的应用和风险并存情况下，开源情报体系的构建。

②情报工作，早期情报工作以科技情报工作为主，发挥"耳目、尖兵、

---

❶ 寇静行，林阳.国内开源情报研究热点分析与展望[J].情报探索，2023，303(1)：119-126.

参谋"的作用。当前的情报工作需主动探索科技发展、行业发展、为国家及各行各业提供有价值的情报，以维护国家安全为宗旨，以服务国家战略需求为目的，以"引领"的新姿态为国家及各行业提供决策支持，能够站在科技最前沿指明发展方向，着重实践和理论研究相结合，并构建具有中国特色的情报工作体系。❶

③国家安全视角下的情报研究，2014年提出"总体国家安全观"，2015年颁布的《中华人民共和国国家安全法》为维护国家安全提供了法律保障。目前在国家安全视角下情报工作研究内容更为丰富，如国外情报机构系统、情报行动、国内应急情报分析等。总体国家安全观下，面向国家安全的情报工作或应急情报体系研究较多。

《孙子兵法》中的"不战而屈人之兵"的运筹调控智慧是情报对抗中值得借鉴和学习的，研究《孙子兵法》中涵盖的传统情报战争核心理论方法，基于文化软实力，寻找到中国特色情报战略调控的思想源泉，结合时代要求继承创新（本书这部分引用了司马智人编著的《活解活用·孙子兵法》）。❷ 基于"总体国家安全观"的国家安全大思路，从《孙子兵法》的"知""经""校""索""算"五步调控，探索中国特色国家情报战略调控所应突破的创新路径。在此基础上，构建中国特色国家情报战略的运筹调控机制。运用《孙子兵法》的智慧，对国家情报工作进行统筹规划设计，在加强统一领导和全国统筹协同下建立国家情报体系❸，促进国家战略和国防战略统一协调，为重大战略性部署实施提供情报支持，促进国家在大国竞争中行稳致远。

近年来，以美国政府为首的西方世界对中国展开了咄咄逼人的攻势。例如，在关税问题、中国的国际贸易、知识产权、金融汇率、石油进出口、高科技产业等领域有意动作，中国的安全与发展遭受到巨大的冲击。国家

---

❶ 苏新宁.不忘初心、牢记使命展望情报学与情报工作的未来[J].科技情报研究，2019,1(1):1-12.

❷ 司马智人.活解活用孙子兵法[M].北京:中国致公出版社,2005,8.

❸ 陈峰.美国扩大出口管制实体清单对中国科技的影响和对策[J].情报杂志，2022,41(8):1-17,23.

情报处于国家战略层面，国家情报工作的本质属性是决策支撑性。[1]《中华人民共和国国家情报法》总则第二条规定："国家情报工作坚持总体国家安全观，为国家重大决策提供情报参考，为防范和化解危害国家安全的风险提供情报支持，维护国家政权、主权、统一和领土完整、人民福祉、经济社会可持续发展和国家其他重大利益。"因此，国家情报工作以涉及国家安全的因素为研究对象，以引领、支撑国家安全决策为目的，以全局性和战略性的国家安全议题为情报服务内容，国家情报工作超越一般的军事情报工作和公安情报工作。面对某些国家的有意动作，作为国家决策支撑的国家情报该如何应对？国家情报工作如何实现前沿防御、应急防卫与战略预警的功能，对敌对国家进行慑止而化解可能的全面对抗，并且在对抗与竞争中掌握主动权，以高质量的情报供给和快速响应来满足国家安全与发展决策需求，确保情报资源投入获得国家安全与发展的利益高于产出，将是我国国家情报工作的核心内容。[2] 本书基于文化软实力，从《孙子兵法》中寻找到中国特色情报战略调控的思想源泉，结合时代要求继承创新。基于"总体国家安全观"的国家安全大思路，从《孙子兵法》的"知""经""校""索""算"五步调控，探索中国特色国家情报战略调控所应突破的创新路径。在此基础上，构建中国特色国家情报战略的运筹调控机制，从而为中国国家情报力量的国际化运筹与调控、科学化治理、一体化协同等提供战略调控解决方案。国家情报调控是在对情报力量认知的基础上，通过情报实践来完成的。情报认知和情报实践两者密不可分，必须协同作战才能实现情报系统的效率与效果，特别是情报认知是情报实践的基础，在科学认知的基础上，才能实现对情报目标和情报对手的有效调控；通过潜移默化影响、高强度刺激、多方抑制等手段主动谋划、先于情报对手，实现了情报管理和运作，使己方处于防御态势或弱势地位的国家情报，能够集中优势，发挥主观能动性以积极调动主客敌我双方的情报力量部署，有

---

[1] CODEVILLA A. Informing statecraft: Intelligence for a new century(1st edition)[M]. New York: Free Press, 1992.

[2] 赵冰峰.情报运筹与调控及其在中国国家情报领域国际化中的应用[J].情报杂志, 2018, 37(8): 12-17.

效突破某些霸权国家情报围堵，创造出我方的认知对抗优势。在有效情报防御的基础上，适时进行情报出击来实施控制对方、协同环境等，做好战略情报、预期情报、当前运营情报等的战略布局与调控，应对网络威胁、恐怖主义、生化扩散、间谍活动等情报攻击，积极为国家提供情报战略应对方案，以保障中国国家安全与发展的治理。打破西方情报理论的迷思，扎根文化沃土，坚定文化自信，着眼世界，应用科学运筹调控机制来构建国家情报力量，塑造国家安全环境，构建人类命运共同体。

自2017年6月28日以来，我国首部关于情报的法律《中华人民共和国国家情报法》正式实施，我国情报学正式进入大情报学科理论一体化建设阶段。大情报学科体系的形成离不开基础理论的支撑，《孙子兵法》作为世界现存最早的军事著作，其中蕴含着丰富的情报思想，在世界情报史上占据重要地位。作为一部拥有深厚文化底蕴且具有缜密逻辑思维体系的理论著作，对《孙子兵法》的研究能够对我们的大情报学科建设和国家情报安全体系建设起到重要启示作用。本书以知网数据库中1990—2023年的文献为研究样本，利用MatLab软件对《孙子兵法》在情报学领域的研究的成果进行分析，从关键词聚类主题趋势预测视角，寻找《孙子兵法》对国家情报战略认知对抗的支撑理论源泉；基于"总体国家安全观"的国家安全大思路，研究《孙子兵法》的"知""经""校""索""算"五步运筹调控模式，探索中国特色国家情报战略调控所应突破的创新路径。

4.1 营造认知对抗优势

新版美国《国家情报战略》（2019年1月22日）中对"情报"的定义：情报关于敌国、敌对组织、机构和人员等敌方或者各方面竞争对手的有价值信息及其分析研判成果，是能够提升各类社会主体在冲突、对抗、竞争、博弈等活动中自身竞争力的活动，所以情报天然就具有竞争性、对抗性、秘密性、价值性等基本特性。❶ 安吉拉指出：由"国家地理空间情报局"发展成的"美国的国家情报机构"，承担了政治、军事、外交等方面情报工作。❷ 美国的"国家情报工作"已形成"大情报体系"❸，国家情报的概念在1929年由美国海军上校约翰·盖德（Captiain John Gade）提出，美国《国家安全委员会第三号指令》（1948.1）（National Security Council Intelligence Directive 3，NSCID3）指出：国家情报工作面对最严峻的国家安全威胁，涉及国家的生死存亡，具有"对抗性""战略性""全局性""紧迫性"等特点。❹ 随着各国情报工作的不断深化和科技水平的不断进步，尤其是人工智能技术在情报领域的广泛应用，情报对抗已从过去有形战场扩展到无形战场，由情报人员的精神和心理活动构成的认知空间正成为新的情报对抗空间。因此，营造认知对抗优势的国家情报战略，才能真正实现国家情报工作的最终目的：为国家战略治理决策服务。

4.1.1 认知空间是国家情报战略对抗制高点

情报始于战争，如果说，在冷兵器战争时代和机械化战争时代，由于生产力比较落后，战争结果主要取决于敌我双方的有形物质能力，还不能真正发挥情报的先导作用，鲁莽的军事指挥员还可能凭蛮力或者侥幸取胜，那么，在今天非传统安全威胁肆虐的时代，没有情报，就没有办法执行任务，更不可能取得胜利，情报的先导作用就更为突出。美国洛克菲勒委员会指出："没有情报，国家的政策制定和行动就不能有效地反映实际情况，也不能体现国家的最高利益，确保国家安全。"❺ 认知是心理学概念：泛指

---

❶ 孙战国.国家秘密与情报等相关概念的厘清[J].保密工作,2019(4):46-49.
❷ 高金虎.论国家安全情报工作[J].情报杂志,2019,38(1):1-7.
❸ 马海群,孙瑞英.大数据时代国家情报工作生态演替趋势研究[J].图书与情报,2018(6):1-7.
❹ 胡荟.美国国家情报法制管理研究[M].北京:时事出版社,2017.
❺ Commission on CIA activities within the united states, report to the president. Washington, D. C: U. S. government printing office [EB/OL]. [2017-03-20]. https：//www.cia.gov/library/readingroom/docs/CIA-RDP78-00300R000100010052-4.pdf.

主观对客观事物的认识过程。而情报是"指主体有意识地对客观事实、数据、知识的分析、组织、传播和利用"❶,可见,"情报过程是对显性和隐性信息的组织、管理、交流"❷ 而不仅仅是"为了满足决策的需要而经过加工处理的数据"的信息层面的工作。未来情报对抗重点是情报人员"有意识地对客观事实、数据、知识的分析、组织、传播和利用",是情报人员"对显性和隐性信息的组织、管理、交流"❸,因此,情报工作与情报人员对情报目标和情报对手的认识过程密不可分,可以说,情报人员的认识过程是其情报工作的基础与前提,情报人员的认知水平决定情报工作的水平,情报对抗一定是认知空间的对抗,是情报人员在作战活动中感知、判断、指挥与控制的对抗。情报认知对抗由情报人员的认知空间叠加而成,通常表现为情报机构的凝聚力、情报实践经验、情报服务水平、环境态势感知程度等。因为未来战争将同时发生在物理空间、信息空间和认知空间三个领域。那么服务于战争的情报,必然由物理空间的传统战争领域,由信息产生、传输和共享空间,进入认知空间,情报认知空间的对抗才是真正反映情报人员知识、信念和能力的空间,是未来情报对抗的战略制高点。情报人员在认知空间的渗透与反渗透、攻击与反攻击、控制与反控制将会比物理空间和信息空间更为激烈。脑控战是认知空间情报对抗的发展趋势,情报主体通过文化传播、舆论引导等手段,破坏情报对手的认知能力,保护己方的认知能力,获得情报对抗认知空间主导权、控制权和话语权,进而影响情报对手的信息获取和决策行为控制模式,从而达到决定情报对抗胜败的目的。

4.1.2 认知优势是国家情报运筹对抗的根本性优势

"知彼知己、百战不殆",认知是各国情报对抗战斗力的核心,认知优势是赢得情报对抗的根本性优势。首先,要有具备高于对手的感知优势。

---

❶ 唐津.情报科学中情报概念的必要条件——介绍英国情报学家贝尔金的情报学思想[J].情报科学,1981(6):91-95.

❷ 谢元泰.情报概念及其有关问题的探讨[J].情报科学,1984(2):42-46.

❸ 张惠娜,李辉,刘如,等.基于科技情报工作革新的情报概念嬗变研究[J].情报理论与实践,2017(10):1-4.

第4章 国家情报工作战略运筹与调控

普鲁士战略家冯·克劳塞维茨指出：情报是军事行动的基础。作战统帅在"考虑战争涉及多少重大的问题"的情报支撑下，依靠"非凡的洞察力"❶，才能制定高于对手的战争计划。❷ 他还指出情报是在感知："敌对双方的特点、组织和设施、状况及各种关系"，并在此基础上"推断出对方的行动，从而确定自己的行动。"❸ 维护"国家安全"，促进"国家发展"，防止外国的间谍渗透，这是国家情报工作的使命，这并非中国所独有（苏联的克格勃全名是"国家安全委员会"），英国安全局（也称军情五局），美国联邦调查局等，都致力于维护国家安全与发展。各国情报部门对国际恐怖主义、大规模杀伤性武器扩散展开调查，都必须在感知情报对手和情报目标的基础上，也就是对情报对手和情报目标的态势感知是知己知彼的前提。对情报对手和情报目标的态势感知是情报工作的"神经中枢"，是发挥情报威力的倍增器。对情报对抗态势感知优势的一方，情报对手的行动将变得单向透明，就可以采取实时、准确、高效的情报行动，而对情报对手和情报目标态势感知能力处于劣势的一方，则可能因盲目行动而变成"呆子"和受情报对手虚假信息欺骗的"傻子"。其次，要形成强于对手的心理优势。认知空间的心理优势由情报人员坚定的政治信念、顽强的对抗意志、稳定的心态情绪，以及良好的职业素质等因素构成。在很多情报对抗中，都要大打心理战。20世纪上半叶，英国的军事情报总局、美国的军种情报机构、苏联的总参情报部、德军的最高统帅部谍报局等相继成立。这些军事情报机构虽然是国家的战略情报机构，但是，当时这些机构在国家安全决策（作战大计）中发挥的作用甚为有限。这些机构对战略情报分析水平存在缺失，对决策的支撑作用并不明显❹，但这些情报机构存在形成的心理优势可以威慑对手，赢得心理战优势。争夺心理制权成为双方认知空间较量的重点，只有掌

---

❶ 冯·克劳塞维茨.战争论(第1卷)[M].中国人民解放军军事科学院译,北京:商务印书馆,1978:176.

❷ 高金虎.试论克劳塞维茨的情报思想——兼与孙子情报思想对比[J].德国研究,2008(4):59-65.

❸ 同❶:33.

❹ 黄钊,周浩.日本导弹防御侦查情报体系转型动因及影响[J].情报杂志,2019,38(10):47-52,59.

控心理优势,才能从根本上掌控战争主动权。再次,缔造决策优势。情报对抗的决策优势,是指建立在态势感知优势和心理优势基础上,情报人员形成正确、高效、精准、巧妙的情报工作能力和情报实践艺术。情报主体建立和保护己方决策优势,攻击和削弱情报对手决策优势,是情报对抗的焦点。情报对抗双方将在认知空间展开脑控战,达成作战目的并且降低作战成本。

4.1.3 挖掘认知对抗思想的理论源泉

舒尔斯基认为获取情报对抗胜利的路径有两条:"制度路径"和"智能路径"。❶《孙子兵法》是各国情报制度建设的元理论,毛泽东同志指出:"孙子的规律'知彼知己,百战不殆'乃是科学的真理"❷,所以《孙子兵法》的智慧精髓渗透各国的情报实践活动。因此,《孙子兵法》能够从国家情报"制度"建设和"智能"提升两个方面,对构建国家情报认知对抗战略运筹调控路径给予指导。

本书以 CNKI 为数据来源,进入中国知网,通过高级检索,搜索条件为:主题"孙子兵法"and"情报",年限设置为所有年份,共检索出文献181篇,通过对检索结果的文献标题进行简要处理发现,初次检索到的结果中夹杂着不必要的信息,需要进行数据清洗,将期刊目录、征稿(文)通知、广告简介、会议通知等非学术论文及重复发表、明显无关的文献剔除后,获得113条有效文献。利用检索得到的113篇文献进行主题词提取,运用 Cite Space 软件对得到的113篇有关文献进行关键词分析,得到共223个关键词,对各关键词的中心度和出现频次进行统计分析如表4-6所示。节点中心度是衡量研究热点的标准之一,可以衡量节点在集群间的桥梁作用,节点的中心度值越高,说明其在整个网络中具有越重要的桥梁作用。❸ 由下表看出《孙子兵法》的中

---

❶ National Security Strategy of the United States of America(2017)[EB/OL].(2017-12-18)[2022-10-13]. https://www.whitehouse.gov/wp-content/uploads/2017/12/NSS-Final-12-18-2017-0905.pdf.

❷ 中共中央文献研究室.毛泽东文集(第二卷)[M].北京:人民出版社,1993.

❸ 许岗,金海和,刘靖.在线社会网络的网络结构和信息传播研究综述[J].计算机应用研究,2014,31(2):339-343.

心度值最高为 0.24——"情报思想"、0.16——"情报"、0.08——"日本"、0.06——"竞争情报"及 0.05——"军事情报思想"等。在该领域中"情报思想""军事情报思想"及"竞争情报"是近年来关注的热点问题领域,"日本"表明:日本的研究者在本领域的研究比较深入。

表 4-6 情报学领域关于《孙子兵法》相关研究的高中心度和高频关键词

中心度排序	中心度	主题词	中心度排序	中心度	主题词
1	0.24	情报思想	9	0.03	知己知彼
2	0.16	情报	10	0.02	情报工作
3	0.08	日本	11	0.02	战略管理
4	0.06	竞争情报	12	0.02	情报信息
5	0.05	军事情报思想	13	0.02	情报理论
6	0.05	克劳塞维茨	14	0.02	情报分析
7	0.04	情报保密	15	0.01	总体国家安全观
8	0.03	军事情报			

以时间年限 1990—2020 为 Y 轴,情报研究领域为 X 轴、《孙子兵法》的 13 篇及全篇为 Z 轴,应用 MatLab 软件构建三维研究现状矩阵模型,如图 4-2 所示。模型中三个维度分别表示文献的发表时间(Y 轴)、涉及的《孙子兵法》思想内容(Z 轴)及情报学具体的研究领域(X 轴)。模型中的球体代表具有三个维度交叉的相关文献数量,球体的大小代表文献数量的多少,球体的颜色代表年限,距 2020 年越远节点的颜色越深。❶ 通过对文献关键词数据进行三维模型构建,可以清晰直观地看出:《孙子兵法》在情报领域的具体研究现状,以便寻找该领域研究的热点、重点及空白点、突破点。❷

---

❶ 张浩,张云秋.三维技术功效分析模型构建与实证研究[J].情报理论与实践,2018,41(5):74-78.
❷ 王巍洁,穆晓敏,王琰,等.多维专利技术功效分析模型构建及应用研究[J].情报理论与实践,2020,43(6):131-134,130.

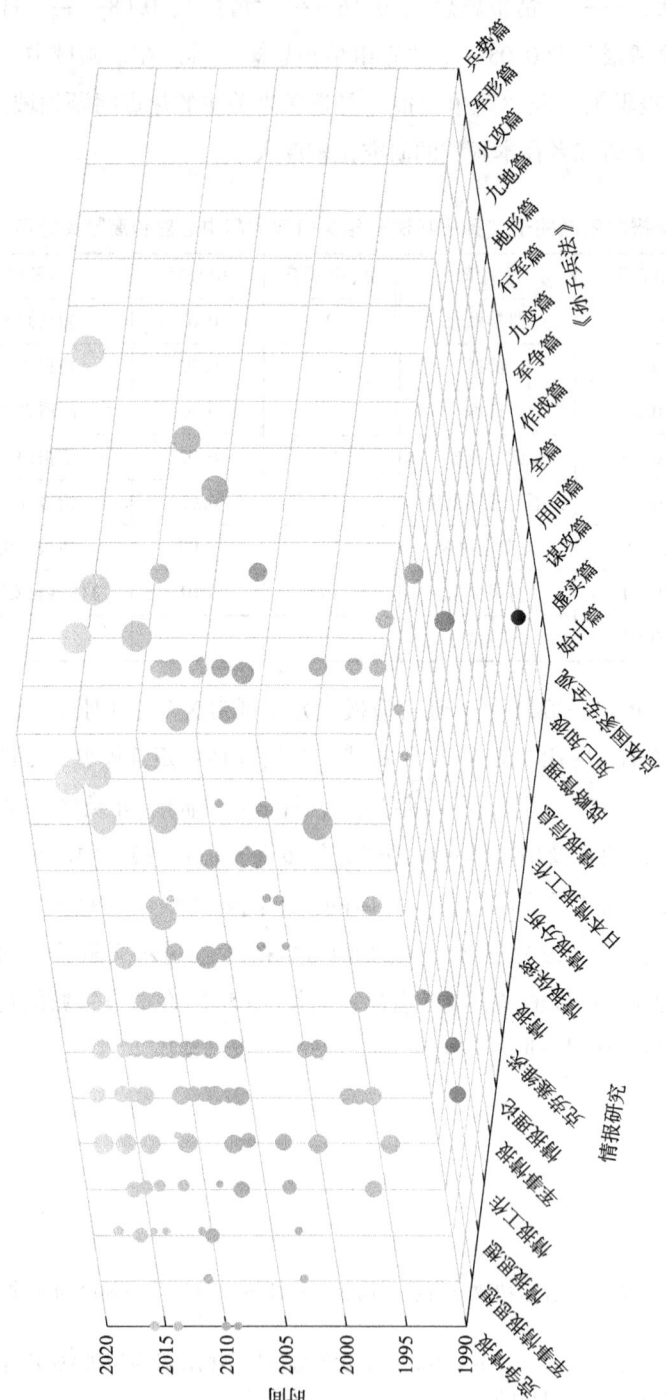

图 4-2 三维研究现状矩阵模型

从图 4-2 中可以观察到，《孙子兵法》在情报领域的研究在 20 世纪 90 年代初期就已经开始，但早期的研究成果不多且较分散，较集中于《全篇》《用间篇》和《谋攻篇》在情报思想和军事情报思想上的理论研究。近年来《用间篇》《谋攻篇》仍然是研究的热点，同时研究的范围逐渐扩大，但仍有大范围的空白区域尚未得到重视，说明情报学领域对《孙子兵法》的研究还有待深入。

将分析维度两两结合，构建二维分析平面，包括《孙子兵法》和情报研究二维分析平面、时间和情报研究二维分析平面及时间和《孙子兵法》二维分析平面，如图 4-3、图 4-4、图 4-5 所示。

从图 4-3 中可以看出，"情报思想""情报工作""情报理论"及"竞争情报"的节点数目相对密集，是《孙子兵法》在情报领域的主要研究热点，情报理论、情报思想维度中以《孙子兵法·始计篇》《孙子兵法·用间篇》《孙子兵法·谋攻篇》和《孙子兵法》全篇作为理论支撑的文献节点最多。因此，以全文或《孙子兵法·始计篇》《孙子兵法·用间篇》《孙子兵法·谋攻篇》内容思想为理论源泉支撑对情报工作、情报活动是该领域的研究热点。除此之外，《孙子兵法·地形篇》《孙子兵法·军形篇》《孙子兵法·行军篇》在情报工作等领域的研究也已取得一些成果，但尚未形成规模。

从图 4-4 中时间与情报研究领域维度上，挖掘《孙子兵法》哲理丰富情报思想，以此指导各领域情报工作仍然是近年来的研究热点，特别是"情报思想""竞争情报""情报工作"方向，近年来表现出较稳定的发文趋势，是研究的潜在热点方向，而在基于"总体国家安全观的国家情报""情报信息""情报保密""情报理论"等方面仍有较大的研究空白。

从图 4-5 中可观察到：《孙子兵法·用间篇》一直指导情报领域研究，但《孙子兵法》其他十二篇的思想精髓却没有受到足够的重视，特别是《孙子兵法》包含认知对抗思想的内容主要在《孙子兵法·始计篇》《孙子兵法·用间篇》《孙子兵法·谋攻篇》《孙子兵法·虚实篇》。因此，要研究国家情报的认知对抗的"战略运筹"，需要从《孙子兵法·始计篇》《孙子兵法·用间篇》《孙子兵法·谋攻篇》《孙子兵法·虚实篇》寻找理论支撑。

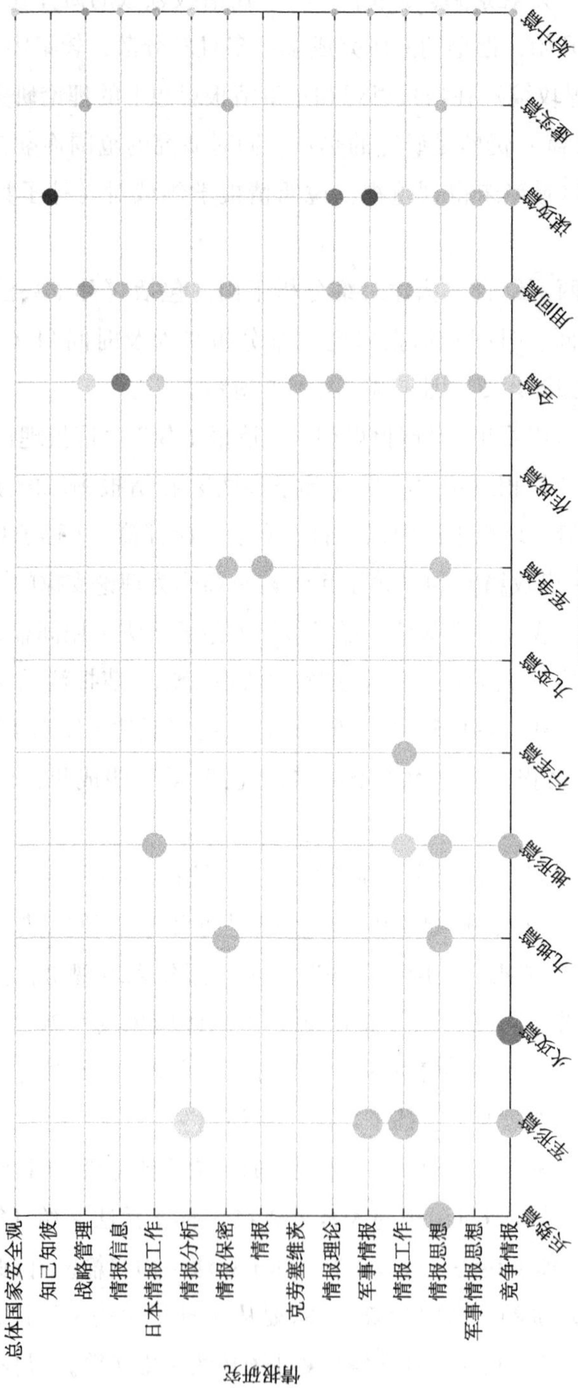

图4-3 《孙子兵法》和情报研究二维分析

第 4 章　国家情报工作战略运筹与调控

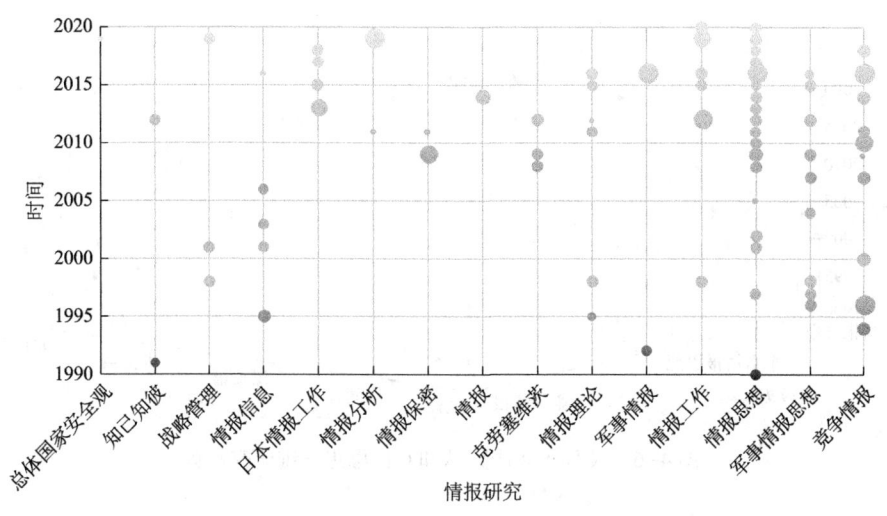

图 4-4　时间和情报研究二维分析

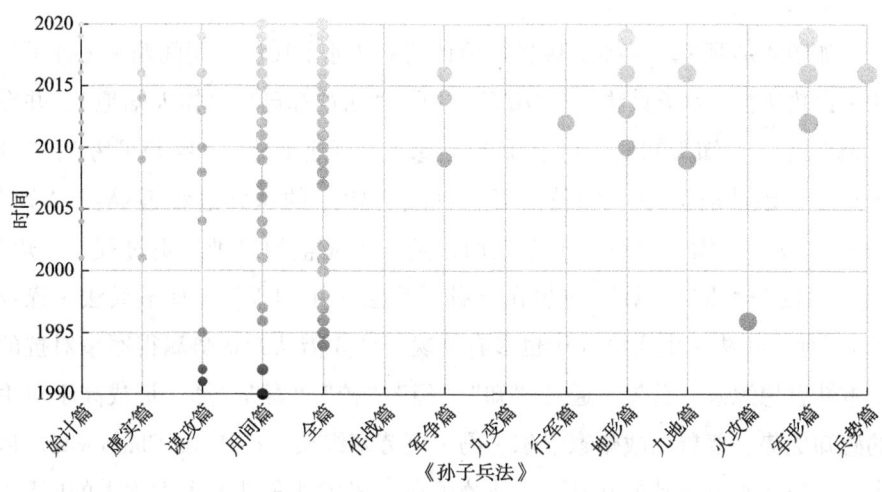

图 4-5　时间和《孙子兵法》二维分析

这几篇的思想将是指导国家情报工作、国家情报活动的重要理论源泉，挖掘《孙子兵法·始计篇》《孙子兵法·用间篇》《孙子兵法·谋攻篇》《孙子兵法·虚实篇》中的认知对抗情报思想，指导国家情报认知对抗的国际竞争，必将是今后的研究热点和重点，如图 4-6 所示。

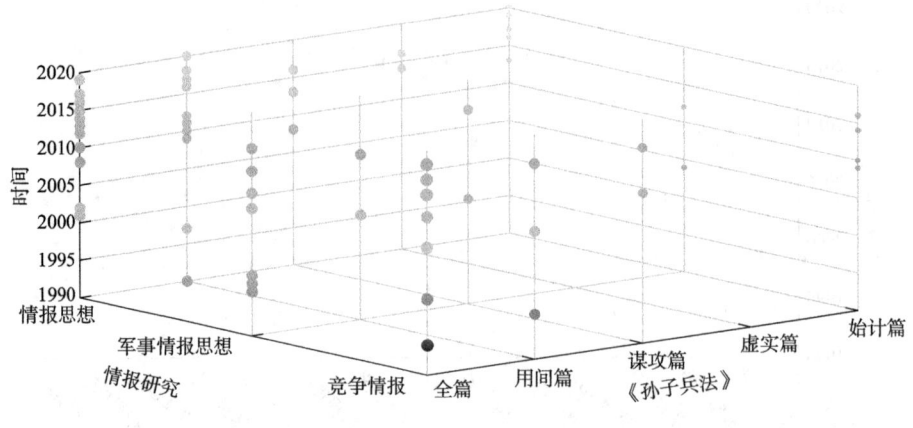

图 4-6 《孙子兵法》认知对抗思想三维研究趋势

4.1.4 《孙子兵法》"知""行"思想的启示

如图 4-6 所示,《孙子兵法·始计篇》《孙子兵法·用间篇》《孙子兵法·谋攻篇》《孙子兵法·虚实篇》主张"知彼知己""知天知地",并在"知彼知己""知天知地"的基础上,追求"百战不殆""胜乃可穷"。《孙子兵法·始计篇》中"知彼知己、百战不殆"的认知过程遵循:"知""经""校""索""算"五个层面,是一个完整的思维逻辑过程,"知""经""校""索""算"思想在《孙子兵法·用间篇》《孙子兵法·谋攻篇》《孙子兵法·虚实篇》中也多有体现,是凭借认知优势赢得军事对抗的根本性思想源泉。首先,通过"知""经""校""索""算"形成高于对手的感知优势,普鲁士战略家卡尔·冯·克劳塞维茨(Carl von Clausewitz)指出:情报是军事行动的基础,作战统帅在"考虑战争涉及多少重大的问题"的情报支撑下,依靠"非凡的洞察力",才能制定高于对手的战争计划。他还指出情报是在感知:"敌对双方的特点、组织和设施、状况及各种关系"。所以,在国家情报体系中,国家安全委员会作为国家情报体系的一级指挥主体,统领由情报侦查和情报分析部门组成的国家情报工作的认知部门,必须围绕情报目标(包括其他国家政府首脑、权力机关、重要信息情报机关、核心技术机构、重要资本组织、特定民众等),并要先于情报对手对情报目标的信息、知识、意识形态等情报源，进行全方位的收集和深度的分析，营造认知优势。营造认知空间的心理优势由情报人员坚定的政治信念、顽强的对抗意志、稳定的心态情绪，以及良好的职业素质等因素构成。在很多情报对抗中，都要打心理战，争夺心理制权成为情报对抗双方认知空间较量的重点，只有掌控心理优势，才能从根本上掌控战争主动权。其次，通过"知""经""校""索""算"缔造决策优势。情报对抗的决策优势，是指建立在态势感知优势和心理优势基础上，情报人员形成正确、高效、精准、巧妙的情报工作能力和情报实践艺术。情报主体建立和保护己方决策优势，攻击和削弱情报对手决策优势，是情报对抗的焦点。最后，通过"知""经""校""索""算"缔造行动优势。《孙子兵法》把"知"和"行"作为思想的逻辑线索，明代思想家王守仁在《传习录》中指出："知是行的主意，行是知的功夫。知是行之始，行是知之成"。国家情报工作的认知部门在认知优势和决策优势的基础上，才能"推断出对方的行动，从而确定自己的行动"。实现维护"国家安全"，促进"国家发展"，防止外国的间谍渗透，这是国家情报实践主体的使命。

《孙子兵法》把"知"和"行"作为全书思想的逻辑线索，主张"知彼知己""知天知地"，并在"知彼知己""知天知地"的基础上，追求"百战不殆""胜乃可穷"。在现代化战争条件下，基于网络信息体系的精准情报认知对抗是决定战争胜负的主要手段。因为随着人类文明进步的发展，大规模杀伤性武器破坏、不顾人类生存发展成本的毁灭战争，必将遭到全人类反对。但是，在情报对抗中处于优势，就会降低暴力、降低破坏性，因此，追求使情报对手失去对抗能力而非彻底令其毁灭，即以精准的情报、精准的时间和精准的打击行动，确保我方的情报力量精确释放于所选情报目标，必将是今后情报对抗追求的目标。明代思想家王守仁在《传习录》中指出："知是行的主意，行是知的功夫。知是行之始，行是知之成"。所以，在国家情报体系中，国家安全委员会作为国家情报体系的一级指挥主体，由情报侦查和情报分析部门组成国家情报工作的认知部门，必须围绕情报目标（包括其他国家政府首脑、权力机关、重要信息情报机关、核心技术机构、重要资本组织、特定民众等），并要先于情报对手对情报目标的信息、知识、意识形态等情报源进行全方位的收集和深度的分析，营造认知优势。2017年，特朗普当选为美国总统，在其发布的《美国国家安全战略》报告中，强调"美国优先"政策，将中国定位为"战略竞争对手"，重用对华"鹰"派人物华尔街银行投资家斯蒂芬·班农和经济学作家彼得·纳瓦罗，在网络与人工智能等技术领域对中国进行打击，制定以全球经济博弈为核心的新型的国家情报政策。

因此，我国的国家情报战略必须采用大规模的经济、科技手段来对抗美国，在国家情报任务层面，在认知视角重新进行国家情报力量战略布局，在情报实践视角，更好应对美国针对中国的情报行动：美国在比利时引渡中国"经济间谍"、对中兴通讯股份有限公司实行制裁、在加拿大跨国拘捕华为公司副总裁孟晚舟等，坚决摧毁其以"汇率、关税、投资、贸易等"为框架的经济操纵与外交谈判威胁，以及围绕知识产权的科技限制手段来重塑美国霸权结构。

4.2 《孙子兵法》指导下的国家情报认知对抗战略运筹调控模型

当前我国国家安全内涵和外延比历史上任何时候都要丰富。《孙子兵法》作为跨时代、跨国界、跨领域的杰出之作，情报工作可以从《孙子兵法》中汲取多方面的启示，指导国家情报工作。

4.2.1 国家情报认知对抗主客体关系

美国《国家安全委员会第三号指令》指出：国家情报工作面对最严峻的国家安全威胁，涉及国家的生死存亡，具有对抗性。❶ 国家情报工作非常

---

❶ 赵冰峰.情报运筹与调控及其在中国国家情报领域国际化中的应用[J].情报杂志,2018,37(8):12-17.

复杂,国家情报工作包括情报力量的部署和运作问题,涉及情报主体(自身)及情报客体(情报目标和情报对手)。情报主体(自身)及情报对手的工作包括情报活动要素(情报搜集与分析、反情报与隐蔽行动),国家情报力量的部署由情报主体中的认知主体完成,国家情报力量的运作由情报主体中的实践主体完成。❶ 基于认知对抗理论的研究成果,笔者提出国家情报认知对抗主客体关系模型,如图4-7所示。

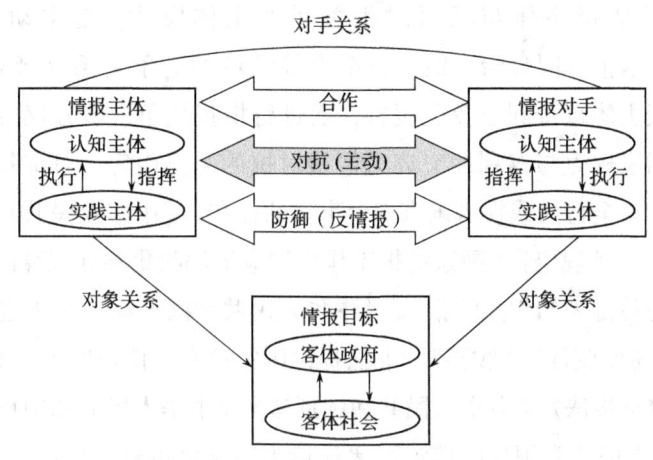

图4-7 国家情报认知对抗主客体关系模型❷

国家情报要维护国家安全,必须创造有利于我方的战略格局,争取主动权,才能实现国家情报工作的核心功能。国家情报工作的核心功能主要包括三个方面:优化政府决策功能、保障国家安全与反情报职能、战略预警功能。在实现国家情报工作的核心功能时,需要把情报客体(情报目标和情报对手)作为国家情报工作的控制目标或受控体,情报主体中的认知主体必须设计情报活动,对情报目标和情报对手实施正向和反向激励,主动地塑造包括情报目标与情报对手在内的、对我方有利的情报中介场结构。情报主体中的执行主体负责执行部分,执行对情报客体的合作、进攻、防御策略,使情报客体转变为可控制,杜绝被情报客体反控制,最终使得情

---

❶ 高金虎.冷战后美国反情报工作的转型[J].保密工作,2016(4):47-49.
❷ 靳海婷.论总体国家安全观下国家情报法机制构建[J].情报杂志,2018,37(11):10-15,68.

报客体（情报目标和情报对手）的活动朝我方设定的目标演变，从而使我方能够构筑起国家情报活动的认知对抗优势。

如图4-7所示，情报主体与情报对手的关系分为合作、对抗、防御三种状态。第一，由于国际关系的变化，情报对手和情报目标呈现临时性、变动性等特征，所以情报主体与情报对手在某些情境下也存在共同的目标指向，为确保共同目标的实现就会形成交流、合作甚至联盟的关系。第二，对抗状态是情报主体与情报对手关系的主体模式，是主动出击的状态——积极情报。因政治、经济、军事等领域的竞争关系或者利益侵犯，为维护情报主体自身利益免受侵害，而进行情报战争、多方权力制衡等情报活动，国家权力与权利冲突成为情报对抗的主要内容。对抗状态时，涉及危害国家安全行为或损害国家安全事实的存在，《中华人民共和国国家情报法》第十一条规定："国家情报工作机构应依法收集和处理境内外危害国家安全和利益行为的相关情报"。《中华人民共和国刑法》中规定的"间谍罪""境外窃取刺探""收买""非法提供国家秘密、情报"罪。《中华人民共和国国家情报法》《中华人民共和国刑法》《中华人民共和国反恐怖主义法》《中华人民共和国反间谍法》等法律为国家情报对抗提供了法律支撑。第三，防御状态是国家情报面向消极防御——消极情报（反情报），也是国家情报"知己知彼，百战不殆"的制度保证，国家情报防御功能（反情报工作）意味着国家情报的常态化——"为防范由外国政府、外国机构、外国人员或国际恐怖主义组织或其代表开展的间谍活动、其他情报活动、破坏或暗杀行动，而搜集的信息，以及开展的行动"❶，国家情报防御功能要防范外国势力，恐怖组织，个人及其代表进行的间谍活动、情报攻击与破坏活动，反情报工作能够维护国家安全的基本情报流通，保障情报主体的权益，进而维护国家情报工作的正常运行秩序。❷

---

❶ 颜震.《孙子兵法》中的军事决策模型及应用[J].孙子研究,2017(4):62-66.
❷ 蔡莹.略论新时代社会主义意识形态建设[J].郑州师范教育,2018(6):1-8.

4.2.2 《孙子兵法》哲理对国家情报认知对抗的支撑

如图 4-8 所示的国家情报认知对抗模型，在该模型中，国家情报主体由决策主体（中央安全委员会）、国家情报认知主体、国家情报实践主体三部分组成。国家情报与情报对手对抗的过程中，首先，需要国家情报的认知主体在锁定情报目标的基础上，对情报客体（包情报目标和情报对手）的信息或认知要素进行认知、观察、探测及反馈。此时，《孙子兵法》中蕴含的哲理可以帮助我们更好地感知情报对抗环境态势、掌控情报目标和情报对手动态、提出情报战略预警等。《孙子兵法》哲理指导的情报认知对抗分析过程，可以分解为"知""经""校""索""算"五个层面。"先全知"——通过先于情报对手对情报目标和情报环境、情报对手的了解和相关信息的全面掌握，及时、准确、全面地掌握信息和情报。"经五事"——"经之以五事"原则是《孙子兵法》思想的核心，"五事"："一曰道，二曰天，三曰地，四曰将，五曰法"，"道、天、地、将、法"囊括了情报目标和情报对手相关的"天时""地利""人和"三个方面的信息，同时又包含出"客观"和"主观"两大分析系统。❶ "道、天、地、将、法"五大要素条件包含分析情报目标和情报对手的内因与外因，蕴含着国家情报力量源泉中的硬实力、软实力，五大要素之间相互制约、相辅相成、动态互补，能够对情报目标和情报对手进行全面而深度的分析与考察。"校七计"——"七计"是在"道、天、地、将、法"五大要素的基础上分七个方面，对我方和情报对手进行定性和定量的多节点、多路径、多侧面、多维度分析，找到我方和情报对手各自的优势和劣势，最后制定情报对抗策略。"索其情"——"索"即对情报目标和情报对手的情况进行探索、推演、归纳。通过归纳推演来掌握我方与情报对手胜负的情势。"庙算测"——国家情报认知主体凡遇情报对抗，需要全面分析潜在情报对手的实力与意图，评估情报对抗的可能进程，预测情报对抗的可能结果，从而

---

❶ 杨芳,高玉林."奉为圭臬"缘何屡被用错？［J］.语文建设,2018(36):59-60.

为国家情报决策主体的战略决策提供情报支持。国家情报认知主体经过"知""经""校""索""算"五个层面对情报对手和情报目标进行全面的考察与深度分析,在此基础上,指挥情报实践主体的工作,而国家情报实践主体会在国家情报的认知主体的指挥下,采用影响、调节、控制、激化等方式激励情报目标向我方的需求演进,国家情报实践主体也会采用抑制、屏蔽、阻止或破坏等方式抑制情报对手对我方的情报攻击,有效地调动情报对手、塑造情报目标、改造我方与情报对手的对抗环境。

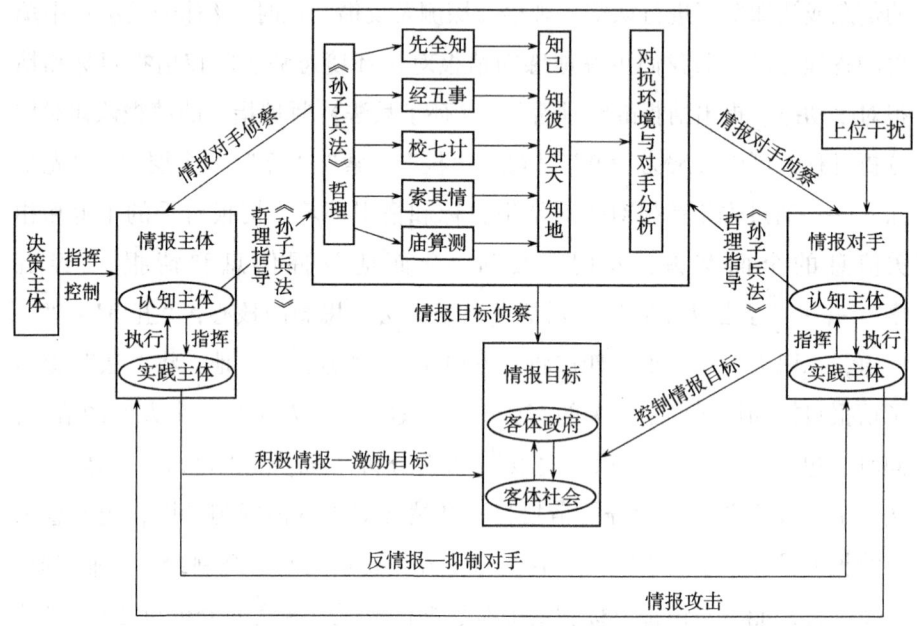

图 4-8 《孙子兵法》哲理对国家情报认知对抗支撑

4.2.3 基于《孙子兵法》的运筹调控模型

哲学家米歇尔·福柯(Michel Foucault)指出:"谁控制了人们的记忆,谁就控制了人们行为的脉动。"❶《孙子兵法》哲理研究指导国家情报工作的

---

❶ 张家年,马费成.我国国家安全情报体系构建及运作[J].情报理论与实践,2015, 38(8):5-10.

战略布局和运筹调控，正是致敬拿破仑名言："世界上最重要的两种力量：利剑和思想。"❶ 用《孙子兵法》哲理指导我们铸造情报工作的利剑，以《孙子兵法》的文化精髓作为指导国家情报哲学体系的元理论，依据总体国家安全观的要求，制定国家情报工作战略布局与调控机制，如图4-9所示。X 轴——《孙子兵法》智慧思维流程维度，借鉴《孙子兵法》十三篇的思想精髓，把孙子的智慧应用在未来国家情报战略布局和调控上，兼顾各领域安全形势来审视国家安全而形成的战略方针。Y 轴——国家情报战略结构维度，制定国家安全情报战略，落实总体国家安全观，为满足国家总体战略和重大决策的情报需求，制定情报战略和情报对抗的行动战术。❷ Z 轴——国家情报认知行动策略维度。国家情报的认知部门围绕情报行动流程体系构建"知""经""校""索""算"五个层面的认知行动策略。在情报行动之前，情报认知部门要先进行侦查和分析，通过"知"厘清情报工作的"情报场"现实情况和困局，通过情报认知过程（"知""经""校""索""算"）形成情报意图，确定情报实践主体的任务目标，制定情报实践主体的工作方案与情报实践工作流程，指挥情报实践主体对情报目标和情报对手的行为实施激励与补偿，塑造对抗情报活动的场域环境，使得情报客体（情报对手与情报目标）的活动朝我方情报认知主体设定的目标演变，在情报认知优势基础上，营造情报行动对抗优势。❸ 基于"总体国家安全观"的国家安全大思路，在《孙子兵法》的"战略运筹""作战指挥""战场机变""军事地理""特殊战法"的指导下，实现国家情报的"造形"与"治气"，制定中国特色国家情报战略调控新路径，创造国家情报实践主体的行动优势，取得与情报对手情报对抗的胜利，为国家安全与发展保驾护航。

---

❶ 赵冰峰.情报论[M].北京:兵器工业出版社,2011:27,52,99.
❷ 孙子.孙子兵法[M].黄朴民,熊剑平,译.武汉:长江文艺出版社,2015:1-160.
❸ 朱亚捷,王豪.美国国家反情报管理制度分析[J].情报杂志,2020,39(2):11-15.

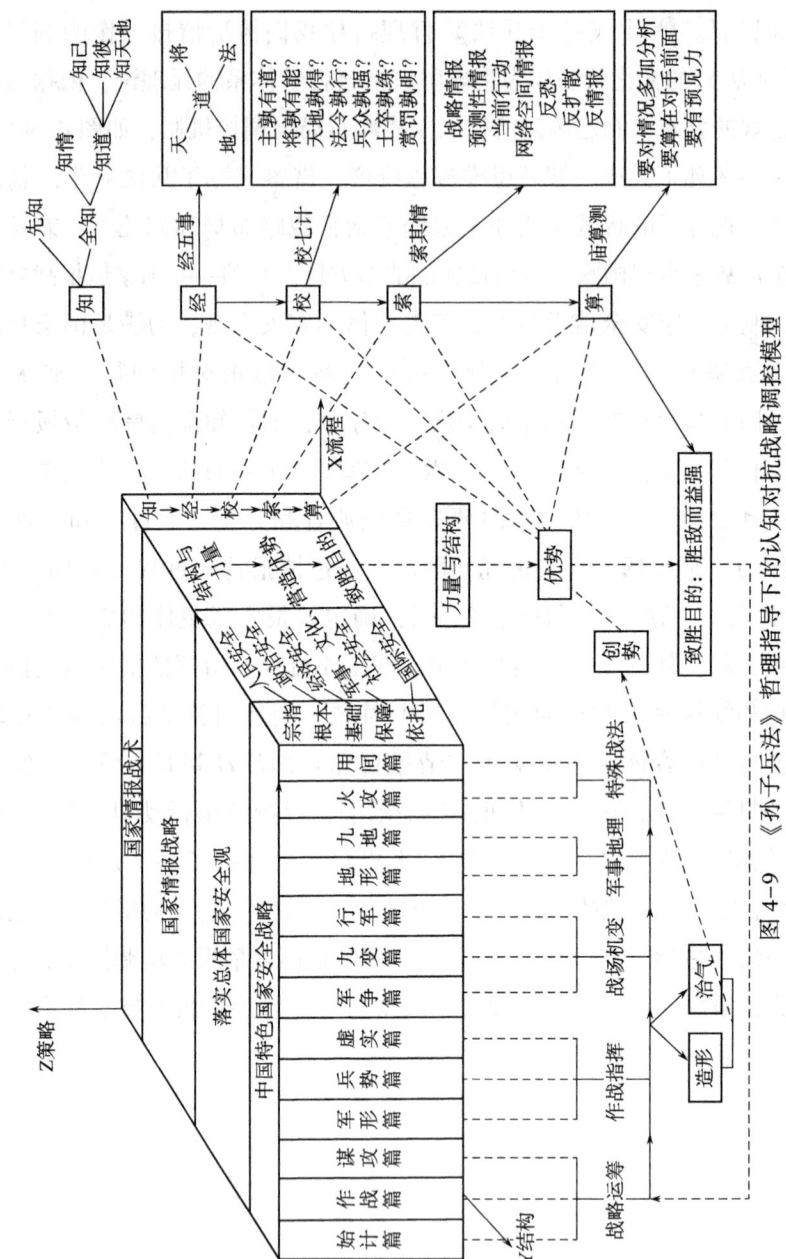

图 4-9 《孙子兵法》哲理指导下的认知对抗战略调控模型

4.3 国家情报战略五步运筹调控机制

机制是指各个单元要素之间的结构关系与运行方式。国家情报战略五步运筹调控机制如图4-9所示。国家情报战略调控是国家情报力量由小变大的形态构造和功能培育过程，是通过"知""经""校""索""算"五个步骤勘察自身和情报客体（包括情报目标和情报对手）国家实力和国际环境的变化，依托国际地缘信息进行情报力量的布局和运筹调控，通过各种安全保卫措施进行情报和反情报行动打击和防御情报对手的破坏活动。实质是把情报客体（包括情报目标和情报对手）当作情报行动的控制目标或受控体，通过"知""经""校""索""算"五个步骤的情报活动设计，来对情报目标和情报对手实施激励与补偿，积极和主动地塑造情报中介场结构，有效地获得情报客体（包括情报目标和情报对手）的实际情况；做好情报搜集与分析、反情报与隐蔽行动，发挥情报对决策的先导作用，拿出支撑国家决策的政策决定和行动的准确情报，使得情报客体的活动朝我方设定的目标演变，构筑起认知对抗优势，维护国家的最高利益即确保国家安全。

4.3.1 "先全知"的认知运筹调控机制

在《孙子兵法》中有79个"知"字。"知"，就是详尽地了解情况，这是情报对抗的前提。孙子在《孙子兵法》十三篇中反复强调"知"的重要性。一是知"先"，即要早知道情报对手的情况，早做准备，进而掌握情报对抗的主动权。二是知"真"，情报对抗双方均力图保守秘密，隐真示假，只有透过现象看到本质，才能不被假象迷惑，不至于掉入情报对手的圈套。三是知"新"，只有知道情报对手的最新情况，才能掌握情报对抗的主动权。

以《孙子兵法》中"知"思想为X轴、《孙子兵法》十三篇中"知"原文为Y轴，以《孙子兵法》的十三篇篇名为Z轴，应用MatLab软件构建三维研究现状矩阵模型，如图4-10所示。模型中的球体代表具有三个维度

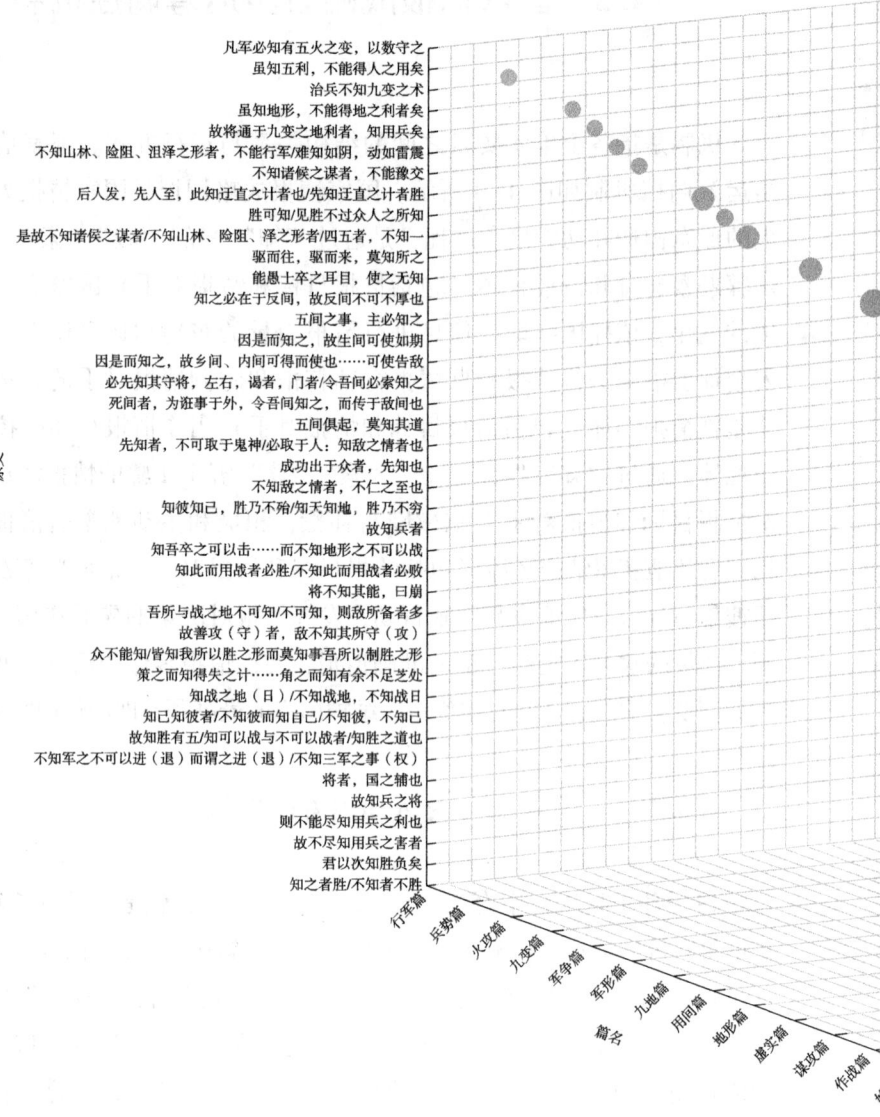

图 4-10 《孙子兵法》"

第4章 国家情报工作战略运筹与调控

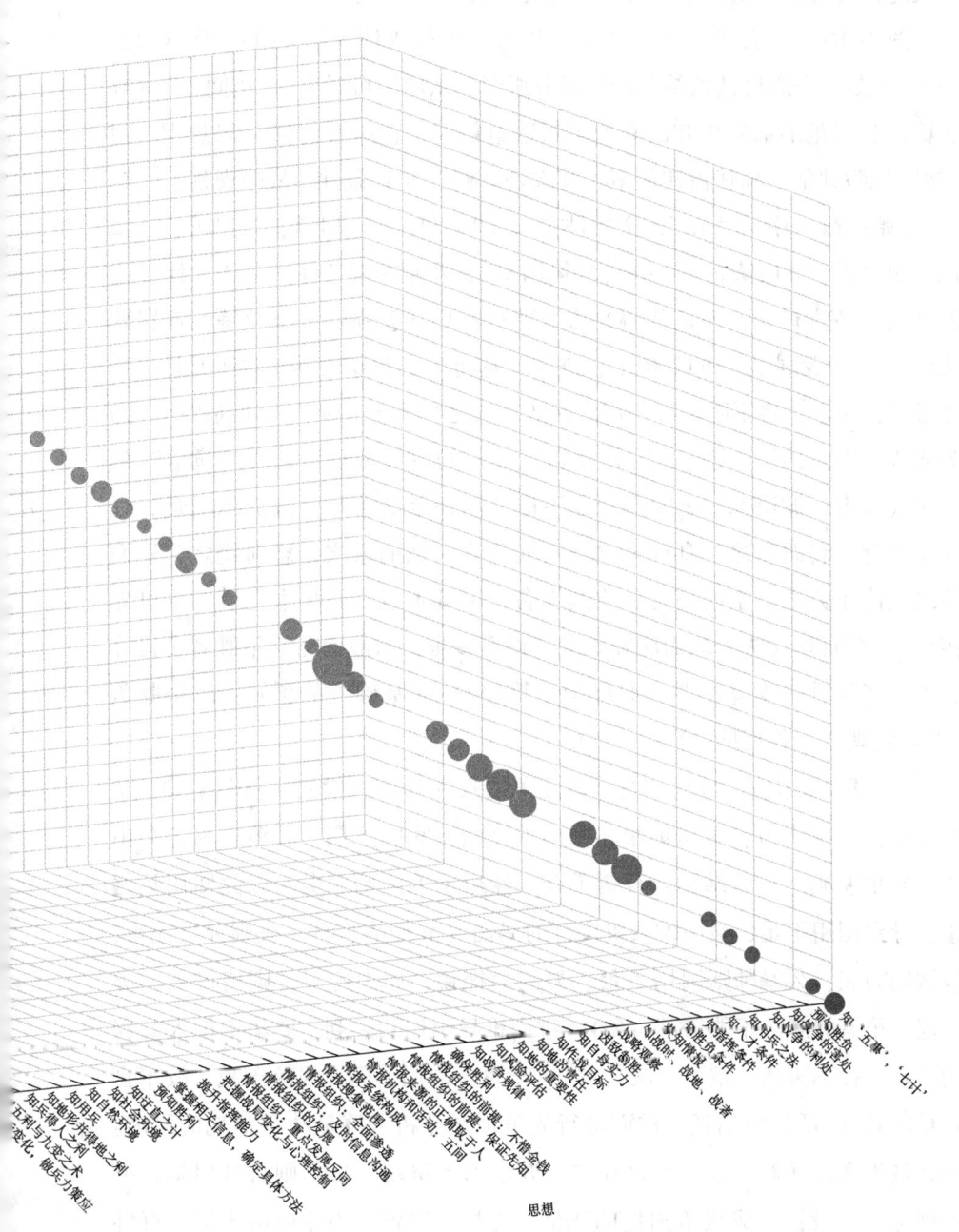

思想的三维梳理图

交叉的相关文献数量，球体的大小代表文献数量的多少。

图 4-10 为《孙子兵法》"知"思想三维梳理图，图 4-11、图 4-12、图 4-13 是三个维度两两结合的二维分析图，从图中可看出，《用间篇》《虚实篇》和《地形篇》中知的有关思想数量最多，在所有"知"思想中，对"知"风险评估的描述占比最多，其次是"知"指挥条件和战略观察。

《始计篇》中的"知"，主要是在知："五事：（一曰道，二曰天，三曰地，四曰将、五曰法）——内外环境因素"，及主客观条件，在"七计（主孰有道？将孰有能？天地孰得？法令孰行？兵众孰强？士卒孰练？赏罚孰明？）——实际能力"的基础上，进行"选将"的组织安排（将听吾计，用之必胜，留之；将不听吾计，用之必败，去之）和"造势"（计利以听，乃为之势，以佐其外。势者，因利而制权也）的政策激励，采取"诡道"的方法（兵者，诡道也。故能而示之不能，用而示之不用，近而示之远，远而示之近；利而诱之，乱而取之，实而备之，强而避之，怒而挠之，卑而骄之，佚而劳之，亲而离之。攻其无备，出其不意。此兵家之胜，不可先传也），在庙算（夫未战而庙算胜者，得算多也；未战而庙算不胜者，得算少也。多算胜，少算不胜，而况于无算乎？）的基础上的预知：战争胜负（吾以此观之，胜负见矣）。

《作战篇》中的"知"，在分析战争的投入（八大投入：驰车千驷，革车千乘，带甲十万，千里馈粮，则内外之费，宾客之用，胶漆之材，车甲之奉）的基础上，总结出：日费千金，然后十万之师举矣。以此知用兵之害：导致国用不足，被诸侯乘机攻打的局面（其用战也胜，久则钝兵挫锐，攻城则力屈，久暴师则国用不足。夫钝兵挫锐，屈力殚货，则诸侯乘其弊而起，虽有智者，不能善其后矣）；进而推导出用兵之利：要集中投入（善用兵者，役不再籍，粮不三载）、以战养战（取用于国，因粮于敌，故军食可足也）、降低战争消耗；进而进行战争损耗分析（降低战争消耗的原因：国之贫于师者远输，远输则百姓贫。近于师者贵卖，贵卖则百姓财竭，财竭则急于丘役；造成战争损耗的比例：力屈、财殚，中原内虚于家。百姓之费，十去其七；公家之费，破车罢马，甲胄矢弩，戟楯蔽橹，丘牛大车，十去其六）；在损耗分析的基础上，提出降耗的策略：务食于敌（故智将务食于敌。食敌一钟，当吾二十钟，䓵秆一石，当吾二十石)、胜敌益强（故杀敌者，怒也；取敌之利者，货也。故车战，得车十乘已上，赏其先得者，而更其旌旗，车杂而乘之，卒善而养之，是谓胜敌而益强)、贵胜避久（故兵贵胜，不贵久），最后成为知兵之将（故知兵之将，生民之司命，国家安危之主也)。

《谋攻篇》在《始计篇》作出战略决策后，进行积极主动的战争谋划。①确立谋攻的战略目标：国军旅卒伍——以全胜敌（凡用兵之法，全国为上，破国次之，全军为上，破军次之；全旅为上，破旅次之；全卒为上，破卒次之；全伍为上，破伍次之)；②确立战略手段：伐谋交兵城——以谋胜敌（故上兵伐谋，其次伐交，其次伐兵，其下攻城。攻城之法为不得已。修橹轒輼，具器械，三月而后成，距堙，又三月而后已。将不胜其忿而蚁附之，杀士三分之一而城不拔者，此攻之灾也)；③确立谋略标准：非战攻久——兵不顿胜（故善用兵者，屈人之兵而非战也，拔人之城而非攻也，毁人之国而非久也，必以全争于天下。故兵不顿而利可全，此谋攻之法也)；④确立具体的兵力运用方法：十五倍敌——以众胜寡（故用兵之法，十则围之，五则攻之，倍则分之，敌则能战之，少则能逃之，不若则能避之。故小敌之坚，大敌之擒也)。⑤为实现以上谋划，明确知争是谋攻的基础：知人才条件，将能辅国是知的主体（夫将者，国之辅也，辅周，则国必强，辅隙，则国必弱)；⑥知指挥条件，国君授权，才能避免不知之害（故君之所以患于军者三：不知军之不可以进而谓之进，不知军之不可以退而谓之退，是谓"縻军"；不知三军之事，而同三军之政者，则军士惑矣。不知三军之权而同三军之任，则军士疑矣。三军既惑且疑，则诸侯之难至矣，是谓乱军引胜)；⑦知胜负条件，知彼知己是确立知胜的基础（故知胜有五：知可以战与不可以战者胜，识众寡之用者胜，上下同欲者胜，以虞待不虞者胜，将能而君不御者胜。此五者，知胜之道也)；最后总结获知情报对战争胜负的影响结果（故曰：知彼知己者，百战不殆；不知彼而知己，一胜一负；不知彼，不知己，每战必殆)。

《军形篇》在研究如何排兵布阵的军事部署时，基于形兵之道战略部

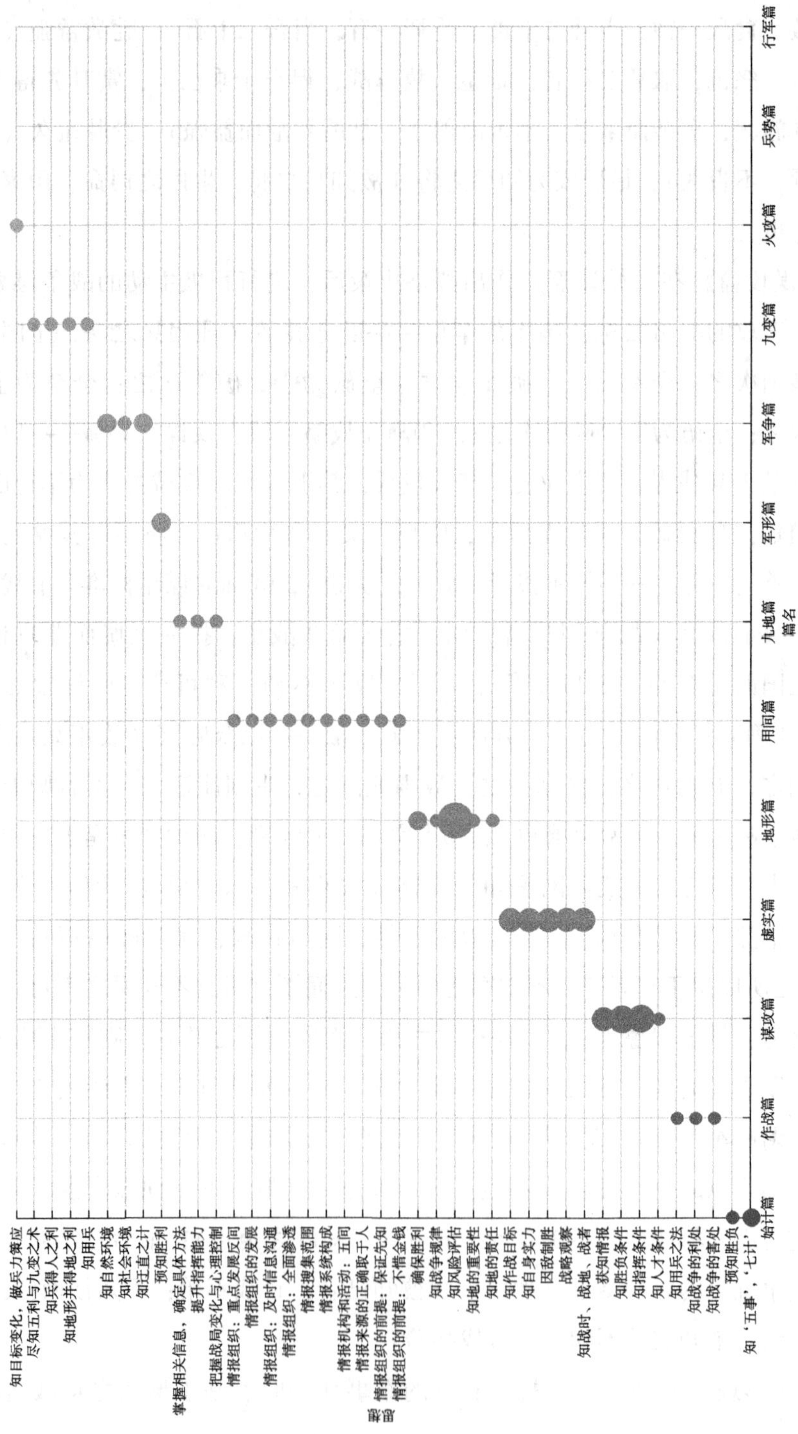

图4-11 《孙子兵法》"知"思想和篇名二维分析图

第4章 国家情报工作战略运筹与调控

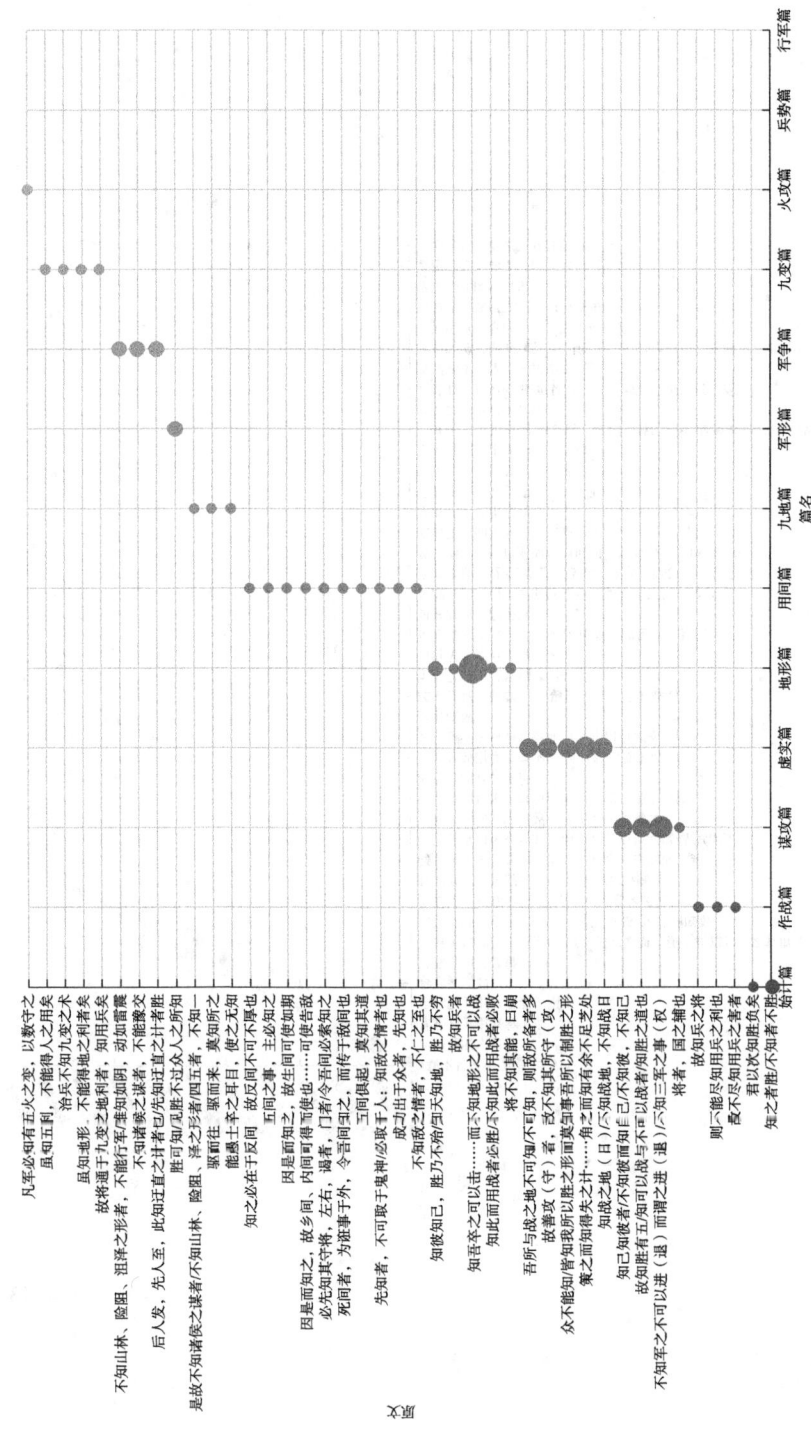

图4-12 《孙子兵法》"知"原文和篇名二维分析图

205

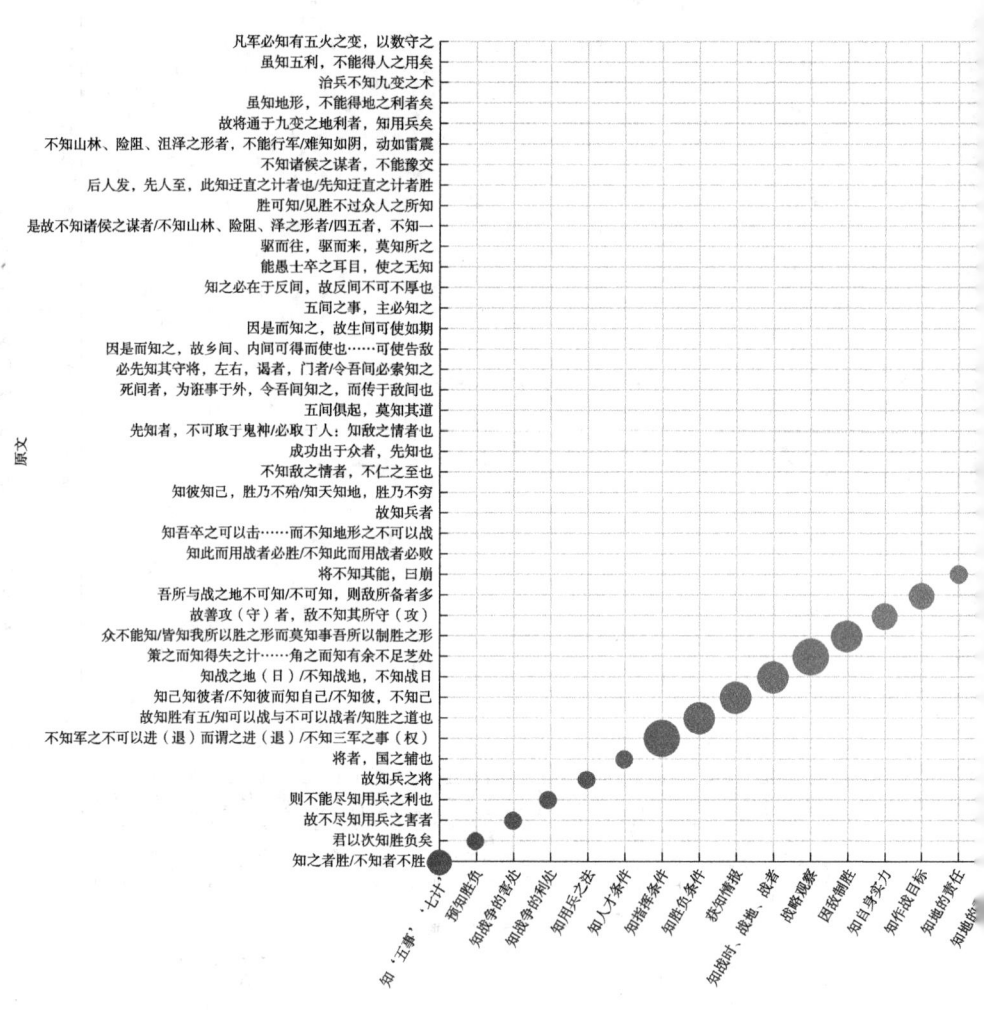

图 4-13 "知"思想

第4章 国家情报工作战略运筹与调控

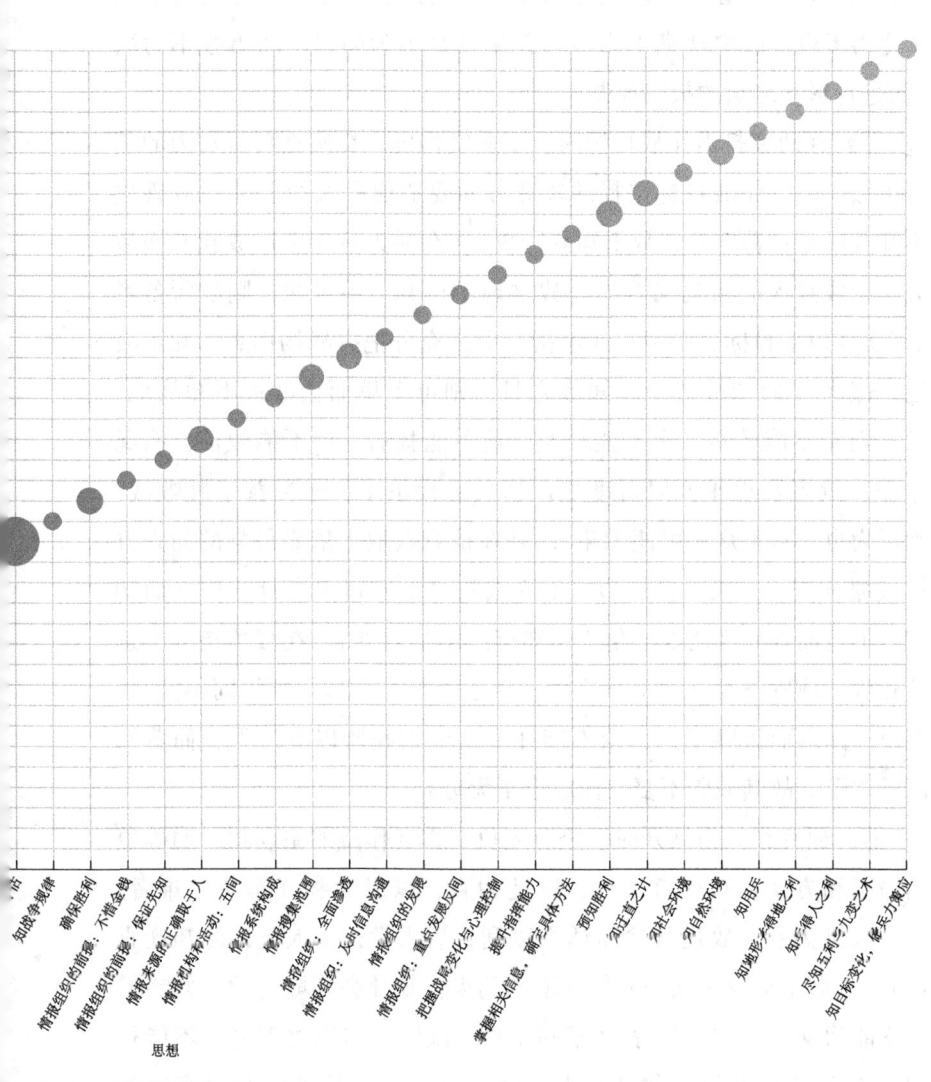

"原文二维分析图

署——修道，确立兵力部署的总原则（昔之善战者，先为不可胜，以待敌之可胜。不可胜在己，可胜在敌。故善战者，能为不可胜，不能使敌之可胜），总结出战争胜利可以预知的结果（故曰：胜可知而不可为），强调"见胜先知"原则（见胜不过众人之所知，非善之善者也；战胜而天下曰善，非善之善者也。故举秋毫不为多力，见日月不为明目，闻雷霆不为聪耳），进而进行形兵之法的战略控制。

《虚实篇》在研究打击作战目标时，要避实击虚。在确立自身实力的基础上，打击敌人时，作战目标选择的攻守方向要造成敌人的混乱（故善攻者，敌不知其所守；善守者，敌不知其所攻）。在兵力运用上形成我专而敌分的态势，造成敌人的错觉（吾所与战之地不可知，不可知，则敌所备者多）。为了实现以上目标，必须在战争指导上，充分把握战场信息，知：战时、战地、战者（故知战之地，知战之日，则可千里而会战；不知战地，不知战日，则左不能救右，右不能救左，前不能救后，后不能救前，而况远者数十里，近者数里乎？以吾度之，越人之兵虽多，亦奚益于胜败哉？故曰：胜可为也。敌虽众，可使无斗）。并在信息获取上依靠科学的侦查方式，进行战略侦查——策、作、形、角（故策之而知得失之计，作之而知动静之理，形之而知死生之地，角之而知有余不足之处）。在战争指挥上达到：因敌致胜，战胜不复（故形兵之极，至于无形；无形，则深间不能窥，智者不能谋。因形而错胜于众，众不能知；人皆知我所以胜之形，而莫知吾所以制胜之形。故其战胜不复，而应形于无穷）。

《军争篇》研究在兵力展开时，争夺先机，掌握作战的主动权。明确争夺先机的原则和方法：知迂直之计，以迂为直，以患为利（军争之难者，以迂为直，以患为利。故迂其途而诱之以利，后人发，先人至，此知迂直之计者也）。掌握主动权必须先分析环境的约束：知社会环境（故不知诸侯之谋者，不能豫交）和自然环境（不知山林、险阻、沮泽之形者，不能行军）信息。在分析环境信息的基础上，确立行军攻防的策略和保密军纪（故其疾如风，其徐如林，侵掠如火，不动如山，难知如阴，动如雷震。掠乡分众，廓地分利，悬权而动）。强调要先知迂直之计（先知迂直之计者胜，此军争之法也），这是作战争取战争主动权的总原则。

《九变篇》在研究如何处理战场情况的基础上，研究军事指挥的机变及指挥机变的价值和意义：知用兵（故将通于九变之利者，知用兵矣）、知地形并得地之利（将不通于九变之利者，虽知地形，不能得地之利矣）、知并得人之利（治兵不知九变之术，虽知五利，不能得人之用矣）。指出指挥机变的方法：运用谋略思想杂于利害，尽知五利与九变之术（治兵不知九变之术，虽知五利，不能得人之用矣）。

《地形篇》研究部队进入战区后，根据战区地形进行的微观决策。将领具有知地的责任，将领不知地势兵形，必将导致失败（大吏怒而不服，遇敌怼而自战，将不知其能，曰崩）。强调临战决策把握优势，明确知地——把握地利的重要性（知此而用战者必胜，不知此而用战者必败）。在把握地利的基础上，要进行多方面的战争风险评估（知吾卒之可以击，而不知敌之不可击，胜之半也；知敌之可击，而不知吾卒之不可以击，胜之半也；知敌之可击，知吾卒之可以击，而不知地形之不可以战，胜之半也），依据相关信息把握战争的规律（故知兵者，动而不迷，举而不穷），依据相关信息，确保战争的胜利（故曰：知彼知己，胜乃不殆；知天知地，胜乃不穷）。

《九地篇》主要研究对战局的变化的把握与心理控制，将领要把握战局必须了解相关信息（能愚士卒之耳目，使之无知；易其事，革其谋，使人无识；易其居，迂其途，使人不得虑），才能提升指挥能力（帅与之期，如登高而去其梯；帅与之深入诸侯之地，而发其机，焚舟破釜，若驱群羊，驱而往，驱而来，莫知所之）。将领在指挥兵力的展开与收缩时，也必须以掌握相关的信息（是故不知诸侯之谋者，不能预交；不知山林、险阻、沮泽之形者，不能行军；不用乡导者，不能得地利。四五者，不知一，非霸王之兵也）为基础，才能确定具体作战方法。

《火攻篇》研究以火攻法攻击敌人，火攻时，要了解火攻目标的变化（凡军必知有五火之变，以数守之），做好兵力策应。

《用间篇》研究如何使用军事间谍来获取情报。使用间谍获取情报的重点包括情报组织和情报活动两部分。其中情报组织是发挥情报作用的前提——不惜金钱（相守数年，以争一日之胜，而爱爵禄百金，不知敌之情者，不仁之至也，非人之将也，非主之佐也，非胜之主也），保证先知（故明君贤将，所以动而胜人，成功出于众者，先知也）；情报来源的正确方向——必取于人（先知者，不可取于鬼神，不可象于事，不可验于度，必取于人，知敌之情者也）；情报系统的构成（因间者，因其乡人而用之。内间者，因其官人而用之。反间者，因其敌间而用之。死间者，为诳事于外，令吾间知之，而传于敌间也。生间者，反报也）和活动——五间控制（五间俱起，莫知其道，是谓神纪，人君之宝也）；情报活动主要讲情报的搜集范围（必先知其守将，左右，谒者，门者，舍人之姓名，令吾间必索知之）和情报的组织发展，其中情报组织的发展又包括重点发展反间（五间之事，主必知之，知之必在于反间，故反间不可不厚也）、注意全面渗透（因是而知之，故乡间、内间可得而使也；因是而知之，故死间为诳事，可使告敌）、及时信息沟通（因是而知之，故生间可使如期）三部分，在此基础上使用情报。

在孙子军事思想中"知"是"行"的基础，"是故不知诸侯之谋者，不能预交"。《孙子兵法》把"知"和"行"的统一（"知是行的主意，行是知的功夫。知是行之始，行是知之成。"——出自明代思想家王守仁的《传习录》）作为逻辑线索贯穿全文，孙子在2500年前就通过用间、相敌、诱敌示形等方法去了解敌情。孙子指出："知彼知己，百战不殆；不知彼而知己，一胜一负，不知彼，不知己，每战必殆。"❶（谋攻篇），"凡兴师十万，出征千里，百姓之费，公家之奉，日费千金。内外骚动，怠于道路，不得操事者七十万家。相守数年，以争一日之胜，而爱爵禄百金，不知敌之情者，不仁之至也，非人之将也，非主之佐也，非胜之主也。故明君贤将，所以动而胜人，成功出于众者，先知也。先知者不可取于鬼神，不可象于事，不可验于度，必取于人，知敌之情者也。"❷（用间篇）。不仅要"知彼"还要"知己""知兵""知天、知地"，又说："知彼知己，胜乃不殆；

---

❶ 司马智人.活解活用孙子兵法[M].北京:中国致公出版社,2005,8.
❷ 同❶.

知天知地，胜乃可全"（地形篇）。❶ 情报主体这种知彼知己的"先全知"调控机制既包括对敌我双方"道、天、地、将、法"等情况的认知，也包括对战争规律的认知。前者是指对战争相关信息的搜集、处理，即孙子所说的"经之以五事"；后者则是指对战争趋势的预测、判断，知己原则是《孙子兵法》的灵魂，而先知原则的前提就是要及时、准确、全面地掌握情报目标和情报对手信息（包括政府首脑、权力机关、重要信息机关、核心技术组织、重要资本组织、民众等信息、知识、意识形态等情报源）。毛泽东指出："战争不是神物，乃是世间的一种必然现象，孙子的规律'知彼知己，百战不殆'乃是科学的真理。"通过"知彼知己"，就可以理解、分析和评估国家安全决策者所面临的全球环境与情境，能够在国家安全战略的制定和落实方面履行国家情报承担的责任，正确描述和评估敌我双方战略实力和局限，在识别、分析和评估国家安全威胁与机遇的基础上，直面国家安全和情报工作的挑战，提出批判性和创造性应对情报策略，应对取得国际对抗的制信息权。在现代化战争条件下，取得制信息权能够理解并展示出国家情报的有效沟通和协同工作的能力，针对己方情报泄密者的审查，监督各情报机构是否能够落实既有的安全标准和反情报工作任务，取得国际情报对抗的胜利。❷

如图4-14所示，情报主体这种知彼知己的"先全知"调控机制包括"先知"与"全知"两部分。"先知"部分指的是要先于情报对手，对情报目标和情报对手的相关信息进行搜集、处理。《中华人民共和国国家情报法》第十条规定："国家情报工作机构根据工作需要，依法使用必要的方式、手段和渠道，在境内外开展情报工作。""先知"部分通过人力手段（隐匿身份侦查）、技术手段（如监视监控、跟踪定位、窃听辨认等）、公开来源资料（电视广播、出版物、互联网等合法来源）进行情报搜集。❸ 国家

---

❶ 艾布拉姆·N. 舒尔斯基,加里·J. 斯密特. 无声的战争[M]. 罗明安,等,译. 北京:金城出版社,2011:20.

❷ 吴常青. 国家安全与公民隐私权的平衡:美国情报监听制度及其启示[J]. 情报杂志,2016,35(4):9-14.

❸ 邓灵斌.《国家情报法》规制下的国家安全与个人信息保护之考量——兼论英国情报监听制度及其借鉴[J]. 信息资源管理学报,2018,8(4):29-34.

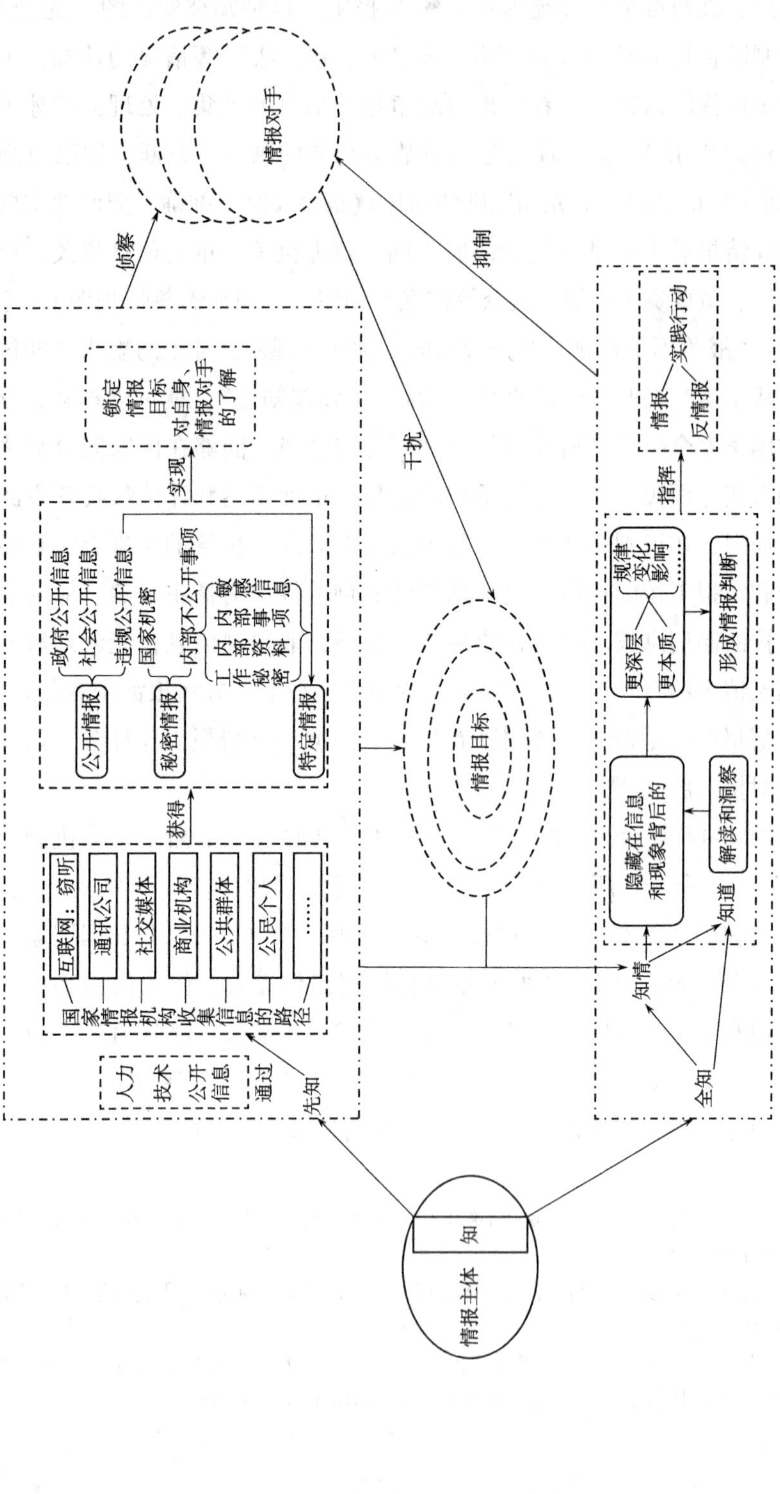

图 4-14 知彼知己的"先全知"调控机制

情报机构具体的情报搜集路径包括：①互联网；窃听。根据《中华人民共和国反恐怖主义法》第四十五条规定："公安机关、国家安全机关、军事机关在其职责范围内，因反恐怖主义情报信息工作的需要，根据国家有关规定，经过严格的批准手续，可以采取技术侦查措施。"所以公安、国安、军事机关在职责范围内，可以对情报目标正在进行的通信信息进行截取和实施情报监听等，情报事业较为发达的美国、英国特别重视"侦查监听"这种情报搜集模式，形成完整的国家情报监听体系。❶例如，英国1994年颁布《情报法》赋予英国情报机构监视外国外交官的个人权力，近年来，由于恐怖袭击事件频发，英国强化网络监管和情报监听。❷"棱镜门事件"显示，美国国家安全局通过谷歌、微软、苹果等掌握着巨大数据源的公司向其开放服务器，使美国国家安全局能够监控全球上亿网民的邮件、即时通话内容及存取的数据，对他国的国家安全和社会稳定造成很大的威胁。②通过通信公司收集，可以采用麦克风侦听、电信监控、电子监视、邮件检验等方式提前收集、发现和掌握恐怖活动组织与人员嫌疑信息。③社交媒体收集方式，对于社交媒体的数据监测、分析及筛选是国家安全的重要保障之一。④通过商业机构。⑤通过公共群体。⑥通过公民个人。国家情报机构通过具体的情报搜集路径，获得包括政府首脑、权力机关、重要信息机关、核心技术组织、重要资本组织、民众等的信息、知识、意识形态等情报源：具体包括公开情报（政府公开信息、社会公开信息、违规公开信息）、秘密情报（国家机密、组织内部不公开事项）和特定情报（组织内部不公开事项、违规公开信息），这三类情报来源多样，来自自媒体、新闻媒体、政府与公共文件（对书本、杂志、文件等公开资料），机构报告、航空拍摄、卫星成像、信息代码等，包括地理空间情报、人力情报、测量情报、开源情报及信号情报，能够在锁定情报目标的基础上，对情报对手和自身进行深入的了解。❸"先知"是先胜的基础（孙子指出："胜兵先胜而后求

---

❶ 杨建林."总体国家安全观"思想对情报方法研究的影响[J].现代情报,2020,40(3):3-13,37.

❷ 李恒,邓峰彬.国家安全视阈下反恐情报信息应用价值与法治实践[J].中国刑警学院学报,2019(1):28-35.

❸ 颜震.《孙子兵法》中的军事决策模型及应用[J].孙子研究,2017(4):62-66.

战，败兵先战而后求胜"），"先知"使得战前就能预见胜利，不打无准备之战，杜绝不了解对手的情况，对战争进程完全没有预计，"是故不知诸侯之谋者，不能预交；不知山林、险阻、沮泽之形者，不能行军；不用乡导者，不能得地利""故知战之地，知战之日，则可千里而会战；不知战之地，不知战日，则左不能救右，右不能救左，前不能救后，后不能救前""故惟明君贤将，能以上智为间者，必成大功。此兵之要，三军之所恃而动也"。

"全知"部分是以"先知"为基础的，通过"先知"部分锁定情报目标的基础上，对情报对手和情报主体自身进行深入的了解，做到"知情"，在"知情"的基础上做到"知道"。"道"的词源学解释最初就是指道路，后引申为事物运动变化的规律、法则等。这里"知道"中的"道"，不仅是指要了解情报客体的相关信息，更是要清楚这些信息背后隐藏的具有必然性的规律与法则，情报主体可以凭借经验观察，意识到情报客体在变化发展过程中的某种特定的规律和轨迹，在"知情"的基础上做到"知道"。第一，要"知道"情报客体（情报对手和情报目标）技能、各种利益集团的社会关系网、政治领导人的政治倾向及个人在组织中的情况，情报客体（情报对手和情报目标）各级成员在情报组织的地位、作用、分工，情报客体（情报对手和情报目标）使用武器和技术受训情况；情报客体（情报对手和情报目标）组织建立、发展、规模和分布情况等。第二，要"知道"情报客体（情报对手和情报目标）组织活动的主要方式及武器装备来源状况，其情报活动资金来源及招募成员的方法、渠道和对象，与国内外相关组织的联系方式，主要领导的个人特点和能力等方面的情况，组织内部的隶属关系、分工及相互关系，组织内部的规章制度。第三，要"知道"情报客体（情报对手和情报目标）活动的实施计划和动向苗头；实施情报攻击活动的行为方式，情报攻击活动所使用的工具、武器；资金注入与流转轨迹等。❶"知道"就是在理解、分析和评估国家安全全球环境与情境的基础上，解读和洞察隐藏在各种表面信息之下的更深层、更本质的国家情报承担的责任、敌我双方战略实力和局限，在识别、分析和评估国家安全威

---

❶ 吴承义,唐笑虹.大数据时代国家安全情报面临的变革与挑战[J].情报杂志,2020,39(6):1-6.

胁与机遇的基础上,提出批判性和创造性应对情报策略——洞察情报对手的实力与意图,评估情报对抗的可能进程,预测情报对抗的可能结果,从而为决策者提供情报支持。"知道"就是要取得情报对抗的控制权,指挥情报与反情报行动。在"知道"的基础上,进行情报攻击和反情报工作,侦查情报对手的间谍渗透,挫败情报对手的谍报活动,操控、利用情报对手的谍报行动,进行反情报宣传,实施战略迷惑,并把"战略情报"转为"作战情报"进行情报反击。在"全知"基础上的情报是才会是"兵之要","全知"情报是三军行动之基础,对国家安全起到保障作用或支持作用。

4.3.2 "经五事"的力量部署调控机制

"经"是"经纬"的"经","经"是度量、评审之意。"经五事"是指从事物的纵向把握。《孙子兵法》的"经五事"把决定战争性质的五大基本要素作为经线、轴心加以考察,并且这"五事"——"一曰道,二曰天,三曰地,四曰将,五曰法"。其中"道"——"令民与上同意也,可以与之死,可以与之生,而不畏危",是国家和民众的共同的政治要求,要求上下意见一致,即"人和";"天"——"天者,阴阳、寒暑、时制也",即指天时;"地"指地利;"将"是指将领;"法"——"法者,曲制、官道、主用也",为法制。❶

"经五事"——"道、天、地、将、法"五大要素之间动态互补、相辅相成构成了逻辑连贯、有机统一的思想体系,指导国家情报安全体系的构建路径,如图4-15所示。"经五事"是以"道"为核心的多因素致胜的战略环境分析,情报对抗的战略环境分析,包括对情报主体和情报客体(情报对手和情报目标)双方的自身和对手的环境分析,是在比较双方各方面

---

❶ National Security Strategy of the United States of America(2017)[EB/OL].(2017-12-18)[2022-10-13]. https://www.whitehouse.gov/wp-content/uploads/2017/12/NSS-Final-12-18-2017-0905.pdf.

资源和潜力的基础上,寻找战略环境中的机会与威胁。❶ 情报对抗的战略环境分析遵循复杂系统协同演化机理,把道、天、地、将、法这"五事"协同对比研究,对比情报主体和情报客体(情报对手和情报目标)双方决定对抗胜负五大方面的内容:即天时、地利、人和、武备与谋略。"经五事"就是要在比较情报对抗双方天时、地利、人和、武备与谋略的基础上,做到顺天时、得地利、贵人和、重武备、尚谋略。"经五事"——"道、天、地、将、法"包含了情报对抗的"天时""地利""人和"三个方面,同时又概括出情报对抗的"客观"和"主观"两大系统,能够激发情报对抗成功的内因与外因,增强情报对抗的硬实力、软实力,秉承情报对抗的客观实在性、主观能动性。

如图4-15所示,2017年,特朗普上台后在其发布的《美国国家安全战略》报告中:在国家安全理念、区域战略、大国战略等方面强调"美国优先"政策,与中俄等大国展开竞争,并将中国定位为"战略竞争对手",因此,"经五事"——"道、天、地、将、法"的情报对抗的对比研究,本书以美国为"情报对手"国。❷ "经五事",是进行情报主体与情报对手双方力量的对比,是决定情报对抗胜负的基础。一是比"总"。情报对抗往往不以情报主体的意志为转移,呈现出难以控制的一面。情报对抗要考察情报主体与情报对手双方的"道、天、地、将、法"总体力量对比,忽视了总体力量的比较,往往容易导致情报对抗的失败。二是比"全"。情报对抗是情报主体与情报对手双方政治、军事、经济、科技、外交、人力等要素的全面较量。要全面分析情报主体与情报对手之间各个方面的优劣,才能令人信服地得出结论。三是比"重"。对于情报主体与情报对手双方的比较要选择影响对抗能力水平高低的重要因素进行比较,再由此决定我方应该采取的战略战术。

---

❶ DNI. 2019 National Intelligence Strategy[EB/OL].(2019-07-18)[2022-10-13]. https://www.dni.gov/files/ODNI/documents/National_Intelligence_Strategy_2019.pdf.

❷ 王谦.英国情报组织揭秘[M].北京:时事出版社,2011:84-95.

第4章 国家情报工作战略运筹与调控

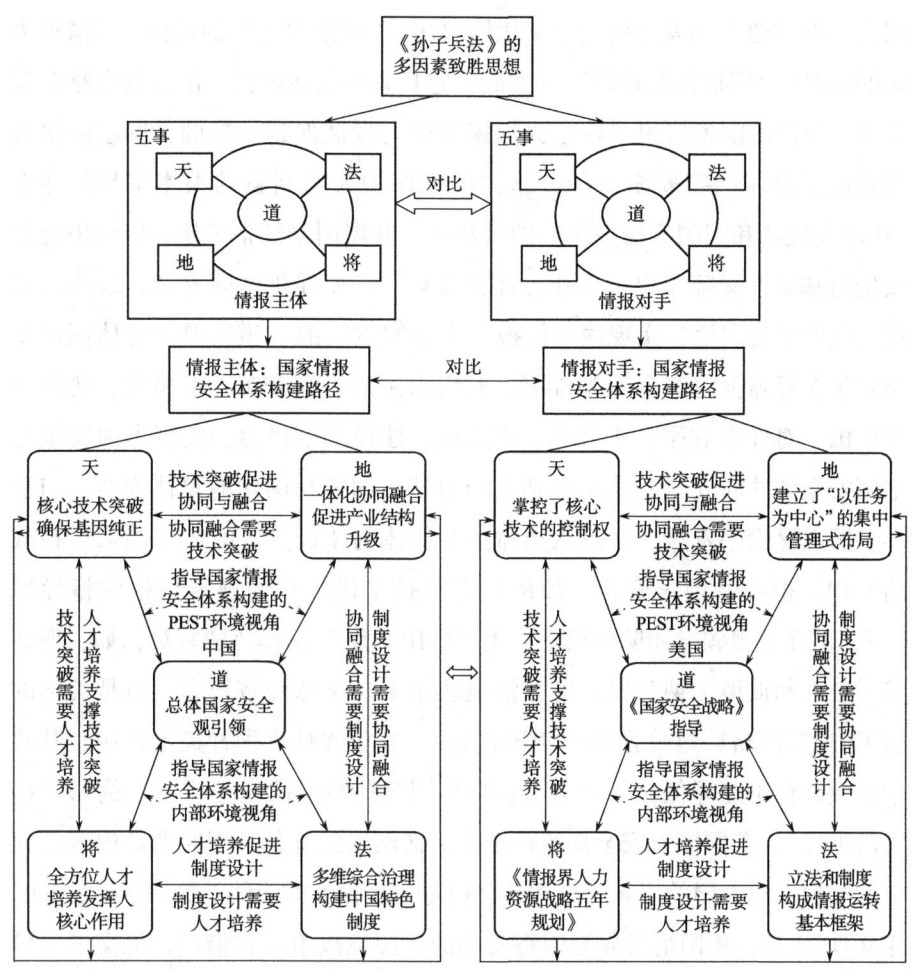

图 4-15 "多因素致胜"的"经五事"调控机制

第一，对比"道胜"。孙子在论述战争胜利的条件时总结出这样一条原理："上下同欲者胜"，这说明政治因素是决定战争胜负的关键性因素，情报对抗也是一样。首先，要比较己方（中国）和情报对手（美国）的政治因素，政治因素代表"人和"，"天时不如地利，地利不如人和"，"人和"是政治角逐的理想结果。以"道"为基础的"人和"是最持久、最稳定、最隐蔽的一种观念性的因素，会通过情报工作反映出来，形成一种情报文化，这种情报文化渗透于国家的安全环境认知和对外战略取向，对国家的行政体制、情报工作实践具有深层次的影响，是构成塑造情报文化的核心

217

因素。以"道"为基础的情报文化体现在:"对情报工作的认知""情报力量的部署""情报体制建设"等方面,它具有恒久稳定性。国家安全是头等大事,我国的国家情报战略是为国家安全与发展保驾护航的,国家情报战略服从于总体国家安全观的要求,体现保护人民利益的根本宗旨,并在《中华人民共和国国家情报法》的制约下,开展国家情报工作,以维护经济安全为基础,保障军事、文化、社会安全,还要促进国际安全,最终实现以人民安全为宗旨,实现国家情报"上下同欲"的"道"胜。总体国家安全观是在保障国内安全的基础上,对内求发展、求变革、求稳定、建设平安中国,对外求和平、求合作、求共赢、建设和谐世界,实现本国安全与他国安全的共同安全,甚至包括人与自然、国家与国际的总体安全。与世界各国人民携手发展,促进人类命运共同体的建设。美国在《国家情报战略》中,把提升国家安全、经济实力和技术优势作为国家情报的指导原则❶,但在情报领导团队任用上,美国启用"鹰"派作风的官员,如:斯蒂芬·班农和彼得·纳瓦罗,国家情报政策聚焦全球经济博弈。但是美国的《国家情报战略》过分强调"美国优先",在世界性大国冲突治理中,其政治的效能在迅速降低,甚至引起包括美国公民在内的全球反对。例如"棱镜门事件",美国国家安全局监控全球上亿网民的邮件、即时通话内容及存取的数据,对他国的国家安全和社会稳定造成很大的威胁。更有甚者,2002年9月24日,美国情报界为即将发动的伊拉克战争寻找借口,提交了一份"关于伊拉克存有大规模杀伤性武器的评估报告"(后被证实是杜撰出来的),所以美国的国家情报的"道"似乎已经有悖于客观、公正,只是变成了被政府利用,辩护的工具,过分政治化了。❷

第二,对比"天时"。"天者,阴阳、寒暑、时制也",意思是"顺天时",要因时制宜。"五事"中的"顺天时"要求以时间为本位来审视、理解和对待国家情报,因为国家情报的相关要素都是"时"的存在。因此,维护国家安全与发展的国家情报必须考虑时代特点,必须因时制宜地考量

---

❶ 高金虎. 作为一门学科的国家安全情报学[J]. 情报理论与实践,2019(1):1-9.
❷ 陈峰. 论国家关键核心技术竞争情报[J]. 情报杂志,2019,38(11):1-5.

世界变局导致国际安全领域的新变化。当前，抵制西方世界的"逆全球化"思潮和各种民粹主义、保护主义的泛滥，国家情报必须掌握和利用先进的技术来营造国家情报战略的优势。布鲁斯·伯尔考威茨和阿兰·古德曼指出：信息技术革命改变了情报机构的工作方式和情报机构监控的内容，特别是近年来技术优势直接决定情报对抗的优势。❶ 在情报领域，大数据环境下的情报工作对数据处理的技术要求更高，能够利用数字化科学数据，借助复杂的数据挖掘、集成、分析与可视化工具将数据转换为信息和知识的能力，将导致情报对抗的优势。2017年3月8日，美国商务部宣布对中国中兴通讯股份有限公司处以巨额罚款，理由是中国中兴通讯股份有限公司违反美国技术出口管制法律。"中兴事件"后，中国包括情报界在内的各界人士不得不承认关键核心技术受制于人的严酷现实，特别是在2018年美国明确将中国作为新时期的战略竞争对手的情况下，关键核心技术更是确保情报对抗胜利的核心要素，必须抢占关键核心技术全球竞争制高点。所谓关键核心技术是指在国际竞争中对特定国家的经济、科技、国际竞争优势、国家安全等领域产生了重大影响的技术。例如，美国商务部发布的"出口管制技术"目录清单上的技术都是典型的国家关键核心技术。❷ 2018年7月党中央、国务院将关键核心技术突破作为国家战略予以部署施，在情报对抗领域，国家关键核心技术的研究与服务也是迫在眉睫，只有实现关键核心技术突破，才能确保技术基因纯正，避免在情报对抗中受制于人。❸ 美国依托情报基础设施、监控全球的卫星系统等控制人类数据生产的数据库和操作系统，并实际掌控了互联网管理体系和国际传媒体系、国际金融体系等领域的技术，并制定禁止出口、限制出口的政策，所以美国实际上掌控了对关键核心技术的控制权。2017年7月，美国情报高级研究计划局（Intelligence Advanced Research Projects Activity，IARPA），分析了AI对于美国

---

❶ 中央广播电视总台央视新闻.关键核心技术该如何突破？习近平给出路线图[EB/OL].（2018-07-14）[2019-04-23]. http://news.cnr.cn/native/gd/20180714/t20180714_524300706.shtml.

❷ 高金虎.美国战略情报之父威廉·多诺万[J].文史天地,2014(2):83-87.

❸ 陈峰.中国情报学的宣传推介策略[J].情报杂志,2016,35(3):1-6.

国家情报体系的重要影响,指出 AI 已经运用到国家情报体系的相关工作中,AI 技术将逐步代替大量人工情报工作,传统情报技术无法做到精确、及时地从海量数据中挖掘出有价值情报,AI 技术的应用将为增强情报对抗优势提供砝码。

第三,对比"地利"。"地者,高下、远近、险易、广狭、死生也","地利",不仅仅指具体的地理位置,更重要的是强调:人"安身立命"要选择并保持恰当的"位",意思是说要知地利,因地制宜。传统的国家安全是指与战争、军事、强力政治密切相关的安全领域,虽然军事情报机构在保卫国家安全领域处于主导作用,但是,由于国家安全问题涉及的范围更加广泛,根据"总体国家安全观"对国家安全的定义:"国家安全包括人民安全、政治安全、经济安全、军事安全、文化安全、社会安全等全方位内涵,兼顾传统安全与信息安全、生态安全、资源安全、核安全等非传统安全,既重视外部安全,又重视内部安全"。❶ 所以,维护国家安全与发展的国家情报,不仅要了解情报对手的纯军事情况,还涉及国民士气、人口状况等非军事情况,各情报机构必须杜绝各自为战,进行全源情报分析,成为一种必然选择。美国战略情报局局长威廉·约瑟夫·多诺万(William Joseph Donovan)指出:情报工作要"动员国家的全部精神力量和物质力量",不仅需要军事情报人员,还需要经济学家、心理学家和各领域工程技术人员、财政专家等去分析和研究。❷ 建立一个独立的、综合性、全国情报的统一归口上报机构,十分必要,这样在重大情报问题上能综合各情报机构的材料、观点,形成情报界的共识,供国家决策者参考。2013 年 11 月,中共中央决定设立"国家安全委员会","中央国家安全委员会"在 2014 年 1 月 24 日正式成立,"中央国家安全委员会"向中央政治局、中央政治局常务委员会负责,统筹协调涉及国家安全的重大事项和重要工作。2014 年 4 月 15 日,习近平提出了"总体国家安全观"。落实"总体国家安全观",需

---

❶ 孙厚洋.当代国际间谍情报斗争[M].北京:时事出版社,2003:159.
❷ 李品,杨国立,杨建林.面向国家安全与发展决策支持的情报服务体系框架研究[J].情报理论与实践,2020,43(2):9-14.

要各类型情报机构服从"中央国家安全委员会"的统一领导,建成军事情报、外宣情报、公安情报、经济情报、科技情报构成的"一体化"国家情报体系,实现情报工作、先进技术和多种资源的互融互通。加强国家情报各项工作中联动与合作。虽然"中央国家安全委员会"已经设立,但"健全国家安全体制机制"的建设任务却未最后完成,即"一体化""大情报体系"尚未形成。因此,应从顶层设计层面推动"国家情报体系"建设,建设成一个多部门、多机构、多领域与多学科的"一体化"的"大情报体系",对军事、国家安全、公安、科技、经济等情报分支领域进行全面统领、组织协调。❶ "一体化"的国家情报机构负责国际合作协调,开展"情报共享预警""情报能力提升"和"人才培训"方面的国际合作;加强对政府情报部门与私营情报机构或者公民个人协调合作,负责指引和保障各种情报工作基础设施的建设施工、日常维护和监管运营等。当然,由于情报本身的对抗性,在"一体化"的"大情报体系"中,情报泄露的威胁必然存在,必须采用新手段和新途径,重新设定新时代的情报信息保密规定,强化情报信息传递安全管理机制,并通过技术升级增强情报安全、降低情报泄露。"9·11"前,美国情报界是"以机构为中心"的烟囱式的组织体系布局,不同门类的情报工作由不同情报机构各自独立负责,还不能在统一的组织框架内协同开展情报工作,不同情报机构彼此之间的沟通联系也不畅通。"9·11"后,美国2004年出台《情报改革与恐怖主义预防法》,在此基础上,依法设立"一体化"的国家情报体系,确立"一体化"的国家情报体系的领导职位——国家情报总监(Director of National Intelligence,DNI),使得国家情报组织从中央情报局彻底分离出来。国家情报总监是美国情报界的领导者,国家情报总监是美国联邦政府官方职位,直接受美国总统的指挥、管理与控制,国家情报总监对各大情报机构负责人任命拥有审核权,进一步细化了国家情报管理机构。目前美国的国家情报管理机构已经由原本分散的组织体系趋于集中统一,并转向"以情报任务为中心"

---

❶ 吴素彬,徐亚光.我国国家情报立法发展与体系化建设构想研究[J].情报杂志,2018,37(12):1-7.

的集中管理式布局，真正打破部门情报之间的隔阂，将分散的情报力量聚合起来，形成共由17个行政机构和组织（"IC elements"情报界成员）组成的国家情报工作体系。美国国家情报工作体系由2家独立机构（国家情报总监办公室（ODNI）和中央情报局（CIA））和8家国防部成员机构（国防情报局（DIA），国家安全局（NSA），国家地理空间情报局（NGA），国家侦查办公室（NRO）及陆军、空军、海军、海军陆战队军事部门的情报和反情报部门）组成，这些机构也都接受国防部情报副部长（USDI）的指导和监督、其他7家行政部门所属机构包括：能源部下属情报和反间谍办公室，国土安全部下属情报和分析办公室，海岸警卫队的情报和反间谍部门，司法部下属联邦调查局，司法部下属缉毒局的国家安全情报办公室，国务院下属情报和研究局，财政部下属情报和分析办公室。美国国家情报总监是国家情报战略的制定者和情报机构的预算（国家情报计划，National Intelligence Program）的审核者，美国情报组织通过国家情报总监办公室监督、指导和协调各情报机构的工作，以应对综合性情报问题，各成员机构的战略计划会通过《国家情报战略》的方式公布，并纳入各个情报组织自己的情报计划中。美国情报界在综合任务管理、一体化业务管理、人力资源管理、技术创新、信息共享与保护等方面协同较好。

第四，对比"择将"。"夫将者，国之辅也，辅周则国必强，辅隙则国必弱。"孙子说"上智为间"，可见孙子对情报人员要求很高。人是情报工作的主体，人才队伍建设国家情报事业发展的基石。凯西（美国前中央情报主任）指出："我们是否有足够的吸引力，把足够的人才保留下来或请进来，是我们事业成功的关键。"❶建设政治过硬、具有科学思维、协作精神、强语言能力和分析技能的高素质国家安全情报人员队伍，才能形成强大的情报保障优势。在目前的大数据环境下，虽然情报工作多以数据为牵引、以技术为中心。但是，"人"依然是情报活动主体，只有情报人员才能提出有价值、值得分析的问题；只有情报分析人员才会选择和参数设定，鉴别并解决数据质量、标准、偏差等问题；只有情报人员才能综合、组织、解

---

❶ 中华人民共和国国家情报法[N].人民日报,2017-07-14(12).

释结果并做出正确的判断,做国家安全和发展的战略环境态势分析或情境感知;只有情报人员才具有前瞻性、引领性思维,能够利用智能分析等技术手段,做好为国家安全和发展提供情报支撑的工作。所以,无论何时,情报活动主体都是人,而非技术或机器,"择人任势"才是实现国家情报工作"不战"而"全胜"核心和基础。为了培养"情报人才",很多国家建立了专业的情报院校开展专门的国家情报教育。例如,2001年日本成立小平情报学院、2010年7月法国成立情报学院。相比较来看,我国的情报人才培养体系不够完善,专家建议建立或改建专业的国家情报大学,面向国家安全情报业界,培养专业国家安全情报人才。不仅要针对特定的政治、军事、外交、安全等领域进行专业培训,国家安全情报理论、情报意识、情报获取力技能、情报利用能力、安全情报伦理、团队意识、语言能力、情报客体(情报目标与情报对手)国历史、文化等,遵循总体国家安全观的要求,加强国家安全情报教育。2018年4月,教育部出台:设立国家安全学一级学科,依托普通高校和职业院校开展国家安全专业人才培养。美国情报界将情报人才提升到战略高度,历年的国家情报战略与反情报战略和2004年《情报改革与恐怖主义预防法》,都提及情报教育问题,并作了重点阐述。《情报界人力资源战略五年规划》明确了人力资源需求,提出情报人员统一了训练和评估标准,目前已经建立了一个层次分明、功能完善的情报培训体系。美国设立了国家情报大学和中央情报局大学等专业培训机构,美国情报界与学术界合作关系密切,加强对学生的实践能力和分析技巧方面的训练,这些学生能够适应全球科技环境中文化、社会、环境的适应性变化,具备独立学习的能力,利用技术工具,能够搜集和评价各种情报源,具备创造性思考的能力和应对复杂和模糊不明的挑战。

第五,对比"法制"。"法者,曲制、官道、主用也。"国家情报工作必须纳入法治的轨道,才能实现情报工作管理的制度化、标准化、法制化。中国传统文化主张"备物致用,文武兼备"——"有文事者,必有武备;有武事者,必有文备"。情报工作管理的制度化、标准化、法制化就是"备物致用",因"备"而"先胜",国家情报工作反对"无备""不戒"。情报立法,是建立和规范情报机构的职责、作用、权力的基础,也能够规范情报机构与其他机构之间的相互关系等,是情报机构的调整、体制改革的依据,情报立法是维护国家安全的客观要求,建立科学完备的国家情报法律体系,才能保障情报工作的顺利开展,所以,科学完备的国家情报法律体系是维护国家安全的根本保障。❶ 以总体国家安全观为指导的《中华人民共和国国家情报法》,明确国家情报工作的现状,制定相应的工作标准,真正实现情报工作管理的制度化、标准化、法制化。近年来,我国的国家安全情报立法除了《中华人民共和国国家情报法》(2017.6)外,还包括:《中华人民共和国保守国家秘密法》(1988 颁布,后经多次修订)、《中华人民共和国国家安全法》(1993 颁布,2015 年修订)、《中华人民共和国反恐怖主义法》(2016)、《中华人民共和国反间谍法》(2014)、《中华人民共和国境外非政府组织境内活动管理法》(2017)、《中华人民共和国网络安全法》(2017)、《中华人民共和国食品安全法》(2015)等。可以说:我国的国家安全法律体系初见规模。但是,这些法律的具体内容建构与落实总体国家安全观还存在差距,特别有关国家安全情报协调机制等内容并未涉及。因此,还需要修改《中华人民共和国国家情报法》,或者颁布相关的补充法律,重点规范国家安全情报机构调整和情报力量布局,并对各级、各类国家安全情报机构的职责进行确定,建构国家情报多维协调的机制,确保国家情报工作"一体化"协调发展。❷ 美国强调依宪治国、分权制衡的政治体制,情报法制体系也很完善。美国的情报机构建立、情报体系的调整基本做到了有法可依,"数量充足和门类齐全"的法律,自颁布后,就不断修订,保证内容始终与时俱进。例如,美国以一部核心法律作为法律体系的支柱,不断带动一系列配套法律的建设,当前美国有近百部国家情报法律法规,保证了美国国家情报法律法规的高覆盖率,国家情报各个领域工作能够得到各种法律法规全面、及时、有效的保障和制约,具体到国家情

---

❶ 高婷婷,王红霞.应对"一带一路"战略沿线国家恐怖主义的情报支援机制探究[J].海军工程大学学报(综合版),2017,14(2):51-54.

❷ 高金虎.军事情报学[M].南京:江苏人民出版社,2017:133.

报某一领域工作时，也会辅以相应的条令条例或规章，立法和制度共同构成了美国情报体系运转的基本框架。

4.3.3 "索其情"推演归纳调控机制

"索其情"即探索、推演、归纳国家情报主体和情报对手的实际情况，通过归纳推演来掌握情报主体和情报对手双方情报对抗胜负的情势。《孙子兵法》通过"先全知""经五事""校七计"后，用"索其情"来探索情报主体和情报对手双方情报对抗胜负的态势，即在集合、筛选、比较情报主体和情报对手双方信息或现象基础上，"求索"情报对抗的内部联系，应该透过纷繁复杂的情报现象，洞察情报事件的本质，预测其进一步的发展趋势。进行"见微知著"的情报分析和判断过程中，解读和洞察出隐藏在这些信息或现象背后的更深层、更本质的情报规律、变化及影响，从而形成情报主体针对情报对手的战略情报、预测性情报、当前行动、网络空间情报、反恐、反扩散、反情报等方面的判断，为研判国家安全战略形势、确立国家安全战略议题、做出国家安全决策、确定国家安全战略方案、颁布国家安全战略做准备。❶日本学者白岩谦指出："情报是从经过甄别、选择的资料或数据中，加工而成的达成特定目的判断的表述。"在国家安全决策程序中，"索其情"的情报分析判断，是国家安全决策的基础与先导，通过"索其情"的情报分析判断，不仅要判明威胁，区分敌友，揭示情报对手的企图，还要计算情报对抗双方的力量对比，权衡情报对抗的各种利弊得失，最终目的是为国家安全决策提供情报预警，如图4-16所示。❷

---

❶ 龙小农.跨国危机管理——理论、方法及案例分析[M].北京:中国传媒大学出版社,2005:124.
❷ ASTHANA N C, NIRMAL A. Intelligence and security management[M]. Jaipur, India:Aavishkar Publishers,Distributors,2008:vii.

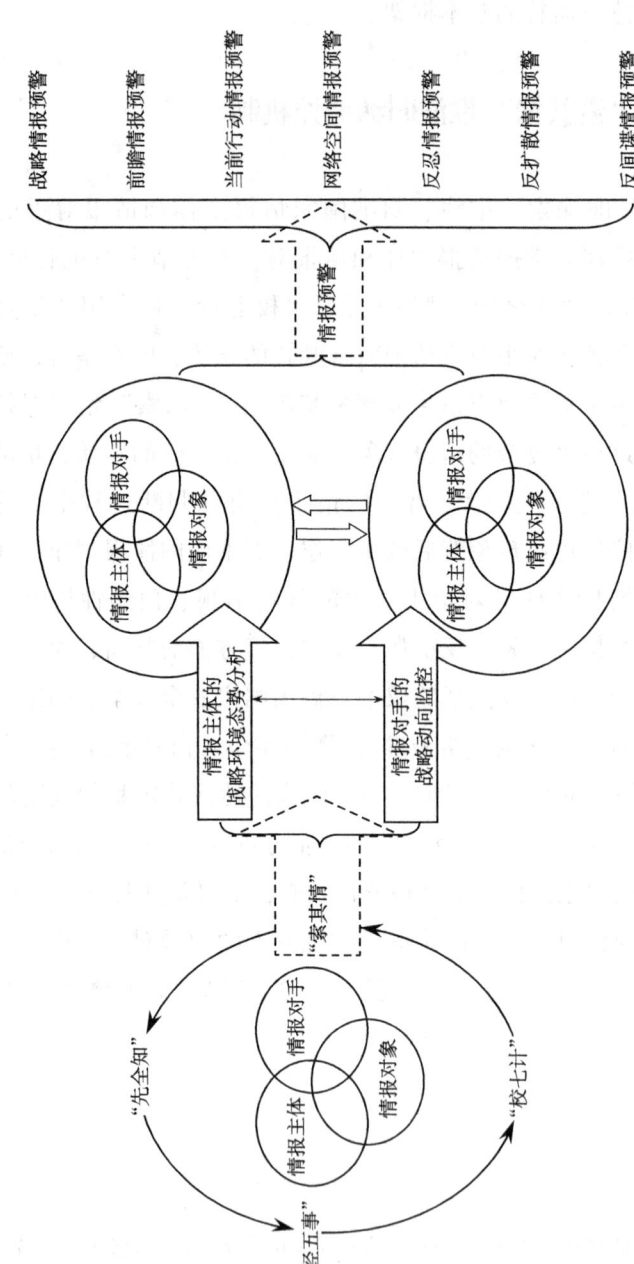

图 4-16 "推演归纳"的"索其情"调控机制

第 4 章　国家情报工作战略运筹与调控

"推演归纳"的"索其情"调控机制清晰地刻画出：国家情报的来源和其演化的路径，遵循信息链的演化路径——"事实→数据→信息→知识→情报（智能）"。❶"索其情"调控机制是在"先全知"的基础上，通过"先知"部分在锁定情报目标的基础上，对情报对手和情报主体自身进行深入的了解，做到"知情"（事实→数据→信息），在"知情"的基础上做到"知道"（→知识→情报）。"知道"情报客体（情报对手和情报目标）技能、各种利益集团的社会关系网、政治领导人的政治倾向及个人在组织中的情况，情报客体（情报对手和情报目标）各级成员在情报组织的地位、作用、分工，情报客体（情报对手和情报目标）使用武器和技术受训情况；情报客体（情报对手和情报目标）组织建立、发展、规模和分布情况等；"知道"情报客体（情报对手和情报目标）组织活动的主要方式及武器装备来源状况，其情报活动资金来源及招募成员的方法、渠道和对象，与国内外相关组织的联系方式，主要领导的个人特点和能力等方面的情况，组织内部的隶属关系、分工及相互关系，组织内部的规章制度；"知道"情报客体（情报对手和情报目标）活动的实施计划和动向苗头；实施情报攻击活动的行为方式，情报攻击活动所使用的工具、武器；资金注入与流转轨迹等。"索其情"调控机制在"先全知"后，通过"经五事"——"道、天、地、将、法"的情报对抗的对比研究，在理解、分析和评估国家安全全球环境与情境的基础上，解读和洞察隐藏在"先全知"的各种表面信息之下的更深层、更本质的国家情报承担的责任、敌我双方战略实力和局限。"索其情"调控机制在"经五事"后，进行"校七计"调控机制，比较情报主体和情报对手双方不以人的意志为转移的外部环境因素和情报主体和情报对手的内部状况。通过"情报对抗"的"校七计"比较双方竞争力，这是双方的外部环境和内部条件全方位优劣比较，全部的情报对抗实力比较。

"索其情"调控机制就是要在识别、分析和评估国家安全威胁与机遇的基础上，进行情报主体的战略环境态势分析，洞察情报对手的实力与意图，对情报对手进行战略动向监控，并评估双方情报对抗的可能进程，预测情

---

❶ KENT S. Strategic intelligence for American world policy[M]. Princeton：Princeton University Press，2015：xxv.

报对抗的可能结果，进行情报预警。❶ "索其情"调控机制的目的就是进行情报对抗的战略预警，原美国中央情报局局长老布什（George H. W. Bush）强调：情报就是为预测危险服务的，情报工作永远是我们的第一道防线。❷ "索其情"调控机制就是为防范情报对手突然袭击而要经常保持警戒，这样才能够准确迅速地了解情报对手的动态，向国家情报的决策者和军事指挥官提供早期预警。❸

《中华人民共和国国家安全法》（2015年实施）第四章的"国家安全制度"共设立了五项内容，但除去"一般规定"之外，剩下的四项与情报、反情报工作有关的内容，包括："风险预防、评估和预警""情报信息""危机管控"等。而"风险预防、评估和预警"规定："国家制定完善应对各领域国家安全风险预案"。"索其情"调控机制就是要建立针对国家安全风险的预警机制，定期开展各领域（战略情报、前瞻情报、当前行动情报、网络威胁情报、反恐、反扩散、反间谍与安全等）国家安全风险调查评估，健全国家安全风险监测预警制度，及时发布相应风险预警。要实现"索其情"调控机制的国家情报预警功能，情报主体的认知部门要回答以下问题：目前面临的国家安全威胁是什么？战争、恐怖袭击、经济危机等会不会发生？如果危机发生，那么什么时间发生？对手是谁？为什么发生？涉及的区域包括哪些？解决冲突的症结在哪里？……回答这些问题，情报机构要通过"索其情"调控机制了解情报对手的战略意图，情报对手的潜力，情报对手的准备情况……双方面临的国际环境和战略态势，整编预警指标，编制情报对手的对抗序列，监控情报对手行动的动向，研判情报对手的意图，及时向国家情报决策者发出警告，方便其采取适当的应对措施，以避免情报对手的突然袭击。根据美国"战略情报之父"谢尔曼·肯特的观点：情报是知识、是组织、是活动。❹ "推演归纳"的"索其情"调控机制中

---

❶ 谢尔曼·肯特.战略情报：为美国世界政策服务[M].北京：金城出版社，2012：1—129.

❷ GEORGE R Z, BRUCE J B. Analyzing intelligence[M]. Washington, D. C.：Georgetown University Press，2014：83.

❸ 王文荣.战略学[M].北京：国防大学出版社，1999：79，117.

❹ 曹操等注.十一家注孙子[M].上海：上海古籍出版社，1978：1.

"索其情"调控部分需要围绕三个方面展开,如图4-17所示。

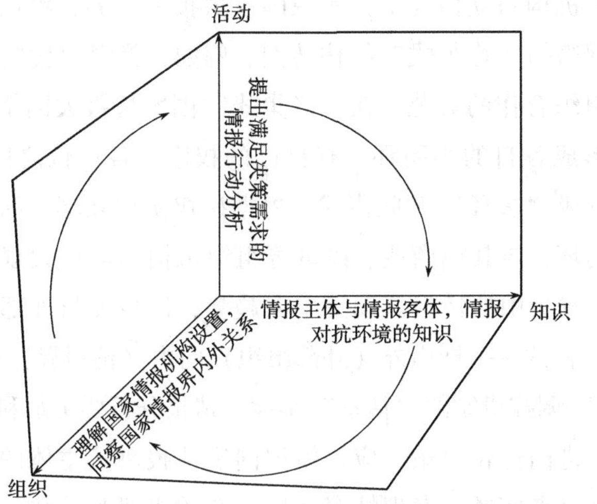

图4-17 "索其情"调控机制的三维互动

"索其情"调控机制的"知识"维度,重点是要拓展国家情报来源的范围,为国家情报工作提供更广阔的视野和空间。目前互联网、物联网、科研等导致的数据爆炸,情报领域数据量迅猛增加,国家情报在整体而非局部的大数据思维下,迫使情报人员把所有与情报对抗相关的可获得的数据都考虑在内,包括传统媒体、互联网、政府公共数据、专业与学术出版物、商业数据和灰色文献等,还包括内容社区、社交网站、深度网络等网络技术应用所产生的海量数据等。不同情报单位需建立自己的数据池,各情报单位的数据池再通过某种数据联系进行协调、流通、共享,从而形成国家情报界数据共享联盟。在海量数据的基础上,形成情报工作所需的分析对象与分析内容信息,并在信息的基础上形成有关情报主体(自身)与情报客体(情报对手和情报对象)、情报对抗环境的知识,为国家安全决策提供有关情报环境、情报对手、安全威胁、安全机遇等方的信息和知识,塑造一个"尽可能透明的"信息环境,是国家安全情报机构的首要任务。

"索其情"调控机制的"组织"维度,要最大限度挖掘"知识"维度的价值,根据"知识"维度的价值,理解情报主体(自身)与情报客体(情报对手和情报对象)机构设置情况,洞察情报主体(自身)与情报客体

（情报对手和情报对象）的国家情报界内部关系及国家情报界内外关系，并且在保持情报机构独立情况下，实现国家情报的跨界、跨层次融合，实现国家情报大网络的"蜂巢式"结构转型。例如，美国"棱镜"项目便是情报界与商业组织合作的典范。在"蜂巢式"国家情报大网络结构下，情报界内部单位形成各自的小闭环，有自己的权限，各单位之间的数据共享、有序沟通，形成"多环"并联模式，根据授权实现互享；国家情报界整体作为一个大闭环，与其他商业、民事等组织机构形成更大规模的数据蜂巢结构，但这一蜂巢中的情报流动呈单向趋势，情报界与外部的联系需要采取"单行道"模式——即由外（外部组织）向内（情报界）的单向流动。

"索其情"调控机制的"活动"维度，情报分析要更加科学、严谨，满足决策需求，进而优化决策。应该模拟国家情报决策主体的思考过程，像决策主体一样思考问题；发现情报对抗存在的机遇和威胁，分析情报对手可能存在的薄弱环节，提出满足决策需求的行动分析。情报分析要定量化、可计算和可重复，情报分析人员将更多诉诸计算机自动化来处理加工数据，同时辅以情报人员的判断。采用统计和数据挖掘等方法对数据进行计算，获取隐含的知识与观点，保证情报分析的科学严谨，全方位展示信息内容及其内在关系，推动整个情报工作流程的自动化和智能化发展，国家情报界也要加大与其他行业、组织的联系，借助其他行业的数据乃至数据分析技术提升自身情报分析能力，更好地解析数据，列出问题，并对情报问题进行评估，提出满足决策需求的行动分析——情报主体的战略情报态势和情报对手的行为动向，进而提出预警情报。❶

"索其情"的三维互动分析后，首先要分析情报主体的战略环境态势，战略环境态势是指：国际和国内的政治、科技、军事、经济、地理等各方面的基本情况，以及由此而造成的国家安全战略态势。❷ 情报主体的战略环境是影响情报认知主体的决策制定、选择和实施的一切因素的总和。情报认知主体的决策是否科学，实施是否顺利，取决于对情报主体的战略环境态势的判断。对情报主体的战略环境态势分析，就是要对情报对抗双方的

---

❶ 毛泽东.《毛泽东选集》[M].北京:人民出版社,1968:163.
❷ 高金虎.试论信息时代的情报分析理论创新[J].情报杂志,2018(7):1-6.

形势和状态进行研究,把握其本质的内在联系,揭示情报对抗发展规律和未来可能的状态。情报主体的战略环境态势分析包括:国际竞争格局、国际战略力量部署及其发展演变,国际社会各领域中的重要进展,或发生的重大事件及其影响,等等,国际关系的发展规律和可能的发展动向。因此,了解情报主体的战略环境,分析构成情报战略环境的各个因素,评估情报战略环境,消除情报认识中的不确定性,情报人员需要分析国家战略、安全战略、安全观或相应的文件,寻找国家安全总体目标和各领域目标,并对情报战略环境的各个因素进行准确的分析与评估,才能判明国家安全威胁的来源、性质和程度,求索面临的国际安全环境、安全态势,确定需要动用哪些战略手段和资源,并为确定安全需求的实现途径奠定基础,才能有效地维护国家安全利益,实现国家安全战略目标。"索其情"的三维互动分析后,其次要监控情报对手战略动向,影响国家安全利益的威胁与机遇是时刻变化的,情报对手的情况、情报对抗国际态势也是会发生变化的,国家情报机构要严密监控变化,洞察新变化中的新动向。因此,要持续监控情报对手的各方面变化,掌握情报对手的新动向,判断重要事件的发展脉络、意义及影响。第三,在分析情报主体的战略环境态势、监控情报对手战略动向的基础上,要进行面向国家安全的各方面情报预警:①战略情报(strategic intelligence)预警,面向国家安全利益,甄别并评估情报对手国家和非国家实体的能力、活动和意图,预告情报对手的未来发展,并为国家安全政策和战略决策提供情报支撑。②前瞻情报(anticipatory intelligence)预警,旨在识别和评估各领域新兴的趋势、不断变化的国内外环境和具有潜力的新生事物相关情报,以挑战存在已久的面向国家安全的假设,鼓励新观点,发现新机会,寻找解决问题的新视角,为国家安全提出警告与建议。③当前行动情报(current operations intelligence)预警。主要是指在国家冲突或危机时期,提出用以支持军事、外交、国土安全等方面的时效性很强的情报,为未来各方面运作和期望成功创造机会。④网络威胁情报(cyber threat intelligence)预警,为应对恶意网络活动,提高对情报对手的网络行动的认识和理解;检测国家和非国家实体的网络威胁,为国家安全决策、网络安全和各种响应活动提供情报支持。⑤反恐(counter terrorism）预警。收集、分析、甄别有关情报并警告正在出现和不断变化的威胁、趋势及暴恐极端主义意识形态；拓宽和深化对全球恐怖主义领域的战略认识，提供背景情报，识别、理解、监督和破坏参与恐怖主义和相关活动的国家和非国家行为者，应对恐怖主义威胁。⑥反扩散（counter proliferation）预警，要挫败大规模杀伤性武器（WMD）威胁，防止WMD、相关技术、材料或专业知识的扩散转移；加强能力预测和WMD危机管理；开发、维护并加强情报能力，以促进对外国WMD计划、相关技术、材料或专门知识的了解。⑦反间谍与安全（counter intelligence and security）预警，解决外国情报机构和内部人员的威胁。整合情报界活动，提高对威胁和安全漏洞的认识，推进情报和安全工作，保护民众、技术、信息、基础设施免受威胁，加强伙伴和利益攸关方的安全信息交流。

4.3.4 "庙算测"行动反馈调控机制

杜牧指出："于庙堂之上，先以彼我之五事计算优劣，然后定胜负；胜负既定，然后兴师动众。"❶ 对于《孙子兵法》的"庙算"程序，毛泽东同志给出了深入的诠释："研究双方的对比和相互的关系，因而构成判断，定下决心，做出计划——这是军事家在做出每一个战略、战役或战斗的计划之前的一个整个的认识情况的过程。"❷ 在进行"庙算"的时候，情报人员要先"计利"，后"为势"，通过"诡道"等各种手法，将"利"转化为"势"，以争取情报对抗的胜利，只有在分析结果有利于己的情况下，情报认知主体才能做出情报对抗的有效预测。❸ 马克·洛文塔尔认为：情报是流程、产品和组织。❹ 根据马克·洛文塔尔的思想，构建"计利为势"的"庙算测"情报调控机制模型，如图4-18所示。

在图4-18中，①流程是指情报分析流程，就是通过"庙算"中筛选关

---

❶ 马克·洛文塔尔.情报：从秘密到政策[M].北京：金城出版社，2015：11.
❷ 熊剑平，储道立.孙子的战略情报分析理论[J].滨州学院学报，2011(1)：10-17.
❸ 李辉，陈雪飞，刘山，等.国家安全与发展视阈下情报供给侧改革研究——基于供给侧五角模型解释框架[J].情报理论与实践，2019，42(10)：9-14.
❹ 毛泽东.毛泽东选集(合订本)[M].北京：人民出版社，1964：462.

键性的"要害"数据、信息加以分析,把握情报对抗的主要矛盾,在"庙算"之前就形成情报对抗思维意识领域的"不对称"优势,通过"庙算"分析情报对抗的环境形势和趋势,制定多种情报对抗方案。②产品是指情报产品,是情报人员对比各种方案,清晰地列举出情报主体和情报客体的行动计划及各种因素及其状况,在权衡方案与国家安全目标、政治、外交目标、国家软、硬实力之间的关系,对情报对手所有可能的情报行动方案进行确认、评估和排序,并对情报对手可能的行动方案进行预测推演,以预见情报主体相对于情报对手的行动方案之间的"行动—反应—反行动"的动态过程,"庙算"与"预测"出我方应该采取的国家安全情报行动方案,也要"庙算"与"预测"权衡各种国家安全决策方案所可能导致的后果,并根据情报对手可能的反应选择最优国家情报决策方案。③在完成情报分析流程并选择最优的国家情报决策方案(产品)后,这种产品必须要

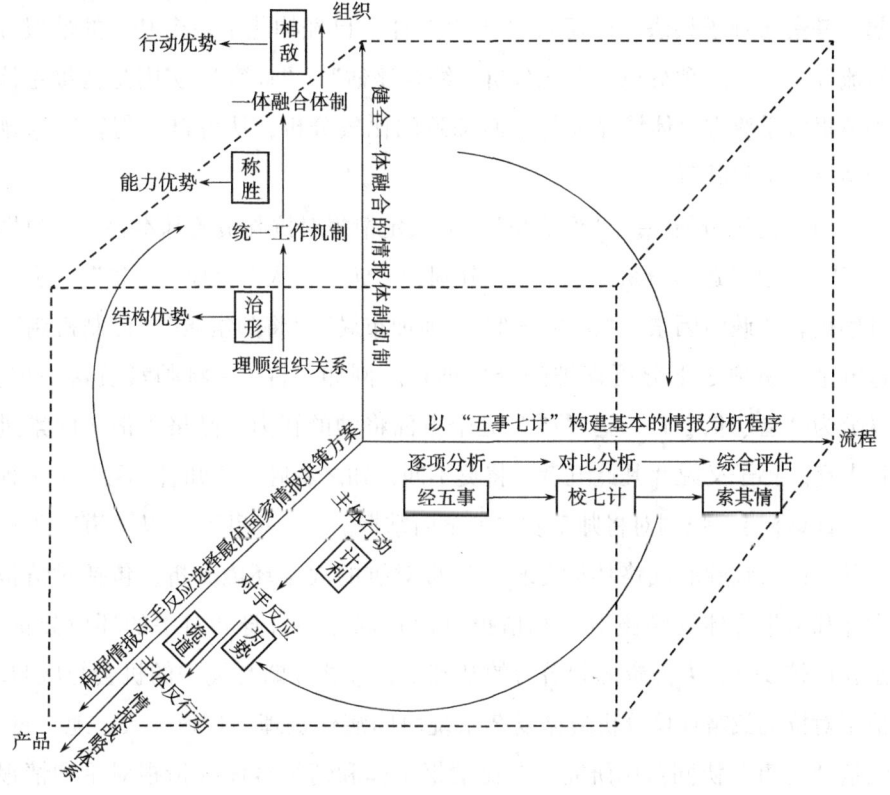

图 4-18 "计利为势"的"庙算测"情报调控机制模型

有组织实力的支持,才能对国家安全与发展的决策起到有效的情报支撑作用。在"庙算"与"预测"基础上,产生合格的情报产品,并在此基础上构建国家情报战略体系,对国家情报工作领域的重大问题做宏观规划,以战略思维角度统筹国家情报体系建设,同时制定各部门机构和专项领域的情报战略,指导部门或领域内的国家情报工作建设。健全一体融合的国家情报体制机制,建立各级情报中心协调各情报机构间的行动,统一情报工作机制标准,制定各机构情报共享机制、人才培养机制等,通过制度的统一规范促进各领域国家情报机构间的高效协同发展。

第一,流程视角的"庙算"。《孙子兵法》说:"夫未战而庙算胜者,得算多也;未战而庙算不胜者,得算少也。多算胜,少算不胜,而况于无算乎。"流程视角的"庙算"就是战略情报分析,是对情报对手情况、情报主体情况进行认真的对比分析,并加以研究判断,决定情报对抗是否能够发起。考察《孙子兵法·计篇》,"五事七计"已经构建了一个基本的情报分析流程——"逐项分析—对比分析—综合评估"。"庙算"实则是情报主体和情报对手双方总体情况进行全面细致的比较分析,从各自"得算"来预判情报对抗的胜负。

(1) 逐项分析——"经五事"。对决定情报对抗胜负的基本要素,也即"五事",进行逐项分析。"五事"分别为"道""天""地""将""法",分别代表"政治因素""天候条件""地理布局""将帅素质""体制机制",这五个分析项之下分更详细的分析细目。例如,将——将帅素质这一项,又分为"智、信、仁、勇、严"五个方面将帅的智力、品格等诸多因素进行考察。孙子又说"凡此五者,将莫不闻,知之者胜,不知者不胜"(《孙子·计篇》),强调对将帅素质的是全面掌握。"经五事"是以"道"为核心的多因素致胜的战略环境分析,情报对抗的战略环境分析,包括对情报主体和情报客体(情报对手和情报目标)双方的自身和对手的环境分析,是在比较双方各方面资源和潜力的基础上,寻找战略环境中的机会与威胁。情报对抗的战略环境分析遵循复杂系统协同演化机理,把道、天、地、将、法这"五事"协同对比研究,对比情报主体和情报客体(情报对手和情报目标)双方决定对抗胜负五大方面的内容:即天时、地利、人和、武备与谋略。"经五事"——"道、天、地、将、法"包含了情报对抗的"天时""地利""人和"三个方面，同时又概括出情报对抗的"客观"和"主观"两大系统，能够激发情报对抗成功的内因与外因，增强情报对抗的硬实力、软实力，秉承情报对抗的客观实在性、主观能动性。

（2）对比分析——"校七计"。"校之以计"（《孙子·计篇》），是从七个方面对情报对抗双方情况进行对比和评估。"主孰有道"——对两国政治层面的考察：治国能力及受民众拥护情况；"将孰有能"——考察情报对抗双方领导人的能力；"天地孰得"——考察双方对自然环境和地理环境要有全面掌握；"法令孰行"——考察情报对抗双方的法律法规等制度因素；"兵众孰强"考察情报对抗双方情报人员的现有能力；"士卒孰练"——考察情报人员应对新问题的能力培训情况；"赏罚孰明"——考察奖惩激励制度因素。孙子认为，只有认真完成对比分析，才能够"知胜负"，对情报对抗结果有所预测。"情报对抗"的"校七计"调控机制模型中，比较的因素分为两大类：一类是"天地孰得"是比较情报主体和情报对手双方不以人的意志为转移的外部环境因素，比较情报主体和情报对手双方得"天时"与占"地利"情况；另一类是比较情报主体和情报对手的内部状况。

（3）综合评估——"索其情"。当前联合作战式的情报对抗成为基本情报对抗形态。基于网络信息系统的联合情报对抗，决定了情报对抗不再是单一的、独立的情报机构所能完成的，因此，联合作战式的情报对抗需要把"独算"变为"合算"，即"索其情"的综合评估。要对情报对抗的认知主体及相关情报行动主体所需要的数据进行分析和运算。在锁定情报目标的基础上，对情报对手和情报主体自身进行深入的综合评估。评估情报客体（情报对手和情报目标）技能、各种利益集团的社会关系网、政治领导人的政治倾向及个人在组织中的情况；情报客体（情报对手和情报目标）各级成员在情报组织的地位、作用、分工；情报客体（情报对手和情报目标）使用武器和技术受训情况；情报客体（情报对手和情报目标）组织建立、发展、规模和分布情况等；评估情报客体（情报对手和情报目标）组织活动的主要方式及武器装备来源状况，其情报活动资金来源及招募成员的方法、渠道和对象，与国内外相关组织的联系方式，主要领导的个人特点和能力等方面的情况，组织内部的隶属关系、分工及相互关系，组织内部的规章制度；评估情报客体（情报对手和情报目标）活动的实施计划和动向苗头；实施情报攻击活动的行为方式，情报攻击活动所使用的工具、武器；资金注入与流转轨迹等。"索其情"在理解、分析和评估国家安全全球环境与情境的基础上，解读和洞察隐藏在各种表面信息之下的更深层、更本质的国家情报承担的责任、敌我双方战略实力和局限。在识别、分析和评估国家安全威胁与机遇的基础上，进行情报主体的战略环境态势分析，洞察情报对手的实力与意图，对情报对手进行战略动向监控，并评估双方情报对抗的可能进程，预测情报对抗的可能结果，进行情报预警。

第二，产品视角的"庙算"。产品是指情报产品，也即在流程视角形成的各种情报对抗方案，产品视角的"庙算"是情报人员对比各种情报对抗方案，清晰地列举出情报主体和情报客体的行动计划及各种因素及其状况，在权衡各种情报对抗方案与国家安全目标、政治、外交目标、国家软、硬实力之间的关系，对情报对手所有可能的情报行动方案进行确认、评估和排序。

（1）情报人员在"计利"的基础上，权衡各种情报对抗方案，坚持"计利以听"（《孙子·计篇》）的情报分析原则，对各种情报对抗方案的判断都需要考察是否对情报主体有利，情报人员要对比各种情报对抗方案，清晰地列举影响情报行动计划的各种因素及其状况，为国家安全决策者进行对比提供依据。"兴师十万，出征千里"（《孙子·用间篇》）说明战争涉及财政支出——"百姓之费，公家之奉"（《孙子·用间篇》）、军费开支——"内外之费，宾客之用"（《孙子·作战篇》）、装备物资的保障——"驰车千驷，革车千乘""胶漆之材，车甲之奉"（《孙子·作战篇》）等，孙子以上的论述说明战争对国内生产与经济发展产生深远的影响——"日费千金"（《孙子·用间篇》），因为战争"不得操事者，七十万家"（《孙子·用间篇》）。情报对抗正是为战争服务的，只有情报才能减少战争的损失。孙子的思想启示我们，情报对抗要基于追逐国家利益的这一实际需求出发，一定要在"计利"的基础上对维护国家安全与发展的情报对抗方案进行综合评估，并且要转换身份定位，扮演情报对手，站在对手的视角进行选择；要权衡情报对抗方案与国家安全目标、政治目标、国家实力之间的关系，权衡各种方案所可能导致的后果，根据对手可能的反应选择最优方案，以预见情报对抗双方行动方案之间的"行动—反应—反行动"的动态过程，这样才能体现出情报的先导作用和情报分析的可操作性。

（2）情报人员在"计利"基础上权衡各种情报对抗方案后，要将"利"转化为"势"——"为势"。国家安全情报既不等同于"秘密"和"间谍活动"，也不等同于信息分析和处理，需要国家的智力资源支撑，情报对抗是情报人员之间智力的较量，目前的情报对抗更是人机智能与人机智能之间的较量，情报人员通过智能化的战争设计与检验，才能提高庙算水平，资料显示：42天海湾战争的通信量相当于欧洲40年的总和。"沙漠风暴"行动头30个小时，美军第1陆战队指挥机构就接到130万份电子文件。情报对抗已经演变成智能化对抗，无人机、作战机器人等智能化平台将成为支撑情报对抗的重要力量。因此，"计利为势"必须以人机智能为基础，才能释放情报主体的效能，形成情报对抗的方法优势、技术优势、器物优势。国家情报工作要"计利为势"，必须采用"诡道"的思路，"出其不意""攻其无备"，奇是"诡道"的灵魂，无论情报对抗的战略还是战术，要做到攻其不备，出其不意，必须出奇制胜。国家情报工作要"计利为势"也必须根据情报对抗的实际情况，避免僵硬死板机械模仿其他国家经验，应采取适合当时当地情况的谋算，才能夺取情报对抗的胜利。

（3）洞察先机，构建合理完整的情报战略体系。美国国家战略信息中心（NSIC）在《美国情报的未来》指出："情报分析的目的是帮助决策者塑造未来"。国家情报工作要感知态势，关注动向，对信息进行深度挖掘和理解，情报产品应该是国家安全治理重大决策所需求的情报研究类、评估预警判断类、远景预测类等高端情报产品。毛泽东主席强调：战争没有绝对的确定性，但有某种程度的相对的确定性，战争的计划性就有了客观基础。❶ 情报对抗也是有规律可循的，情报对抗要具有"感知态势—评估态势—预测态势—塑造态势"的能力，要了解国际环境和国家安全态势，消

---

❶ 杨建林."总体国家安全观"思想对情报方法研究的影响[J].现代情报,2020,40(3):3-13,37.

除环境认知的不确定性，监控国家安全动向，国家情报工作应该透过纷繁复杂的情报现象，洞察情报事件的本质，预测情报对抗的发展趋势，构建出合理完整的国家情报战略体系。国家情报战略体系是"预测并塑造态势"的高端情报产品，国家情报战略体系是对情报工作领域事关全局的重大问题做宏观规划，必须是相互联系又相互制约的不同战略构成的有机整体，要以战略思维角度统筹国家情报体系建设。例如，《美国国家情报战略》下面包含分属各部门机构、各专项领域的情报战略：《美国国家反情报战略》《国防情报战略》《国防部网络空间行动战略》《中央情报局战略意图》和《美国情报界信息共享战略》等。借鉴美国经验，我国的国家情报战略体系可对各部门机构和专项领域的情报战略提供指导，如对国安和军队情报战略、反情报和网络空间情报战略等进行指导，规范和协调部门或领域内的情报工作建设，促进国家情报力量的协同发展壮大。国家情报战略体系是在评估影响国家安全利益的因素，评估情报主体和情报对手战略方案和措施，确定情报对手可能做出的反应和可能的战略选择后，帮助国家安全决策者塑造未来，使情报对抗态势向有利于我们的方向转变。❶

第三，组织视角的"庙算"。2018年8月，罗伯特·阿什利（美国国防情报局局长）指出：情报机构必须从一个分析人员提供事件细节的描述性组织，转变为分析人员描述可能发生的事件的预测性组织。情报机构要成为预测态势、塑造态势的重要力量，真正在决策中发挥作用，为国家安全与发展的决策提供情报支撑。

（1）理顺组织关系，庙算"治形"的结构优势。孙子的理论格外重视军事实力营建。在《形篇》孙子强调提升军事实力必须以有形的力量作为支撑。"兵法：一曰度，二曰量，三曰数，四曰称，五曰胜。地生度，度生量，量生数，数生称，称生胜。故胜兵若以镒称铢，败兵若以铢称镒。"这段话包含了通过"治形"来增强实力的思路。孙子所谓"度"，是土地之广狭，"量"是物产之多少，"数"是人员之众寡，"称"是力量之对比。对国家安全构成威胁不仅有战争威胁，也包括恐怖袭击、生态危机、大规模

---

❶ 高金虎. 论国家安全情报工作[J]. 情报杂志，2019，38（1）：1-7.

杀伤性武器扩散、重大的经济危机、网络危机等非传统安全威胁,对这些威胁的预警已经超出了军事情报机构的职能,也与公安情报机构、医疗机构、反恐情报机构、外交机构、经济机构、网络监管机构等息息相关,虽然《中华人民共和国国家情报法》明确国家安全情报机构由"国家安全机关和公安机关情报机构、军队情报机构"组成,但是,军事情报工作虽然也会涉及对象国的政治、军事、外交等方面的内容,但更侧重于军事方面的内容,这与国家情报工作存在差异,公安情报工作和其他类型的情报工作存在同样的现象。❶ 美国情报界就界定了国家情报机构与军种情报机构之间的界限。"中央情报局""国家安全局""国家侦查办公室""国家地理空间情报局"构成了美国的国家情报机构,而"国防情报局"则主要承担了军事情报工作职能,是"战场情报保障"的首要责任单位,各军种情报机构则主要承担本军种的战役战术情报保障任务,其层级关系、职能分工非常清楚。可见,涉及国家安全的国家安全机关和公安机关情报机构、军队情报机构还要与反恐情报机构、外交机构、经济机构、医疗机构、网络监管机构等的协同配合,这些机构的"度""量""数""称"也是直接与国家安全与发展息息相关的。例如,某个重要的国家与我们国缔结盟约,这样的外交事件直接与国家安全高度相关。反映了立法者对国家安全情报工作和国家安全情报机构的认知。因此,要理顺情报机构组织关系,设立国家情报总监办公室统筹情报工作,建立各级情报中心:国家层级的"国家反恐中心"、政府层级的"公开来源中心"、军队层级的"联合情报行动中心"等,同时要协调各情报机构间的行动,建立以国家安全机关和公安机关情报机构、军队情报机构的一体化情报平台,融合国家安全情报资源,进行全源情报分析,聘请经济学家、工程技术人员及财政专家、心理学家等组成的各类智库去分析,各类智库可以作为国家情报平台的补充,国家安全机关和公安机关情报机构、军队情报机构等情报人员可以进入智库,但智库人员不可以进入国家情报平台。❷

❶ 任国军.美国情报智库分析[J].情报杂志,2019,38(8):15-21.
❷ 谢海星.聚焦"一体化"的美国国家情报体系改革[J].情报杂志,2019,38(10):27-31,72.

(2) 统一工作机制，庙算"称胜"的能力优势。孙子的"庙算"理论中的"称胜"是从"度"到"胜"的分析逻辑，逻辑严密而且完整，既考察常态因素，更关注变化因素，考察情报机构的组织、形势、行业、技术领域，考察情报力量的影响力等。"称胜"理论从"度"到"胜"构建情报机构的协同。协同理论是协同情报理论的原始理论基础，随着协同学的不断成熟，人们将协同理论运用于很多行业来处理复杂系统。随着情报工作的不断深入，对情报需求提出了更加复杂的要求，情报研究环境不断更新变化，情报工作无论从目标、对象手段还是从情报人员、工作团队、情报工作机制，都由单一组元、部分或子系统构成的简单系统模式向多个组元、部分或复杂子系统构成的复杂系统模式转变，这一转变恰恰体现了协同理论的内容理念，渐渐地协同理论也开始指导情报工作。❶ 协同情报工作面向复杂的战略情报需求，在分散的工作地点，通过一些现代化的信息技术和网络通信手段，共同协作完成情报工作。情报协同相关的研究有众多的细分项，包括反恐情报协同、情报服务协同、应急情报协同、科技情报协同等，更有情报智慧赋能的智能协同决策、智库协同等。必须统一情报搜集与分析标准，制定情报共享机制、人才培养机制，以实现各机构间信息高效传输使用，促进情报机构间的高效交流合作。在总体国家安全观指导下，要从全局的角度分析情报工作能力的协同培养，各层次之间的关系并不是单独存在的，而是彼此联系、彼此影响的有机整体。因此在情报协同工作过程中，要以总体国家安全观为指导，从整体出发，宏观调控，注重各领域之间的相互关联，进而提升情报工作协同治理效率。通过法律制度的完善来实现情报工作的顺利推进，法律制度的制定要结合我国的行政特色，从中央层面而言，制定促进情报工作协同治理总法则，要从宏观的角度对政府的权力范围和相关利益分配协调问题进行明确。从地方政府角度来看，要根据该地区实际情况，制定以中央法律框架为指导的地方性法律法规。从目标、实现路径、本质要求、体制机制等方面对具体类别的情报工作协同进行具体的规定，以确保情报工作协同法律的整体性。情报工

---

❶ 赵凡,冉美丽.情报服务实践中的协同情报研究理论探讨[J].图书情报知识,2007(2):65-68.

作协同治理是指各主体进行情报信息、资源共享等方面的协同。政府、企业、社会组织、公民等都是情报工作的主体，各主体之间的关系也从原来的资源争夺和交易关系，转变为一种以共同目标为基础的全新的合作关系，实现情报工作能力的协同培养就要解决好以政府为主导的多主体协同合作的问题，保证情报信息的获取与共享渠道畅通，提升情报工作能力。通过各主体之间的协作，可以促进各主体间的信息交流和共享，从而提高情报工作效率，因此有必要构建情报资源、情报技术、多主体协同联动机制，并通过综合集成、共同作用，实现情报工作协同体系的构建。一是制定一致的任务目标，通过明确各领域国家情报工作关注重点和技术发展预测，指导情报界合力开展情报工作；二是明确不同的主体职责，通过区分各领域情报机构承担的任务职能，各领域情报人员将拓展分析研判的范围，各领域情报人员将与地缘政治情报官员协作互补，充分发挥各机构的优势特长；三是构建一体的制度标准，通过建立统一的情报任务管理制度、情报合作交流制度，要更有效的情报分享、情报信息交换系统和情报人才培养标准（具备安全情报理论知识、具备安全情报意识、具备安全情报获取能力、具备安全情报利用能力、具备安全情报伦理水平）总之，更加重视和加强专业人才队伍建设等，促进情报界之间的交流合作。

（3）健全融合的情报体制，庙算"相敌"的行动优势。孙子在《行军篇》论及"相敌之法"，"相敌之法"属于战场侦查之法，侦查敌情之后对敌情加以分析，为指挥员研判敌情、下定作战决心提供依据。"相敌之法"基于战场经验，是"透过现象看本质"的思想方法。依据孙子的"相敌之法"，在庙算时，首先，"相敌之法"是一种认知对抗过程，情报认知主体对对手做出深入、详细的分析，把各种零散的情报信息串联起来并进行系统化的分析，根据其内部联系抓住关键内容，理解情报对手所掌握的战略优势与其面临的战略困境，以及其解决这种困境的可能手段，判断情报对手行动的基本轮廓及对己方构成最大危险的行动方案。其次，要开展针对情报对手的侦查行动，针对情报对手的侦查行动在保证己方决策体系高效运行的前提下，采取各种情报行动获取情报对手实力与意图，通过各种"诡道"手段，最大限度地阻止与破坏情报对手的情报行动，阻止其获得认知优势。可见,针对情报对手的侦查行动是一个动态"博弈"的过程,要研判对手的思维逻辑,并根据"情报对手"的反应来决定己方的行动策略。

再次,建立国家情报治理体系,建立体系化业务群,充分利用自然科学、社会科学、人文科学的知识与技术、方法及产品,用互联网、大数据、云计算、人工智能等技术手段,进行国家情报行政管理和服务的制度规则建设,提升国家情报治理决策的科学化、民主化,建立由国家安全机关和公安机关情报机构、军队情报机构为主体,由各类智库为辅助的一体化情报平台,如图4-19所示。

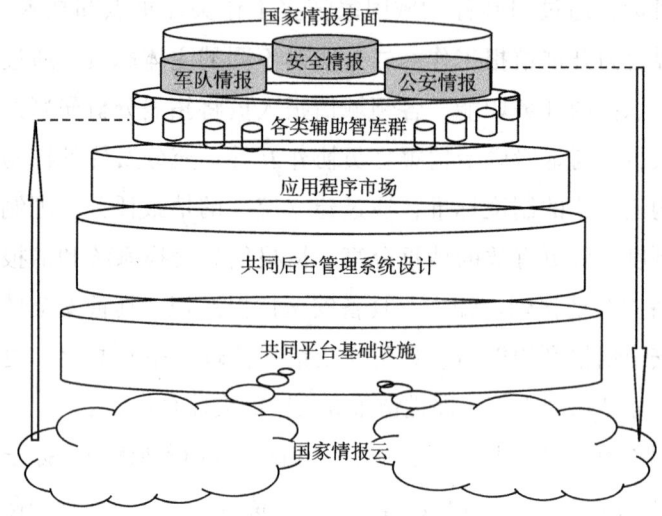

图4-19 国家安全一体化情报平台

在图4-19国家安全一体化情报平台中,把相对独立的情报机构的信息系统连接成情报共享网络,使国家各情报机构在同一个技术平台上高效运作。该系统包含有统一的电子邮件系统、即时通信工具和音视频合作软件。国家情报云应由中央安委会和国家安全部联合开发,旨在为整个国家情报界设计出一个安全的云计算基础网络架构。国家情报云具有共同的基础设施平台,还要包括统一的管理程序、电子邮件、协作型虚拟电脑桌面等,这些软件将能够使情报分析人员便携和快速地访问计算资源和处理大量数据;国家情报应用程序市场要由国家安全部负责研发,旨在为国家情报界提供统一的应用程序软件,以促进信息共享与合作;"主环境",即允许各情报机构上传和下载应用程序的基础环境;"研发环境",即情报界的软件研发人员交流软件研发代码的技术开发环境。各类智库群组成"联合信息环境"协调、高效地辅助国家情报机构工作,在一体化情报平台中,国家安全情报机构和公安机关情报机构、军队情报机构等情报人员可以进入各类智库分系统,但智库人员不可以进入国家情报平台界面系统,以保障国家情报的机密性。

参考文献

[1] 高金虎.论国家安全情报工作——兼论国家安全情报学的研究对象[J].情报杂志,2019,38(1):1-7.

[2] 孙瑞英.面向文化自信的中国特色国家情报战略运筹研究——基于《孙子兵法》的"三维"战略布局[J].现代情报,2020,40(7):43-51.

[3] 赵冰峰.情报运筹与调控及其在中国国家情报领域国际化中的应用[J].情报杂志,2018,37(8):12-17.

[4] 杜薇薇.中国科技报告研究之60年:发展阶段、主题与特点[J].情报科学,2023,41(1):110-117.

[5] 黄玺,王秉,吴超.大数据环境下安全情报融合体系构建[J].情报理论与实践,2020,43(10):39-44.

[6] 李广建,罗立群.走向知识融合——大数据环境下情报学的发展趋势[J].中国图书馆学报,2020,46(6):26-40.

[7] 王秉.我国安全情报学研究回顾与展望[J].情报理论与实践,2020,43(12):163-171.

[8] 杨建林,李品.基于情报过程视角辨析情报分析与数据分析的关系[J].情报理论与实践,2019,42(3):1-6.

[9] 刘庆龄,王一伊,曾立.大国竞争下国防科技情报工作的优化策略研究[J].情报杂志,2022,41(10):1-8.

[10] 姜峰,谢川豫.基于控制论的公安情报流程优化研究[J].图书馆杂志,2019,38(2):17-24.

[11] 彭知辉.论大数据环境下公安情报流程的优化[J].情报杂志,2016,35(4):15-20.

[12] 余力,岳振军,梁坤泰.军事情报效能评估指标体系的构建[J].情报杂志,2010,29(S2):116-117,129.

[13] 王琳.基于区块链的粮食应急情报体系构建研究[J].情报杂志,2023,42(6):124-130,207.

[14] 潘文文.政府应急情报系统服务能力影响因素研究[J].情报理论与实践,2020,43(4):74-81.

[15] 李阳,李纲.应急决策情报体系:历史演进、内涵定位与发展思考[J].情报理论与实践,2016,39(4):8-13.

[16] 李国秋,吕斌,徐丽华.论国家对外贸易竞争情报体系的组织结构和建设模式[J].情报杂志,2006(3):46-48.

[17] 王丹丹,李玉海.云计算环境下企业反竞争情报体系的构建研究[J].情报科学,2014,32(11):36-40,70.

[18] 杨巧云.整体性治理视域下的应急情报体系协调研究[J].情报理论与实践,2020,43(1):61-67,97.

[19] 李纲,叶光辉.网络视角下的应急情报体系"智慧"建设主题探讨[J].情报理论与实践,2014,37(8):51-55.

[20] 寇静行,林阳.国内开源情报研究热点分析与展望[J].情报探索,2023,303(1):119-126.

[21] 苏新宁.不忘初心、牢记使命展望情报学与情报工作的未来[J].科技情报研究,2019,1(1):1-12.

[22] 陈峰.美国扩大出口管制实体清单对中国科技的影响和对策[J].情报杂志,2022,41(8):1-17,23.

[23] CODEVILLA A. Informing statecraft:Intelligence for a new century(1st edition)[M]. New York:Free Press,1992.

[24] 赵冰峰.情报运筹与调控及其在中国国家情报领域国际化中的应用[J].情报杂志,2018,37(8):12-17.

[25] 孙战国.国家秘密与情报等相关概念的厘清[J].保密工作,2019(4):46-49.

[26] 高金虎.论国家安全情报工作[J].情报杂志,2019,38(1):1-7.

[27] 马海群,孙瑞英.大数据时代国家情报工作生态演替趋势研究[J].图书与情报,2018(6):1-7.

[28] 胡荟.美国国家情报法制管理研究[M].北京:时事出版社,2017.

[29] Commission on CIA Activities Within the United States, Report to the President, Washington, DC: U.S. Government Printing Office [EB/OL].[2017-03-02]. https://www.cia.gov/library/readingroom/docs/CIA-RDP 78-00300R000100010052-4.pdf.

[30] 唐津.情报科学中情报概念的必要条件——介绍英国情报学家贝尔金的情报学思想[J].情报科学,1981(6):91-95.

[31] 谢元泰.情报概念及其有关问题的探讨[J].情报科学,1984(2):42-46.

[32] 张惠娜,李辉,刘如,等.基于科技情报工作革新的情报概念嬗变研究[J].情报理论与实践,2017(10):1-4.

[33] 冯·克劳塞维茨.战争论(第1卷)[M].中国人民解放军军事科学院译,北京:商务印书馆,1978:176.

[34] 高金虎.试论克劳塞维茨的情报思想——兼与孙子情报思想对比[J].德国研究,2008(4):59-65.

[35] 冯·克劳塞维茨.战争论(第1卷)[M].中国人民解放军军事科学院译,北京:商务印书馆,1978:33.

[36] 黄钊,周浩.日本导弹防御侦查情报体系转型动因及影响[J].情报杂志,2019,38(10):47-52,59.

[37] National Security Strategy of the United States of America(2017)[EB/OL].(2017-12-18)[2022-10-13]. https://www.whitehouse.gov/wp-content/uploads/2017/12/NSS-Final-12-18-2017-0905.pdf.

[38] 许岗,金海和,刘靖.在线社会网络的网络结构和信息传播研究综述[J].计算机应用研究,2014,31(2):339-343.

[39] 张浩,张云秋.三维技术功效分析模型构建与实证研究[J].情报理论与实践,2018,41(5):74-78.

[40] 王巍洁,穆晓敏,王琰,等.多维专利技术功效分析模型构建及应用研究[J].情报理论与实践,2020,43(6):131-134,130.

[41] 舒尔斯基.肖皓元,译.无声的战争:认识情报世界[M].北京:金城出版社,2011:103-116.

[42] 赵冰峰.情报运筹与调控及其在中国国家情报领域国际化中的应用[J].情报杂志,2018,37(8):12-17.

[43] 高金虎.冷战后美国反情报工作的转型[J].保密工作,2016(4):47-49.

[44] 靳海婷.论总体国家安全观下国家情报法机制构建[J].情报杂志,2018,37(11):10-15,68.

[45] 颜震.《孙子兵法》中的军事决策模型及应用[J].孙子研究,2017(4):62-66.

[46] 蔡莹.略论新时代社会主义意识形态建设[J].郑州师范教育,2018(6):1-8.

[47] 杨芳,高玉林."奉为圭臬"缘何屡被用错?[J].语文建设,2018(36):59-60.

[48] 张家年,马费成.我国国家安全情报体系构建及运作[J].情报理论与实践,2015,38(8):5-10.

[49] 赵冰峰.情报论[M].北京:兵器工业出版社,2011:27,52,99.

[50] 孙子.孙子兵法[M].黄朴民,熊剑平,译.武汉:长江文艺出版社,2015:1-160.

[51] 朱亚捷,王豪.美国国家反情报管理制度分析[J].情报杂志,2020,39(2):11-15.

[52] 艾布拉姆·N.舒尔斯基,加里·J.斯密特.无声的战争[M].罗明安,等,译.北京:金城出版社,2011:20.

[53] 吴常青.国家安全与公民隐私权的平衡:美国情报监听制度及其启示[J].情报杂志,2016,35(4):9-14.

[54] 邓灵斌.《国家情报法》规制下的国家安全与个人信息保护之考量——兼论英国情报监听制度及其借鉴[J].信息资源管理学报,2018,8(4):29-34.

[55] 杨建林."总体国家安全观"思想对情报方法研究的影响[J].现代情报,2020,40(3):3-13,37.

[56] 李恒,邓峰彬.国家安全视阈下反恐情报信息应用价值与法治实践[J].中国刑警学院学报,2019(1):28-35.

[57] 颜震.《孙子兵法》中的军事决策模型及应用[J].孙子研究,2017(4):62-66.

[58] 吴承义,唐笑虹.大数据时代国家安全情报面临的变革与挑战[J].情报杂志,2020,39(6):1-6.

[59] National Security Strategy of the United States of America(2017)[EB/OL].(2017-12-18)[2022-10-13].https://www.whitehouse.gov/wp-content/uploads/2017/12/NSS-Final-12-18-2017-0905.pdf.

[60] DNI. 2019 National Intelligence Strategy[EB/OL].(2019-07-08)[2022-10-13].https://www.dni.gov/files/ODNI/documents/National_Intelligence_Strategy_2019.pdf.

[61] 王谦.英国情报组织揭秘[M].北京:时事出版社,2011:84-95.

[62] 高金虎.作为一门学科的国家安全情报学[J].情报理论与实践,2019(1):1-9.

[63] 陈峰.论国家关键核心技术竞争情报[J].情报杂志,2019,38(11):1-5.

[64] 中央广播电视总台央视新闻.关键核心技术该如何突破?习近平给出路线图[EB/OL].(2018-07-14)[2019-04-23].http://news.cnr.cn/natlve/gd/20180714/t20180714_524300706.shtml.

[65] 邓灵斌.《国家情报法》解读——基于"总体国家安全观"视角的思考[J].图书馆,2018(8):52-56.

[66] 高金虎.美国战略情报之父威廉·多诺万[J].文史天地,2014(2):83-87.

[67] 陈峰.中国情报学的宣传推介策略[J].情报杂志,2016,35(3):1-6.

[68] 孙厚洋.当代国际间谍情报斗争[M].北京:时事出版社,2003:159.

[69] 李品,杨国立,杨建林.面向国家安全与发展决策支持的情报服务体系框架研究[J].情报理论与实践,2020,43(2):9-14.

[70] 吴素彬,徐亚光.我国国家情报立法发展与体系化建设构想研究[J].情报杂志,2018,37(12):1-7.

[71] 中华人民共和国国家情报法[N].人民日报,2017-07-14(12).

[72] 高金虎.军事情报学[M].南京:江苏人民出版社,2017:133.

[73] 章雅蕾,吴超,王秉.安全情报素养:总体国家安全观背景下安全人员的必备素养[J].情报杂志,2019,38(3):33-38,113.

[74] 张晓军.情报、情报学与国家安全——包昌火先生访谈录[J].情报杂志,2017,36(5):1-5.

[75] 高金虎.从"国家情报法"谈中国情报学的重构[J].情报杂志,2017,36(6):1-7.

[76] 袁勤俭.关于设立情报学一级学科之我见[J].情报杂志,2017,36(6):8-9.

[77] 包昌火,马德辉,李艳,等.我国国家情报工作的挑战、机遇和应对[J].情报杂志,2016,35(10):1-6,17.

[78] 张培.美国国家情报学院技术侦查培训[J].现代世界警察,2017(4):66-69.

[79] 张旭.成就动机的心理机制探究[J].江西社会科学,2003(3):186-188.

[80] 王惠来.奥苏伯尔的有意义学习理论对教学的指导意义[J].天津师范大学学报(社会科学版),2011(2):67-70.

[81] 王桂芳.国家安全战略学[M].北京:军事科学出版社,2018:169-170.

[82] 唐超.总体国家安全观指导下公共安全情报法律体系构建研究[J].情报杂志,2017,36(4):18-22,17.

[83] 王文荣.战略学[M].北京:国防大学出版社,1999:79,117.

[84] 张家年,马费成.总体国家安全观视角下新时代情报工作的新内涵、新挑战、新机遇和新功效[J].情报理论与实践,2018,41(7):1-6,13.

[85] 杨建林."总体国家安全观"思想对情报方法研究的影响[J].现代情报,2020,40(3):3-13,37.

[86] 龙小农.跨国危机管理——理论、方法及案例分析[M].北京:中国传媒大学出版社,2005:124.

[87] ASTHANA N C, NIRMAL A. Intelligence and security management[M]. Jaipur, India: Aavishkar Publishers, Distributors, 2008: vii.

[88] KENT S. Strategic intelligence for American world policy[M]. Princeton: Princeton University Press, 2015: xxv.

[89] 谢尔曼·肯特.战略情报:为美国世界政策服务[M].北京:金城出版社,2012:1-129.

[90] GEORGE R Z, BRUCE J B. Analyzing intelligence[M]. Washington, D.C.: Georgetown University Press, 2014: 83.

[91] 王文荣.战略学[M].北京:国防大学出版社,1999:79,117.

[92] 曹操等注.十一家注孙子[M].上海:上海古籍出版社,1978:1.

[93] 毛泽东.《毛泽东选集》[M].北京:人民出版社,1968:163.

[94] 高金虎.试论信息时代的情报分析理论创新[J].情报杂志,2018(7):1-6.

[95] 马克·洛文塔尔.情报:从秘密到政策[M].北京:金城出版社,2015:11.

[96] 熊剑平,储道立.孙子的战略情报分析理论[J].滨州学院学报,2011(1):10-17.

[97] 李辉,陈雪飞,刘如,等.国家安全与发展视阈下情报供给侧改革研究——基于供给侧五角模型解释框架[J].情报理论与实践,2019,42(10):9-14.

[98] 毛泽东.毛泽东选集(合订本)[M].北京:人民出版社,1964:462.

[99] 杨建林."总体国家安全观"思想对情报方法研究的影响[J].现代情报,2020,40(3):3-13,37.

[100] 高金虎.论国家安全情报工作[J].情报杂志,2019,38(1):1-7.

[101] 任国军.美国情报智库分析[J].情报杂志,2019,38(8):15-21.

[102] 谢海星.聚焦"一体化"的美国国家情报体系改革[J].情报杂志,2019,38(10):27-31,72.

[103] 赵凡,冉美丽.情报服务实践中的协同情报研究理论探讨[J].图书情报知识,2007(2):65-68.

第 5 章

情报保障中介场域塑造

国泰民安是人民群众最基本、最普遍的愿望。贯彻落实总体国家安全观，要明确国家安全的主体责任，根据《中华人民共和国国家安全法》第十一条的规定，党的各级组织、各级政府、非政府组织、个人都有维护国家安全的责任和义务。党的二十大报告中指出："应强化国家安全工作协调机制，完善国家应急管理体系"，突发事件应急管理是国家安全工作的重要组成部分，党中央对我国应急管理能力的建设提出了相关要求。在突发事件应急管理体系中，各级政府作为应急管理的决策主体，应急情报体系作为决策的支撑要素，发挥着"耳目、尖兵、参谋"的重要作用。[1] 而我国在《"十四五"国家综合防灾减灾规划》《"十四五"国家应急体系规划》、《关于加强应急基础信息管理的通知》等政策文件中，并未提及应急情报对决策的支撑作用，仅对应急信息的收集、利用进行了规划。然而，由于信息碎片化、响应延迟及参与应急管理的不同机构之间的协同度低等问题，阻碍了资源的最佳配置、决策者关键时刻的有效沟通，亟须建立应急情报体

---

[1] 王秉,徐方廷,黄锐,王渊洁.区块链赋能视角下的应急情报工作模型研究[J].情报科学,2023,41(04):35-40,82.

系，解决应急管理决策过程中信息资源缺失的问题，为应急管理决策提供全局性支持，能够有效提升应急管理能力。❶

场域理论被广泛应用于信息管理学各领域的研究（探究图书馆在新形势下的文化服务场域构建❷、档案文化生态价值❸、图书馆展览服务水平提升❹、我国舆情传播能力机制❺、学术信息交流机制和用户身份演变❻等）。场域理论通过提供一个框架来检查社会结构、权力关系、文化实践、社会变革、教育和方法论等方面，在各种社会科学研究领域发挥着至关重要的作用。

场域理论可以为突发事件应急管理提供一个全新的视角，来理解突发事件应对过程中的相互联系，获得有价值的见解，并有助于更深入地发挥情报在突发事件应对中的作用。随着总体国家安全观的不断发展，应急情报相关领域的研究受到了学者们的重视，情报在应急管理中扮演着重要角色，应急情报能够为应急管理提供了决策支持，更能辅助决策者进行及时而准确的救援和管理。❼

---

❶ 陈美华,张明亮,王延飞.面向国家安全体系和能力现代化建设的应急情报工作研究[J/OL].（2023-06-05）[2023-07-19].http://kns.cnki.net/kcms/detail/22.1264.G2.20230605.1132.002.html.

❷ 孙瑞英,张朦朦."十四五"图书馆公共文化服务新场域构建[J].图书馆论坛,2022,42(11):14-23.

❸ 聂云霞.基于场域理论的档案馆文化生态位重构[J].档案学研究,2023,191(2):20-27.

❹ 解天龙.场域理论视角下图书馆展览服务研究——以中国国家图书馆为例[J].图书馆学研究,2022(10):64-68,84.

❺ 李艳微,包磊.基于融媒体技术的中国话语舆情传播引导机制研究[J].情报科学,2022,40(11):40-48,109.

❻ 丁敬达,唐思嘉,李长志.开放获取背景下学术信息交流场域用户角色的演变[J].图书馆杂志,2022,41(6):40-45,73.

❼ 苏新宁,朱晓峰,崔露方.基于生命周期的应急情报体系理论模型构建[J].情报学报,2017,36(10):989-997.

5.1　构建应急管理情报中介场域

库尔特·考夫卡等学者提出物理学中的"场域"概念,可以依据场域理论考察人类行为,场域理论指出:人的每一个行动均被行动所发生的"场域"所影响,而"场域"不仅包括物理环境,也包括人的行为及与此相连的许多因素。法国社会学家皮埃尔·布迪厄把"场域"被定义为"在各种位置之间存在的客观关系的一个网络,或一个构型"。所谓场域其实指的是一种关系网络,场域是一种虚拟的社会空间。在布尔迪厄看来,社会作为一个"大场域"是由各种不同的"子场域"构成的,不同子场域具有相对独立性,布迪厄正是用"场域"的观念将社会生活划分为一个个彼此独立又紧密联系的网络空间。资本与场域中的参与主体是相互共存的,资本的价值取决于场域中的参与主体所处的位置,行动者(场域中的参与主体)使用资本的策略也取决于行动者在场域中所处的位置,场域是由拥有不同资本的行动者之间的关系构成的客观关系的空间,行动者在场域中的位置由行动者的资本总量和资本结构所决定。因而,场域中行动者之间的客观关系结构制约着资本,也决定着资本的价值,反过来资本也会制约着行动者在场域中的位置关系,且不同的场域的惯习不同,资本的运作逻辑也不同。尽管"场域"是一种客观的关系系统,是竞争的产物,但在场域中的行动者并非一个个的"物质粒子",而是有知觉、有意识、有精神属性的人。"场域"不是"冰冷"的物质世界,场域具有自己独特的"性情倾向系统",并且通过行动者的"惯习"体现出来。❶ 总之,在布迪厄的社会实践理论当中,场域、资本和惯习三个概念密不可分,它们三者之间逻辑关系:[(惯习)×(资本)]+场域=实践。场域形塑着惯习,惯习构建场域;资本定义着场域,场域推动资本;资本可以转化为惯习,而惯习也是资本的

---

❶ 布迪厄,华康德.实践与反思:反思社会学导引[M].李猛,李康,译.北京:中央编译出版社,1998:19.

一部分，见图 5-1。[1]

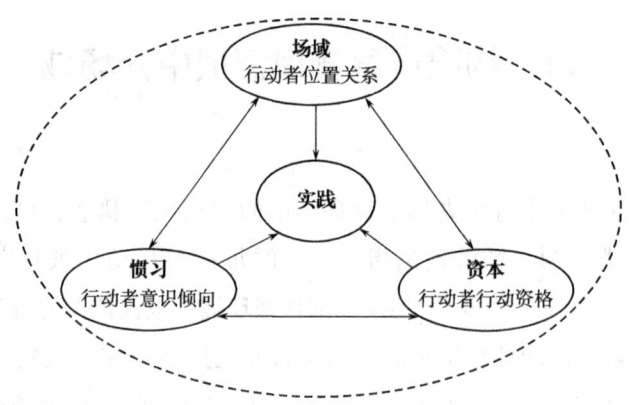

图 5-1　场域、资本和惯习的关系

5.1.1　应急管理场域构建

基于场域理论，可以构建由社会成员，即政府、单位（企业）、社会、公众组成的应急主体，按照特定的系统工程模型逻辑要求，形成的应急管理场域，如图 5-2 所示。在这个应急管理场域中，政府、单位（企业）、社会、公众共同参与应急管理工作，参与主体间展开竞争形成场域中行为者之间隐含的不同力量关系（政府指挥协调、单位主体应对、社会能动参与、公众有效响应），而这种不同力量关系又与各种资本（事故预防能力、应急预备能力、应急响应能力、应急恢复能力）、惯习（策划管制、实施管制、审核管制、改进管制）有关。场域理论有助于从整体性出发研究应急管理问题，应用皮埃尔·布迪厄提出的场域理论，作为研究应急管理的理论框架，可以理解应急管理系统内部的运作方式，在应急四方机制的原则下，将突发事件应急系统按照场域（应急主体位置关系）、惯习（应急管制流程）、资本（应急管理能力）等要素分割成具有不同功能目标的子系统，并

---

[1] 布迪厄,华康德.实践与反思:反思社会学导引[M].李猛,李康,译.北京:中央编译出版社,1998:133-148.

能够根据各子系统确定下一步的工作目标,做好相关工作。①针对突发事件预防工作目标,所要做的工作(熟悉应急法规系统、储备物资系统、培训人员队伍系统、建立及时报告系统、构建预警预测系统等);②针对应急预备工作目标,所要做的工作(建立应急储备系统、保险系统、科技系统等);③针对应急响应工作目标,所要做的工作(建立舆情监测系统、情报信息系统、多功能评估系统、组织系统等);④针对应急救援与恢复工作目标,所要做的工作(设立预案系统、指挥系统、培训系统、演练系统等)。❶

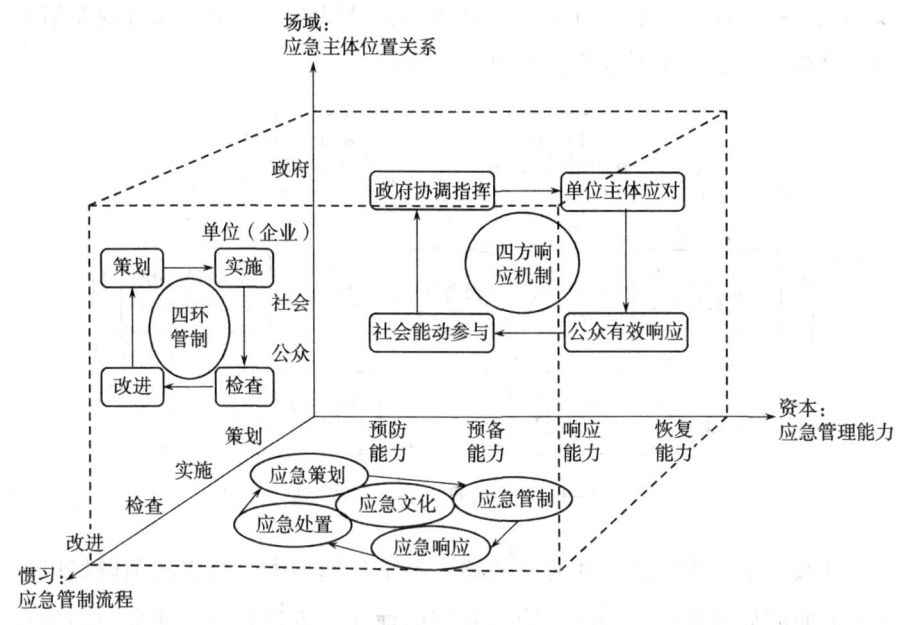

图 5-2 应急管理场域系统工程模型

5.1.2 应急管理场域中情报的作用

在应急管理场域中,政府负责对应急管理工作进行统筹指挥。因此,

---

❶ 贺德方.工程化思维下的科技情报研究范式——情报工程学探析[J].情报学报,2014(12):1236-1241.

政府必须立足于战略高度,从战略应急管理的需要出发,观察突发事件应急命题、分析突发事件应急规律和解决突发事件应急响应的思想、心理活动形式,基于对突发事件应急战略思维的使命感、全局性、竞争性和规划性四个维度,以及系统思想的整体性、关联性、结构化和动态化四个维度的思维方式和分析方法,确立突发事件应急管理系统五项基本原则:①战略导向、②整体推进、③上下联动、④横向协作、⑤竞争发展。从战略的角度看,突发事件应急管理战略必须最大限度地预控事故风险和遏制损失,因此,政府必须对应急管理场域中各方主体(政府、单位、社会、公众)及其人、物、环等要素运行科学战略规划,可以设计出突发事件应急管理的"战略—系统"综合模型,如图5-3所示。

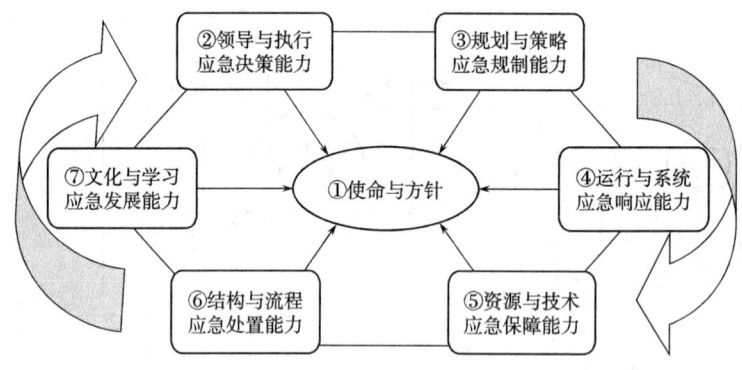

图5-3 应急管理战略—系统模型

在政府主导的应急管理的"战略—系统"模型中,政府必须做好以下七个方面的战略规划,①凸显应急管理的使命与方针:三大使命,即生命第一、健康至上、安全优先;一项方针,即常备不懈、及时有效、科学应对。②领导与执行维度:建立应急组织和应急法规。③规划与策略维度:建立应急规划和应急预案。④运行与系统维度:建立应急功能模块和应急响应机制。⑤资源与技术维度:建立应急队伍、应急信息系统和应急物资装备。⑥结构与流程维度:要思考应急处置流程与应急协调程序。⑦文化与学习维度:应急专业体系、应急教育培训、应急实操演练等。政府只有建立战略思维,应用系统思想,才能完善突发事件应急体系,强化其运行功效,从而提升应急体系的管理质量,全面提高应急能力。

如图 5-3 所示，在政府主导的应急管理的"战略—系统"模型中，政府要做好战略规划，就必须具备应急决策能力、应急规制能力、应急响应能力、应急保障能力、应急处置能力、应急发展能力，才能降低政府的战略决策风险，真正形成具有前瞻性的战略决策。但是由于政府的相关管理人员对突发事件"不确定、矛盾和不完整的数据和信息"无法做到最佳解释，模糊数据必然会影响其科学决策。因此，政府机构在制定突发事件管理的战略时，必须依靠拥有由大量经验驱动的情报专家的智慧，在情报服务的辅助下，才能做好决策。情报是支撑战略决策的"左膀右臂"，情报机构面向突发事件群体开展信息搜集，然后围绕政府制定突发事件管理战略的需求，开展全源情报分析，帮助政府解决信息不完备问题，在情报分析的基础上，提出支撑政府战略决策的情报。

在应急管理场域中情报要想发挥作用，必须做好情报人员与政府（情报用户）之间的相互理解和沟通（图 5-4）。肯特指出，如果情报人员不了解用户（政府机构决策者）的所思所想，那就不能履行自己的服务职能；如果不能赢得决策者的信任，也就无法履行自己的服务职能。情报服务应该尽可能贴近相关突发事件管理政策，贴近突发事件管理行动，尽可能为政府决策者提供指导。同时，要保持情报服务的独立性，也不要过于追求情报对决策的影响力，要始终坚持审慎客观的态度，不要过多侵入决策者的决策领域。

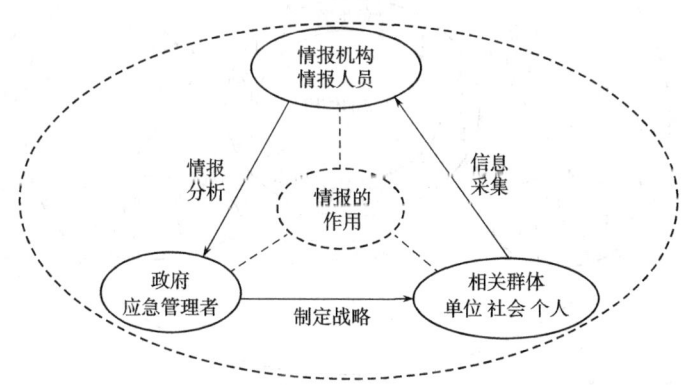

图 5-4　应急管理场域中情报的作用

5.1.3 应急情报保障子场域构建

美国危机管理专家罗伯特·希斯（Robert Heath）提出危机管理 4R 模型，依据危机管理 4R 模型理论，可以把突发事件应急管理分为以下四个阶段组成：①减少/预防（reduction）；②预备/预案（readiness）；③反应/响应（response）；④恢复/重建（recovery）。依据危机管理 4R 模型，可以看出突发事件应急管理是一种基于过程关键环节的循环管理模式，四个阶段之间具有紧密的逻辑关系。在这个循环管理模式中，情报服务也遵循 4R 模型，根据突发事件管理政策，为政府的突发事件战略管理决策提供指导，如图 5-5 所示。首先，为政府制定危机管理与防范应对策略提供情报支持；其次，在最大限度内减少残余危机的影响，为开展应急工作的相应准备提供情报支持；再次，当危机发生时进行科学、及时、有效的反应与处置，为将损失程度尽可能控制到最小而提供情报支持；最后，当危机事件结束后，要开展相应的恢复措施，从修复或消除危机带来损害的视角提供情报支持。

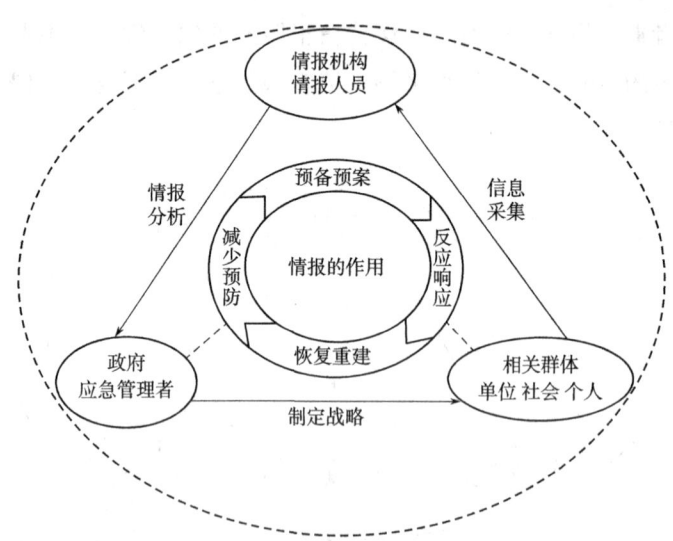

图 5-5 4R 应急管理场域情报的作用

第 5 章　情报保障中介场域塑造

基于场域理论，政府、单位（企业）、社会、公众组成的应急主体，这些应急主体构成一个相对独立的社会空间，在这个独立的社会空间中，政府、单位（企业）、社会、公众处于不同地位的支配关系和屈从关系。因此在这个场域中，更是一个充满斗争的空间，政府要在这个应急管理场域中处于支配地位，就必须具备应急决策能力、应急规制能力、应急响应能力、应急保障能力、应急处置能力、应急发展能力等各个方面的能力。在政府不具备这些能力的情况下，就需要情报这个支撑战略决策的"左膀右臂"来帮助政府具备这些能力，情报机构面向政府制定突发事件管理战略的需求，开展全源情报分析，提出支撑政府战略决策的情报服务，此时，情报机构与政府、其他突发事件相关群体组成基于情报服务的子场域，如图 5-6 所示。❶

在图 5-6 情报子场域中，情报机构围绕政府应急战略决策的四个环节[①减少/预防（reduction）、②预备/预案（readiness）、③反应/响应（response）、④恢复/重建（recovery）]，为政府部门提供情报支持。旨在提高政府的突发事件预防能力、应急反应预备能力、危机响应能力、危机恢复能力。为提升政府的响应能力，情报机构要为政府提供以下几个方面的情报服务：突发事件风险评估和风险管理方面的情报服务；危机预警与人员培训、演习方面的情报服务；突发事件影响分析、突发事件响应、危机应对技能、应急审计评估等应急管理方面的情报服务；危机影响、危机恢复计划、危机恢复技能、危机评估等危机恢复方面的情报服务。通过情报机构的情报支撑，辅助政府对突发事件的应急管理，使得突发事件应急管理的相关群体，共同实现：①"深化风险管控"，即尽力减少危机情景的攻击力和影响力，如进行预先的风险识别、风险评估、风险防控；②"固化应急能力"，即做好处理危机情况的准备，如进行危机预警、危机培训、预案演习等；③"优化救援行动"，即尽力应对已发生的危机，如在事件响应中进行启动预案、影响分析、严重度控制等；④"强化事后处置"，即力求从危机中恢复，如后果影响分析、恢复计划、恢复建设等。

---

❶ 李阳,孙建军.复杂情境下应急管理情报工程服务机制构建及场景化应用[J].情报学报,2022,41(2):107-117.

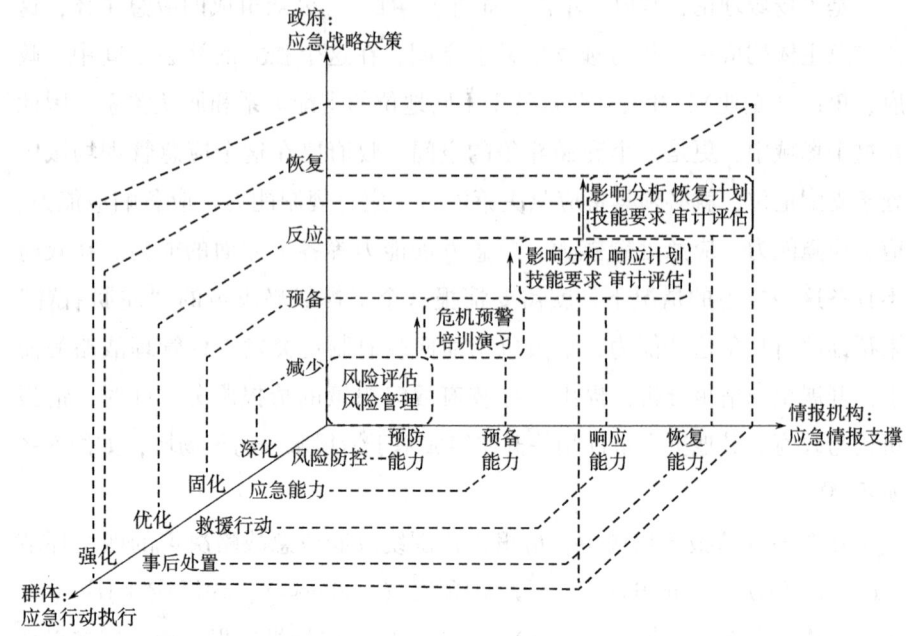

图 5-6　情报子场域作用机理

5.2　营造应急情报保障子场域惯习

　　场域代表行动者所占据位置之间的客观关系结构，这种结构体现一种力量关系，而行动者在参与活动并进入场域时，其自身拥有的某种确定的禀赋使参与者具有某种参与的合法性，即"一种社会化了的主观性"的"性情倾向"，这就是惯习。❶ 惯习具有生成的自发性，它塑造场域中行动者的实践，惯习是行动者在不断的实践中积累形成的，具有持久性，但并不是永久不变的，惯习是开放的性情倾向系统，会随经验的变化调整自己的结构。要研究场域中行动者的惯习，首先需要明确行动者所在场域的独特

---

❶ 布迪厄. 社会学的问题[M]. 曹金羽, 译. 上海: 上海文艺出版社, 2022(重印): 154.

性,正如布迪厄所指出的:场域的惯习是特定"信念"的集合,也代表实践操作意义上的行动能力,在社会实践场域中,惯习更是以客观趋向"行动方式"展开,即行动者用策略来保证或改善他们在场域中的位置,所以说惯习也代表具体行动的策略。❶ 惯习要素可以反映在应急管理领域内的主导信念、实践能力和应急管理的个体的习惯化行为模式。

5.2.1 情报支撑决策的信念

惯习可以理解为特定场域内的运行规则,可以以规划相关工作的政策文件为展现形式。我国未出台专属于应急情报的规范和政策,甚至在应急规划政策中,提及应急情报的次数也寥寥无几。严怡民主编的《情报学概论》中阐述情报的知识性、传递性和效用性特征,随着情报活动范围的拓展,情报的内涵由 Information 转向 Intelligence,情报应用于具体社会实践活动中,"情报的本质是对决策中的认识活动和实践活动的交互运动",发挥"耳目、尖兵、参谋"作用,为解决具体问题提供方案,情报服务于决策活动,"决策性"成为情报的基本属性。❷ 依据应急生命周期理论可知,突发事件应急管理包括事前、事中、事后三个阶段,这三个阶段又可以进一步划分为五个子阶段:①危机预警及准备阶段、②识别危机阶段、③隔离危机阶段、④管理危机阶段、⑤善后处理阶段。如图 5-7 所示,情报在应急管理中,要发挥"耳目、尖兵、参谋"的作用,就是要为政府在事前、事中、事后三个阶段的决策提供支撑,围绕突发事件生命周期的各个阶段,进行数据和信息的采集、存储、加工,最后提供支撑政府决策的各类情报,优化政府部门的决策,实现突发事件应急管理的目标。①危机预警及准备阶段——有效预防和避免危机的发生;②识别危机阶段——监测系统或信息监测处理系统辨识出危机潜伏期的各种症状;③隔离危机阶段——应急管理组织有效控制突发事态的蔓延,防止事态的进一步升级;④管理危机

---

❶ 布迪厄.社会学的问题[M].曹金羽,译.上海:上海文艺出版社,2022:139-146.
❷ 赵志耘,曾文.复杂信息环境下科技情报理论体系构建问题研究[J].情报学报,2022,41(6):549-557.

阶段——稳定事态,防止紧急状态再次升级;⑤善后处理阶段——从危机处理过程中总结分析经验教训,提出改进建议。[1]

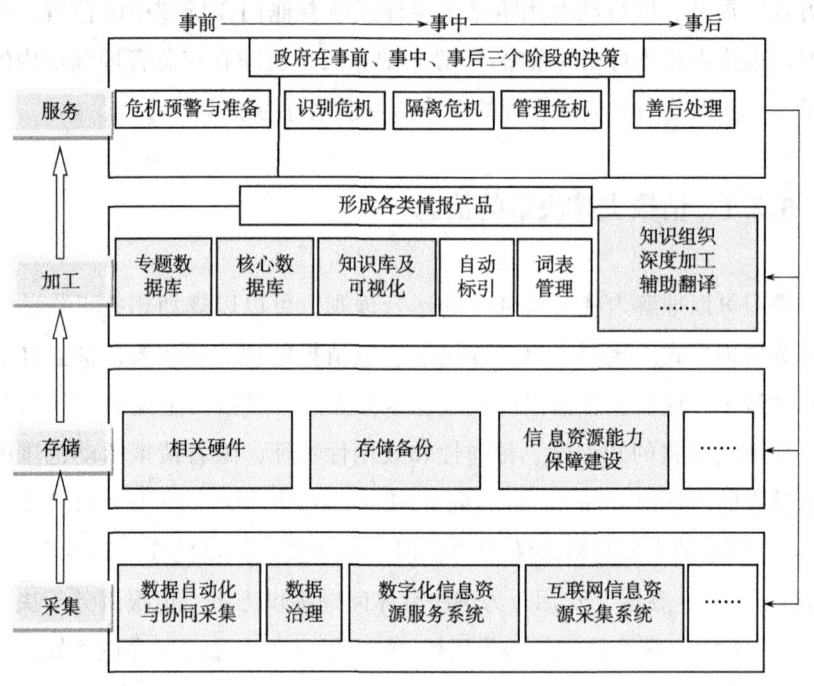

图 5-7 情报支撑决策

如图5-7所示,要想发挥情报对应急管理决策的支撑作用,首先,要进行应急管理相关的数据和信息的采集:建立数据与信息的协同采集机制,对有关突发事件数据、信息资源进行识别与精准获取,在数据层次上提高数据处理效率,在信息层次上注意多源信息融合;其次,要在硬件的基础上,进行各类相关数据和信息资源的存储与整合,形成数字化、知识化的信息资源保障能力;最后,对多类数据和信息进行加工分析,进行突发事件多源信息的综合、重构和解读,刻画出突发事件应急管理的情报服务场景,生产多种突发事件专题资源库和情报服务产品(事前监测预警情报、事中的风险识别与评估情报、事中突发事件应对的分级分类方案、事后遗

---

[1] 储节旺,汪敏,郭春侠.云平台驱动的应急决策情报工程架构研究[J].图书情报工作,2019,63(16):5-13.

留问题妥善处理方案等),加强情报子场域的集成推送服务功能,提高情报子场域的服务能力、快速反应能力、主动推送服务能力等。

5.2.2 情报保障生成性能力

由于情报保障子场域的复杂性,情报子场域的运营,是在情报人员能力素质的基础上,能够对应急管理场域的工作目标的进行分析,对应急管理的场景的多态性、时空分形性进行评价,在此基础上确定情报业务的组织流程;从应急情报服务的数据基础建设的角度出发,加强情报业务管理在监测、评估、预判等方面的管理能力,情报要维护和保障应急安全管理,构建适应应急管理业务流程的情报安全管理规制,要特别注重应急情报服务的战略性和前瞻性,加强情报工作与应急管理相关主体的协作力度,提高情报支撑决策的能力,使应急管理决策更科学和高效。如图5-8所示,情报机构在应急管理情景下,情报人员要协同参与应急管理过程,为提高情报保障能力,情报保障子场域组成"任务—资源—工具"三维运行机制,其核心要素体现在三个维度(资源维、任务维、工具维),在三个维度的共同作用下,提高情报保障的三种核心能力(反应能力、组织能力和服务能力),三个核心要素和三种核心能力之间的关系是相互联系与相互支持的关系。[1]

(1) 任务维:情报服务任务的确定。任务的确定必须清楚应急管理的性质,即情报人员要了解突发事件应急管理的事前、事中、事后三个阶段的任务,以进一步明确情报任务的研究对象——突发事件应急管理,明确政府决策人员需要的知识,细化应急管理的子任务(①危机预警及预案准备、②识别危机、③隔离危机、④管理危机、⑤善后处理)。任务维是在突发事件特定场域需要完成的情报任务,因此要考虑突发事件特定场域的惯习,提升情报人员对突发事件的认知能力,即能灵活运用相关的数据资源,提供满足政府应急决策需求的高质量情报产品的输出能力,依据突发事件

---

[1] 唐晓波,朱娟. 基于霍尔模型的情报工程知识体系构建[J]. 数字图书馆论坛,2016(2):27-32.

应急管理目的、特定情景和应急管理场域的惯习，为政府决策人员提供各种情报服务产品（①危机预警及预案准备、②识别危机预案、③隔离危机预案、④管理危机预案、⑤善后处理预案）。

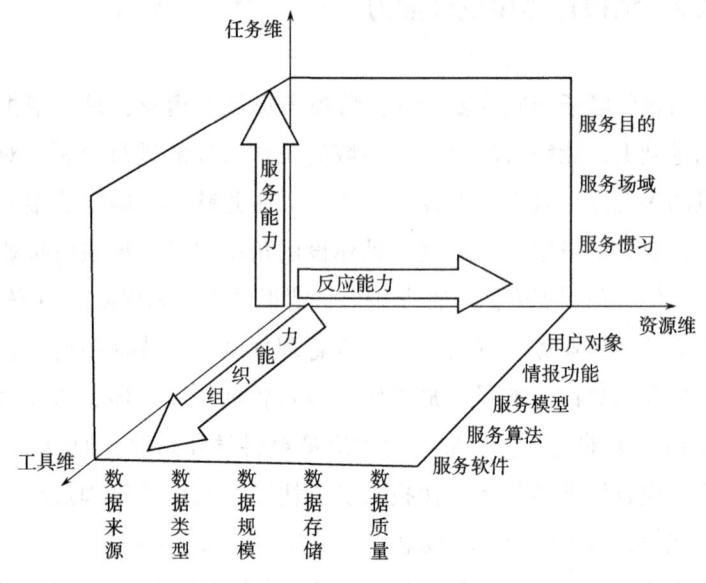

图 5-8　情报保障生成能力工程模型

（2）资源维：各类数据资源的选择与捕捉。情报任务明确后，情报人员要根据任务的性质选择适用的数据资源。情报人员根据对突发事件应急管理政府决策需求的认知，决定完成情报任务所要分析的应急管理的各领域，以选取与应急管理场域相关的数据资源。由于突发事件应急管理场域的数据具有多来源、多类型、内容复杂的特点，情报人员要具有面对复杂信息环境的数据认知能力，即能快速、敏锐地定位关键数据目标，并通过多种渠道采集数据，更能够依据这些开源数据（如新闻媒体或机构发布的数据、社交媒体发布的数据、灰色文献等），快速捕捉与突发事件应急管理相关的各类信息。

（3）工具维：情报分析方法/技术的选取和应用。当情报任务和数据资源得到确认后，就需要进行情报分析方法/技术的选取和应用，面向突发事件应急管理相关的复杂数据/信息，要完成为政府决策者提供情报的任务，就必须选择和使用恰当的信息分析方法、技术和工具，运用相关工具快速有效地组织信息和分析信息，确定情报研究方法和算法，提高情报服务对突发事件的监测、评估、预判等方面的管理能力，为政府决策提供支撑。

5.2.3 情景性情报链式转化关系

情报是突发事件应急活动及其变化的广泛反映，为政府应急决策提供的情报存在多种表现形式，如突发事件线索、相关情况、事故资料、应急知识、舆情信息、危机数据等。情报人员所提供的情报一定与突发事件直接相关，或者间接相关。例如，应急管理者在开展突发事件应对活动时，主要围绕突发事件已经诱发的活动所形成一系列事实而展开，相关人员于特定时空所做的事情，以及由此形成的事故现场，涉及的车辆及其行驶路线，事件波及人的陈述，目击者的观察，等等。这些特定情景下产生的线索、情况、信息或数据都与突发事件的发生发展息息相关，都需要情报人员认真采集，并通过分析这些特定情景下产生的线索、情况、信息或数据等，追本溯源，还原突发事件发生了的事实，并将事实作为情报的一种特定来源，通过收集到的事实的线索，对突发事件相关要素之间的复杂关系做出合理解释。❶ 依据情报转化理论和信息链理论可知，事实、数据、信息、知识和情报这些概念间是一组存在转化关系的连续体，这几个概念之间构成一种链环式关系："事实→数据→信息→知识→情报"。但是，在突发事件情景下，事实、数据、信息、知识、情报之间转化关系比较复杂，如图5-9所示。突发事件事实作为一种感性经验形式（包括事件的源头、过程、后果），是情报人员认识突发事件的出发点。源头，是突发事件的上游，涉及危险因素、危险源的预控；过程，是突发事件的中游，涉及对突发事件隐患、危机状态、发生问题等响应处置；后果，是突发事件下游，涉及人员伤亡、经济损失、社会损害方面的减轻及最小化。

情报作为一种认知活动，可以以突发事件的事实为出发点，突发事件情景下，情报活动起源于对事实的追索、探寻，一些已经发生的事实，如

---

❶ 赵志耘,曾文.复杂信息环境下科技情报理论体系构建问题研究[J].情报学报,2022,41(6):549-557.

为情报用户（政府部门决策者）所未知，就具有情报价值；情报人员可以依据当前事实形成"先知性"情报，即在"源头"阶段，对还没有发生的情况做出判断，提供给政府部门，即提供事实情报；基于已知的大量关于突发事件的事实，可以对突发事件的发展态势做出推断，形成预测性情报。与突发事件相关的数据、信息、知识作为信息链基本要素，也可以生成情报，因为数据、信息、知识也能够反映突发事件的事实，数据是对突发事件事实的一种客观映射，是以数字化、编码化方式记录突发事件的事实，数据通常只揭示事实的外表属性。信息则不仅反映突发事件事实的外表属性，而且还揭示突发事件事实之间的浅表关系，形成人们可理解的有意义的关于突发事件的表述。知识是对信息的加工、吸收与评价的结果，揭示突发事件事实之间的深层关系，形成对突发事件事实规律特征的表述，这些知识能够帮助掌握突发事件控制链的规律，应对事件，最终实现安全保障的最大化，突发事件损失最小化。在突发事件情景下，情报人员要通过对与突发事件相关的数据、信息和知识的激活、利用，形成基于突发事件事实的一种新的认知，这种认知就是为政府决策和行动提供的见解与洞察的情报。如图5-9所示，突发事件事实作为发源端，是数据、信息、知识和情报的来源，情报是终端，事实、数据、信息、知识等，都可以转化为情报。

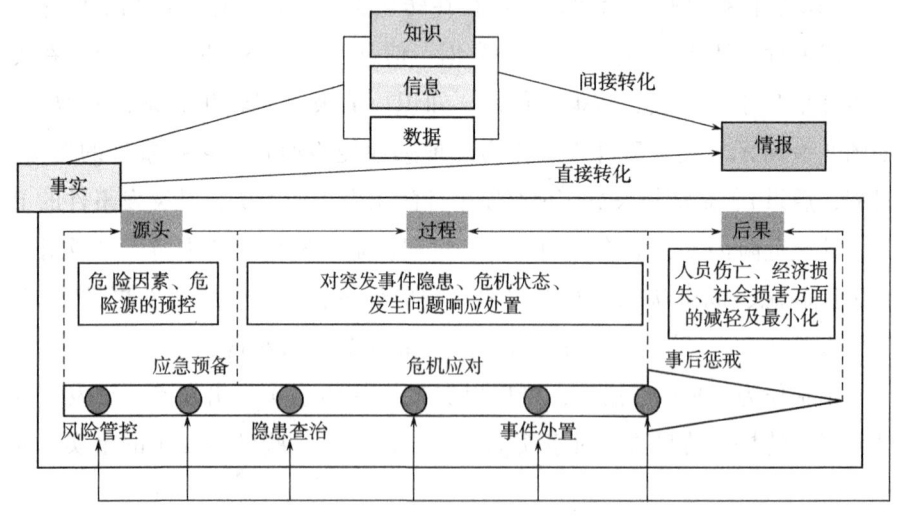

图5-9　情景性情报链式转化关系

5.3 获取应急情报保障子场域资本

布迪厄指出，资本是积累的劳动，能够使实践者在劳动的过程中实现更多社会资源的占据，拥有资本的数量决定了行动者在该场域的力量。同时，不同类型的资本存在着相互转换的可能，抓住这一特征能够使特定资本的积累更加迅速。因此，如何做好应急情报子场域内资本的积累和转化，将成为加强应急管理场域中情报力量的关键因素。[1]

5.3.1 情报保障的文化资本积累

布迪厄把文化资本又也叫作信息资本，文化资本的内涵是指特定时空场域中的个人或组织，通过精神性情、身体性情、客观物品及正式制度来表现，经过长期积累交换（或转换）而形成的，具有持久、需要区别对待并能够为个人或组织带来价值增殖的资源总和。文化资本的外延可以划分为四种类型：精神化的文化资本、具身化的文化资本、客观化的文化资本、制度化的文化资本。所谓精神化的文化资本，因其精神性情是无形的，这类文化资本也是无形的，如性格、思想、理念、价值观等是精神化的文化资本。所谓具身化的文化资本，是表现为心智和肉体的相对稳定的性情倾向，是无形和有形的结合，是在行动者身体内长期地和稳定地内在化，并成为惯习的重要组成部分，如行动者所具有的知识、文化、教养等。所谓客观化的文化资本，是指物化或对象化的文化财产，表现为文化商品（图书、论文等）、有价值的历史文物等，它们是理论的印迹或实现，并通过物质媒介来传递。所谓制度化的文化资本，是由合法化和正当化的制度所确认的、认可的各种资格，如高等教育机构所颁发的文凭。

---

[1] 朱国华.习性与资本:略论布迪厄的主要概念工具(上)[J].东南大学学报(哲学社会科学版),2004(1):33-37,74-124.

如图 5-10 所示，在四种类型的文化资本中，制度文化资本是基础，是其他三种文化资本之所以能够成为资本的保障。制度文化资本的"制度"需要经过官方认可，才能够使这种"制度"成为文化资本，不经过官方认可的"非正式制度"就无法变成制度文化资本。精神文化资本通常要和制度文化资本相适应，精神文化资本能够把精神内涵传递给身体文化资本和客体文化资本，从而使身体文化资本和客体文化资本也表现出明显的制度性特征，也使得身体文化和客体文化能够持久。四种类型的文化资本都处于一个特定的时空场域中，四种文化资本相互影响、相辅相成。各种文化资本之间留有空白，文化资本在诸多文化现象中的具有稀缺性，文化资本要依托一定的经济资本才能存在，同时文化资本也能够刺激经济资本的发展。

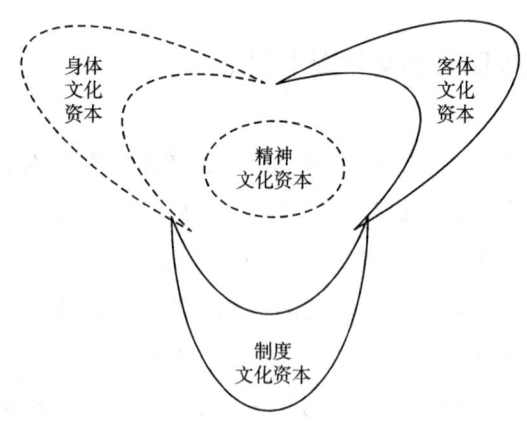

图 5-10　四种类型文化资本关系

提高应急情报子场域中情报人员文化资本，就要使情报人员增长技能和知识，在应急情报子场域内倡导学习和知识共享的文化，制订培训计划和专业发展计划，增强文化资本积累。

第一，加强教育和培训。为情报人员和政府决策者提供持续的教育和培训，对增强场域内的文化资本至关重要。通过提升情报人员的知识水平，锻炼分析和操作技能，使情报从业人员可以更加适应新技术、面临新挑战，提升其在情报分析、危机管理和沟通等领域的能力；对于应急管理场域中相关参与主体（单位、公众、个人）来说，教育能够提升他们对应急情报的了解和使用能力，有助于应对不断变化的威胁和灾害，确保公众能够接收和使用应急情报,提升公众的自救和互救能力。

第二,加强学习和知识分享。鼓励应急管理场域参与主体持续学习和知识分享的文化,有助于营造一个充满活力和适应性的环境。可以通过新媒体宣传、会议和政府宣讲来实现这一点,让来自不同机构和背景的从业人员交流想法、分享经验并讨论新兴趋势。合作解决问题和分享最佳实践,可以带来创新和改进情报工作方式。建立指导计划,推动经验丰富的从业人员向新成员传授专业知识,并指导使用技术,从而加速新一代应急情报专业人员的发展、促进公众对于应急情报的了解。鼓励应急情报在不同参与主体之间进行合作和信息分享,通过共享知识和资源,可以提升宝贵经验的传播效率,并利用不同视角制定全面的情报策略。

第三,塑造工作文化和认同感。在应急管理场域中,建立强大的组织文化和认同感,增强应急情报机构的文化资本建设。培养情报从业人员的自豪感和归属感,树立对应急管理使命和价值观的共同承诺,建设积极而有凝聚力的组织文化,提高员工情报人员士气、工作水平和敬业精神。在应急管理场域中,建立奖励和认可计划,表彰优秀的情报人员,激励各类参与主体在应急管理中取得卓越成绩,提升各类参与主体的士气,培养健康竞争,推动该领域整体水平的提升。

5.3.2 情报保障的社会资本积累

社会资本指某个个体或是群体,凭借稳定、相互交往、彼此熟识的关系网,从而积累起来的资源的总和。应该在群体的背景下讨论社会资本,一个特定场域中行动者所拥有的社会资本总量,取决于它能够有效动员的关系网络的规模,社会资本是指关系网络和社会联系所建立起的强有力的联系和合作,可以形成支持和信息共享的网络。为达成这一目标,就应在突发事件应急管理场域情境下,建立高效协同的应急情报管理体制。例如,建立定期的沟通渠道、联合演习和信息共享平台,有助于在紧急情况下交换关键情报,提高情报人员对新兴威胁的快速响应能力。增加突发事件不同参与主体之间的信任和互惠关系,可以在突发事件危机期间实现更有效的协调和合作,增加突发事件群体成员间的信任和整合有关的资源,利用社会资本,还可以扩大应急情报来源的范围,如应急管理部门与应对单位、社会、公众等具有价值见解的个人或群体,建立快速联系,可以更加全面地了解突发事件潜在的威胁和脆弱性。在应对突发事件的目的性行动中,有意地使用社会关系积累该领域的社会资本,发挥更加至关重要的作用。情报人员要与不同利益相关者之间建立协作框架、伙伴关系和网络,包括与政府机构、应急服务机构、非政府组织和其他相关参与者进行有效的协调、信息共享和联合决策,促进参与应急管理的不同机构和组织之间的合作文化,最终增强对紧急情况的整体响应。探讨建立信息交换的标准化程序和指南,促进社会资本协作工具、数字平台和信息管理系统建设,以实现利益相关者之间的无缝通信和信息共享,在这个过程中,应确保数据隐私和安全,以及促进利益相关者之间的信任。❶

5.3.3 情报保障的经济资本积累

经济资本是指个体或是在特定场域内的群体所拥有的可以转化为经济形式的资本,如金钱与财产。在应急管理场域中,经济资本是所有资本的决定性根源❷,应加强应急情报子场域中的经济资本投入。为基础设施建设分配充足的财政资源,最大限度地提高应急情报人员的能力,要投资先进技术的研发,加大软件系统、硬件设备和信息网络的投资。采用最尖端的工具和技术来实现高效的数据收集、分析和传递,利用最先进的监控系统、传感器网络和实时数据分析平台,可以为消除新兴威胁而提供有价值的最深见解,从而实现对应急问题的及时响应和主动决策支持;建立可互操作的信息网络和通信系统的集成,实现参与应急响应的不同机构和利益相关者之间的无缝信息共享和协作。通过建立标准化协议和数据交换框架,使得相关行为者可以高效地共享和分析情报信息,增强对应急问题的整体态

---

❶ MARTIN B, SZELÉNYI I. Beyond Cultural Capita: Toward a Theory of Symbolic Domination[Z]. In D. Robbins, (ed), Pierre Bourdieu. Vol. Ⅰ. p:282-286.

❷ 同❶:288-292.

势感知，更好地为决策者提供情报支撑。增加突发事件应急情报子场域的经济资本投入，可以采用方式包括：让情报人员学习相关技术、进行情报分析策略和职业素养培训（情报分析、威胁评估、危机管理和沟通等领域的培训），增加应急情报实践等，实践的过程中，更加有利于经济资本向文化资本进行转化。

5.3.4 情报保障的象征资本

象征资本（符号资本）总是与经济资本联系在一起的，当行动者拒绝承认"赤裸裸的利害关系"和"利益最大化"法则时，就表示经济资本在场，而经济资本若要发挥作用就要转化为象征资本。所以，象征资本是在经济资本不被承认的情况下，出现的一种资本形式。象征资本不像经济资本那样容易度量和计算，象征资本称为"符号资本"，用以表示声誉或威信等象征性现象的重要概念。在应急管理场域中，象征资本是情报人员的专利，只有情报人员可以在突发事件应急管理场域中，获得各种资本（或利益）并使这些资本发挥作用。

应急情报子场域中的象征资本是指与应急情报系统和实践相关的认可、声誉和可信度，来自情报从业者和整个应急情报领域获得的声誉和信任，代表应急管理利益相关者对应急情报的感知和认可。强大的象征资本有助于建立公众对应急情报管理部门的信任，一旦社会认可其声誉和专业性，公众就会更愿意依靠和支持政府在危机和灾害中的工作。这种信任是应急情报工作的关键基础，确保公众能够积极参与并遵从相关的应对措施。象征资本的提升还可以增强应急情报领域在政策制定层面的影响力，政府和决策者更倾向于采纳受信任和有声望的应急情报部门提供的建议和评估，在制定重要政策和行动计划时，他们更有可能考虑应急情报领域专家思维意见，这也推动了应急情报子场域社会资本的积累。❶

为了提高应急情报子场域中的象征资本：①在情报机构内培养持续改

---

❶ 范逢春，张天.国家治理场域中的社会治理共同体：理论谱系、建构逻辑与实现机制[J].上海行政学院学报，2020，21(6)：4-12.

进的文化,鼓励定期评估和审查操作流程,以确定需要改进的领域。通过反馈机制从过去的经验中学习,并进行必要的调整以提高绩效,实施严格的质量控制机制,确保情报分析和信息传递的准确、可靠和及时。②应建立与媒体的紧密关系,确保对机构活动的准确及时报道,定期向公众报告、发布机构活动、成就和未来发展动向,提供关于情报收集流程、决策标准和结果的明确简洁的信息,定期进行新闻发布会,提供有关重大发展的更新信息,制定全面的危机沟通计划,在紧急或敏感情况下,确保关键信息在所有沟通平台上协调一致。③增强公众意识,建立公众的信任和理解。应急管理部门应加强与基层政府、民间组织的联系,与这些利益相关方合作,增进政府对基层需求和关切的了解,构建更具包容性的情报收集和应对方法。向公众介绍应急情报的重要性与作用,与当地学校、大学和基层政府组织合作,共同提升公众参与意识,包括公众活动、示范演示或模拟情景,展示机构的能力和水平,展示真实场景,突显情报的应对能力和必要性。④应建立独立监督机构或委员会,利用各种沟通渠道,包括社交媒体、网站和公共论坛,与公众进行互动。及时回应询问和解决问题,建立信任并保持透明,确保遵循法律和道德标准,建立合理的外部监督制度。

参考文献

[1] 王秉,徐方廷,黄锐,王渊洁.区块链赋能视角下的应急情报工作模型研究[J].情报科学,2023,41(4):35-40,82.

[2] 陈美华,张明亮,王延飞.面向国家安全体系和能力现代化建设的应急情报工作研究[J/OL].[2023-06-05][2023-07-19].http://kns.cnki.net/kcms/detail/22.1264.G2.20230605.1132.002.html.

[3] 孙瑞英,张朦朦."十四五"图书馆公共文化服务新场域构建[J].图书馆论坛,2022,42(11):14-23.

[4] 聂云霞.基于场域理论的档案馆文化生态位重构[J].档案学研究,2023,

191(2):20-27.

[5] 解天龙.场域理论视角下图书馆展览服务研究——以中国国家图书馆为例[J].图书馆学研究,2022,(10):64-68,84.

[6] 李艳微,包磊.基于融媒体技术的中国话语舆情传播引导机制研究[J].情报科学,2022,40(11):40-48,109.

[7] 丁敬达,唐思嘉,李长志.开放获取背景下学术信息交流场域用户角色的演变[J].图书馆杂志,2022,41(6):40-45,73.

[8] 苏新宁,朱晓峰,崔露方.基于生命周期的应急情报体系理论模型构建[J].情报学报,2017,36(10):989-997.

[9] 布迪厄,华康德.实践与反思:反思社会学导引[M].李猛,李康,译.北京:中央编译出版社,1998:19.

[10] 布迪厄,华康德.实践与反思:反思社会学导引[M].李猛,李康,译.北京:中央编译出版社,1998:133-148.

[11] 贺德方.工程化思维下的科技情报研究范式——情报工程学探析[J].情报学报,2014(12):1236-1241.

[12] 李阳,孙建军.复杂情境下应急管理情报工程服务机制构建及场景化应用[J].情报学报,2022,41(2):107-117.

[13] 布迪厄.社会学的问题[M].曹金羽,译.上海:上海文艺出版社,2022(重印):154.

[14] 布迪厄.社会学的问题[M].曹金羽,译.上海:上海文艺出版社,2022(重印):139-146.

[15] 赵志耘,曾文.复杂信息环境下科技情报理论体系构建问题研究[J].情报学报,2022,41(6):549-557.

[16] 储节旺,汪敏,郭春侠.云平台驱动的应急决策情报工程架构研究[J].图书情报工作,2019,63(16):5-13.

[17] 唐晓波,朱娟.基于霍尔模型的情报工程知识体系构建[J].数字图书馆论坛,2016(2):27-32.

[18] 朱国华.习性与资本:略论布迪厄的主要概念工具(上)[J].东南大学学

报(哲学社会科学版),2004(1):33-37,74-124.

[19] MARTIN B, SZELÉNYII. Beyond Cultural Capita:Toward a Theory of Symbolic Domination[Z]. In D. Robbins,(ed),Pierre Bourdieu. Vol. I. p:282-286,288-292.

[20] 范逢春,张天.国家治理场域中的社会治理共同体:理论谱系、建构逻辑与实现机制[J].上海行政学院学报,2020,21(6):4-12.

第 6 章

情报保障能力协同培育

笔者选择中国知网（CNKI）全文数据库作为数据来源，数据获取时间为 2023 年 6 月 10 日，设定检索点为"篇关摘"，检索词为"情报工作能力"，时间范围为 2002 年 1 月 1 日至 2023 年 6 月 10 日，共检索出文献 216 篇，得到有效文献 201 篇。将这 201 篇文献作为本书的分析对象，利用 Citespace 软件进行可视化分析❶，得到图 6-1 年度发文量。观察图 6-1 可知，2002 年至 2023 年总体发文量呈现升降交替趋势。从时间轴上看，我国情报机构工作能力的发展方向大致可分为三个时期：①研究初期（2002—2013 年）。在这一阶段，研究的结果以企业竞争情报能力的培养为重点，主要是对国外各个国家情报工作的建设、机制、作用、影响进行研究，并在此基础上，借鉴国外的经验，来提升我国的情报工作能力；②发展上升阶段（2014—2020 年）。2014 年总体国家安全观的提出，2015 年后《中华人民共和国国家情报法》等国家政策、法律的提出、颁布、实施，该领域的研究进入了一个崭新的阶段。例如，反恐情报信息工作能力的体系

---

❶ 李钟隽,孙瑞英,张涛.基于文献计量的中国舆论生态学研究现状分析(2004—2019 年)[J].农业图书情报学报,2020,32(2):5-13.

框架研究、新时代我国科技情报工作能力体系构建与发展路径研究等。③稳定发展阶段（2021—2023年），本阶段的情报工作能力研究的数量有所下降，但情报工作能力的探讨更加深入。自《中华人民共和国国家情报法》于2017年6月28日起实施，2019年第十三届全国人大常委会提出《关于加强产业情报研究，为产业创新发展导航的提案》，政府部门提高了对产业竞争情报供需状况的关注度，扶持建立产业竞争情报服务体系：制定促进本行业竞争性情报服务发展的规划，支持情报服务的创新能力，系统挖掘、整理、培育产业情报研究资源，加强管理、协调和支持，提高专业能力，建立服务管理的标准体系，有意识地收集和推广产业竞争情报服务的研究成果，建立产业竞争情报平台，建立产业情报专业人才培养机制。

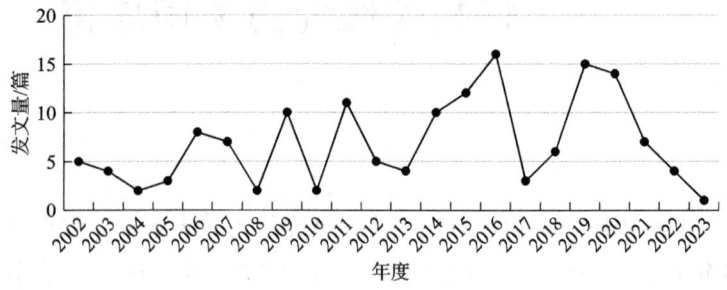

图6-1　2002—2023年国内情报工作能力发文量

通过对2002—2023年情报工作能力研究论文中的高频关键词进行整理与分析，探索此领域的研究热点与发展趋势，从而为该领域下一步的研究指引正确的方向。❶ 研究热点反映了学术领域的前沿问题、核心问题和重点问题等，能够对研究内容和方法起到了高度概括的作用。2002—2023年之间，我国的情报学者关注的热点主题包括：情报工作、竞争情报、情报信息、情报能力等。❷

根据学者们研究成果的分析可知：由知识和智能服务整合而产生的情

---

❶ 孙田田,尹晓璇.我国政府会计研究热点与展望——基于Citespace的知识图谱可视化分析[J].老字号品牌营销,2022(13):69-72.

❷ 詹莹莹,袁潇,朱万莉.我国职业教育研究热点的知识图谱分析——基于1998—2019年教育学CSSCI期刊的文献计量分析[J].重庆电子工程职业学院学报,2021,30(6):1-6.

报保障能力,是情报支撑国家重大战略决策,发挥"耳目、尖兵、参谋"作用的基础,情报工作要在维护国家安全和社会发展中作出突出贡献,就必须面向国家战略的重大现实需求,统筹安全与发展两个领域,为构建国家安全治理体系提供重要的智力支持。20 世纪 70 年代,哈佛教授戴维·麦克利兰(David C. McClelland)第一次提出"能力素质的"概念,强调能力是个人内在品质的外在表现。[1] 20 世纪 90 年代,普拉哈拉德(Prahalad)和哈默尔(Hamel)将能力的概念从"人"拓展到了"组织",由此提出了"组织能力"这一概念。[2] 情报保障能力是情报人员感知和适应外部环境的变化,在情报系统和竞争情报价值链的基础上,通过协调整合各种资源和能力,为决策者的战略决策提供智能支持,促进决策者(决策机构)决策能力和核心能力的提升,最终获得和保持持续竞争优势的一种综合性能力。[3] 情报信息工作能力,指的是情报机构、情报人员等情报信息工作主体,在国家相关法律体系之下,通过对相关情报资源的整合,以秘密或公开的方式,对相关组织及其成员的信息、相关活动及行为等情报信息展开规划、搜集、处理、分析、研判、共享及应用于突发事件预警、危机应对决策等一系列过程中所表现出来的能力。[4] 情报能力是情报信息对决策所能起到的作用,它是认知、行动和价值观三个方面的合力,它是在资源整合与人员协调等众多活动中产生的。[5] 情报能力是指情报活动主体为适应内外部环境变化,开展相关具有战略性或竞争性情报研究或工作的综合素质,是一种通过情报工作来完成特定或指定任务的价值实现能力。具体而言,情报能力是一种情报竞争力,是情报活动主体在各种情报信息活动中所表现出的知识、技能和态度,是情报活动主体在一定的环境条件与规范约束

---

[1] 唐志龙.略论能力的基本特征[J].学习论坛,2005(4):52-54.

[2] 樊宏,戴良铁.基于能力的人力资源管理新模式[J].科学学与科学技术管理,2004(9):98-101.

[3] 郑荣.企业竞争情报能力增长机理及其评价研究[D].长春:吉林大学,2008.

[4] 安璐,吴燕珠,李纲.反恐情报信息工作能力的体系框架研究[J].图书馆学研究,2018(17):68-76.

[5] 刘如,周京艳,张惠娜.新时代我国科技情报工作能力体系构建与发展路径研究[J].情报理论与实践,2020,43(3):31-36.

下采集、分析与处理、评估与利用情报资源的综合能力。❶ 很少有文献对"国内情报工作能力"进行可视化分析,涉及"情报工作能力"分支的研究主要集中在以下几个方面:情报服务能力主要涉及情报需求、情报搜集、情报加工、情报输出、情报评估等方面的核心内容与相关问题;❷ 情报分析能力的提升,要通过情报机构转型与大数据技术的双轮驱动,要通过重构整个情报工作流程,实现情报的全生命周期的变革,从而实现数据、情报、知识、智慧的全面升级;❸ 应急情报系统服务能力包含了以硬软件、信息数据等资源为基础,构建起来的情报服务生成的能力,它主要表现为情报提供能力、事务支持能力及参与决策能力;❹ 反竞争情报能力是指企业在激烈的市场竞争中,主动地进行防御,从而获得优势地位的一种手段;❺ 安全情报服务能力直接影响安全管理工作成效,需要建造模型并且构造系统,即建立"情报工作能力系统"。❻

6.1 应急情报保障能力的构成

科学、合理、系统的指标体系是开展情报工作能力评价的基础。因此,不同领域学者通过界定情报工作能力构成,从多个方面综合地设计能力评价指标体系,尽可能在数据可获得的情况下对情报各方面能力作出系统的

---

❶ 李阳.智慧城市应急管理情报能力研究[D].武汉:武汉大学,2017.

❷ 张宁宁.政府决策咨询中的情报服务能力评价研究[D].上海:上海工程技术大学,2021.

❸ 计宏亮.基于大数据技术提升科技情报分析能力的路径研究[J].中国电子科学研究院学报,2021,16(11):1126-1131.

❹ 潘文文.政府应急情报系统服务能力影响因素研究[J].情报理论与实践,2020,43(4):74-81.

❺ 黎小平,刘春年.反竞争情报能力的发展脉络与演进逻辑[J].情报理论与实践,2018,41(8):144-148.

❻ 宋丹,高峰.美国自然灾害应急管理情报服务案例分析及其启示[J].图书情报工作,2012,56(20):79-84.

评价。科技情报、竞争情报、智库情报、图书情报、应急情报、公安情报、安全情报等领域的学者均构建了符合各自领域情报能力特点的评价指标。在科技情报领域，杨春静，程刚构建出科技情报机构知识服务能力的评价指标体系，包含知识服务资源等6个一级指标，以及22个二级指标。竞争情报领域，赵彦、张鸿业构建了科技型企业技术竞争情报能力指标，确定一级指标4个、二级指标14个、三级指标44个。❶ 智库情报领域，杨佳鑫、赵静根据影响情报能力的要素，构建了评价情报、行动、结果3个维度的一级指标，自有信息量、自有信息量转化效果、思维方法、现实行动及智囊团决策效果5个维度的二级指标，最终形成评价智库智囊团的IAO三维立体模型。❷ 图书情报领域，李鹏翔从知识服务获取能力、吸收能力、创新能力和服务应用4个方面出发，分别构建若干指标，形成了面向图书情报领域的知识服务能力评价体系。❸ 应急情报领域，李阳构建了涵盖情报收集能力、情报加工能力、情报传递能力、情报利用能力、情报保障能力5个一级指标、11个二级指标的突发公共卫生事件应急工作情报能力指标体系。❹ 公安情报领域，罗熠琳确立了影响公安情报分析人员胜任力评价指标27项，并把27项指标归类为专业精神、知识结构、工作能力、业务技能4类因子，形成公安情报分析人员胜任力评价指标体系。❺ 安全情报领域，王秉，郭世珍构建的安全情报服务能力评价指标体系包括安全情报保障能力、安全情报采集能力、安全情报加工能力、安全情报传递能力和安全情报应用能力5个一级指标，各一级指标又可进一步细分为17个二级指标和65个三级指标。❻ 综上所述，各领域的评价大都基于学者自身对情报工作能力的理解，

---

❶ 赵彦,张鸿业.科技型企业技术竞争情报能力指标体系构建[J].数字图书馆论坛,2013,108(5):64-71.

❷ 杨佳鑫,赵静.基于改进决策功能派的智库智囊团评价IAO模型及指标体系构建[J].情报理论与实践,2020,43(1):112-118.

❸ 李鹏翔.面向图书情报领域的知识服务能力及评价研究[D].南京:南京理工大学,2008.

❹ 李阳.面向城市应急管理的情报能力建设思考[J].现代情报,2019,39(5):17-23.

❺ 罗熠琳.公安情报分析人员胜任力评价指标研究[D].北京:中国人民公安大学,2022.

❻ 王秉,郭世珍.安全情报服务能力评价指标体系构建[J].科技情报研究,2020,2(4):32-43.

评价指标存在交叉，情报工作能力评价指标缺少统一的框架，情报工作能力评价指标的科学性也有待后续研究论证。

6.1.1 情报人员工作胜任力分析

1973年哈佛大学教授戴维·麦克利兰（David McClelland）提出胜任力模型（Competence Model），又称为"能力素质模型"，该模型以冰山模型作为理论基础，是针对特定职位要求组合起来的胜任力结构。胜任力模型的阐述有很多不同的图形表示：如图6-2所示的洋葱模型、如图6-3胜任力四维度模型、如图6-4胜任力素质模型。❶

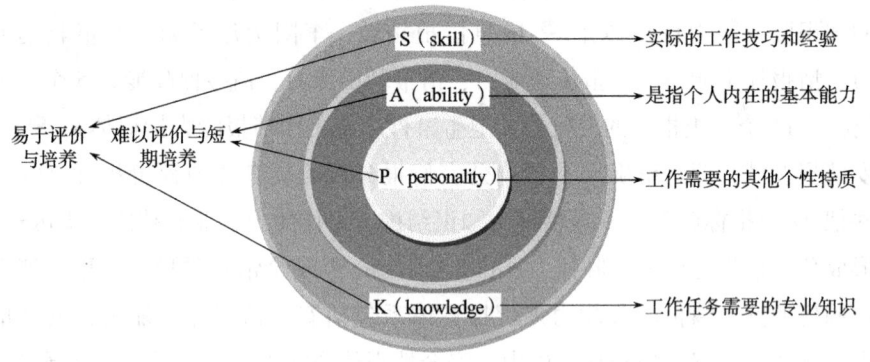

图6-2　胜任力洋葱模型

第一，胜任力洋葱模型分析，要挑选符合情报岗位胜任能力的情报人员，可以从知识、技能和相关的经验、特质等方面来审核。特质（personality），属于不太好培养的部分，甚至可以说人格特质是不可培养，但人们的行为习惯、态度理念是可培养的，但短期内不容易培养。为了完成情报岗位的工作，情报人员必须具备的相关的知识、技能、能力和素质等方面的要求，K（knowledge）：是指情报人员执行工作任务需要的专业知识；S（skill）：是指情报人员在工作中运用某种工具或设备完成具体工作任务的熟

---

❶ 王欢.基于扎根理论的出版创意人才胜任力模型构建研究[J].科技传播,2022,14(24):78-80,130.

练程度，包括实际的情报工作技巧和经验；A（ability）：是指情报人员内在的基本能力，如空间感知能力、逻辑思维能力、学习能力、观察能力、解决问题的能力等；P（personality）：主要指情报人员有效完成某一工作需要的其他个性特质，包括对工作的要求、工作的态度、人格特质及其他特殊要求。❶

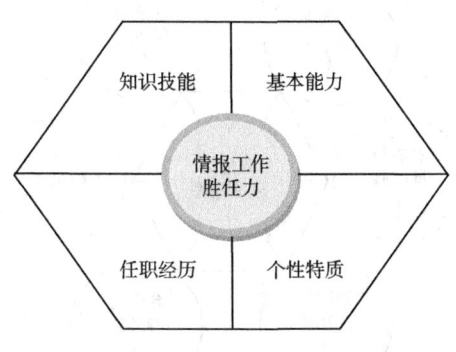

图6-3 胜任力四维度模型

第二，胜任力四维度模型分析，是从知识技能、个性特质、基本能力及情报工作岗位任职经历四个维度来构建的能力结构模型，如图6-3所示。"知识技能"是指胜任情报工作岗位需要知道的知识和掌握的专业技术的能力，是指结构化地运用知识完成某项具体工作的能力，即对某一特定领域所需技术与知识的掌握情况；"任职经历"是指胜任情报工作岗位所需具备的行为经历（工作的历练、经验的累积等）；"个性特质"指情报人员所具备的特有品质、个性，即情报人员需要具备的严谨、认真、细致等人格特质，"个性特质"可以预测情报人员在长期无人监督下的工作状态；"基本能力"指情报人员需要具备的从事情报工作的基本能力，如发现问题的能力、分析问题的能力、解决问题的能力，容易形成一个特定领域的自然而持续的想法和偏好，将驱动、引导和决定情报人员的外在行动。

在实际的情报人员选择过程中，必须结合具体的情报工作岗位来进行共创描述，分别从四个维度着手，从每个维度析出7-9条能力要求，避免

---

❶ 杨春静,程刚.科技情报机构知识服务能力评价体系研究[J].情报理论与实践,2017,40(7):43-49.

出现对具体工作岗位的人才能力的分析，出现重复或者遗漏的问题。❶

第三，胜任力素质模型分析，在胜任力素质词典中，学者们把岗位胜任素质分为6大部类，20个具体素质要素（20个素质要素对人类的知识、技能、社会角色、自我概念、性格、动机作了全面的概括），如图6-4所示。❷

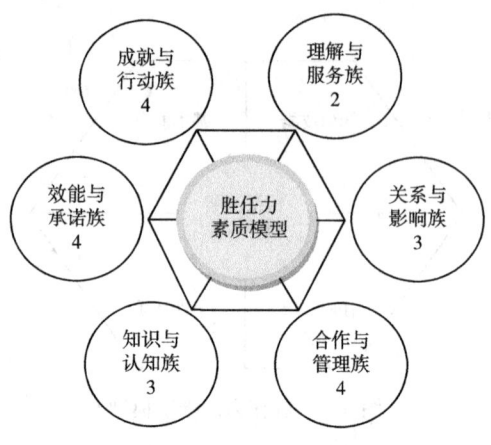

图6-4　胜任力素质模型

（1）成就与行动族，具体包括4个素质要素：①情报人员成就动机；②情报工作主动性、对品质、次序和精确度的重视；③信息采集、收集意识；④信息采集、收集能力。

（2）理解与服务族，具体包括2个要素：①人际理解能力；②情报用户服务导向。

（3）关系与影响族，具体包括3个要素：①影响力；②关系建立能力；③组织认知能力。

（4）合作与管理族，具体包括4个要素：①培养他人意识与能力；②团队合作精神；③团队领导能力；④执行命令/果断性。

（5）知识与认知族，具体包括3个要素：①分析式思考能力；②概念

---

❶ 骆思钊,李丹.基于胜任力模型的企业管理人员培训需求分析[J].企业科技与发展,2023(2):95-97.

❷ 刘琦.基于德尔菲法和层次分析法构建河南省医学高层次人才胜任力素质模型[J].中医药管理杂志,2023,31(13):1-6.

式思考能力；③技术、职业、管理等专业知识。

（6）效能与承诺族，具体包括4个要素：①自我控制能力；②自信力；③弹性工作能力；④组织承诺能力。

胜任力模型从成就与行动族、理解与服务族、关系与影响族、合作与管理族、知识与认知族、效能与承诺族六个维度分析情报人员的能力素质，胜任力模型建立要与情报工作的目标、工作规模、各种资源等条件相匹配，在特定的应用场景下，综合进行分析。❶

6.1.2 突发事件应急管理能力的情报支撑

突发事件应急管理能力是指组织机构、企业单位或个体预防和应对突发事件的能力。突发事件应急能力不仅包括政府、企业、社会组织各自的应急管理、应急响应、应急处置能力，还包括家庭和个人预防和应对突发事件的能力。根据国情和借鉴国内外经验，突发事件应急管理能力体系结构中的情报支撑情况，如图6-5所示。❷

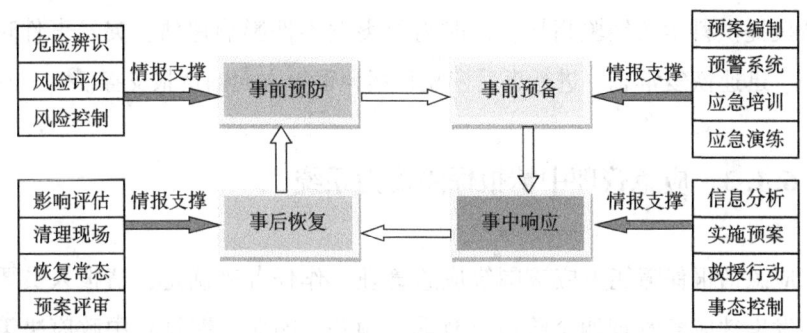

图6-5 突发事件应急能力体系结构中的情报支撑

如图6-5所示，突发事件应急管理能力体系结构中包括四种能力，这

---

❶ 李超.胜任力素质模型构建——以民航空警为例[J].民航管理,2019(11):85-86,90.

❷ 李阳,孙建军.复杂情境下应急管理情报工程服务机制构建及场景化应用[J].情报学报,2022,41(2):107-117.

四种能力的获得都需要相应情报的支撑：①事前防范能力：在预防突发事件发生的过程中，应充分利用建立完善的对象风险管控机制，尽量消除、减缓、控制突发事件灾害发生的可能性，预防可能造成的不良后果，实现事前的预防目的。此时需要风险辨识、风险评价、风险控制方面的情报支撑；❶ ②事前预备能力：在事前预备过程中，针对突发事件灾害的风险水平，搭建预测预警预报系统平台，对目标进行动态化的监测与预警，编制各类事故灾害的应急救援预案，并组织人员开展有效的培训与演练。此时需要预案编制、预警系统、应急培训、应急演练等方面的情报支撑；③事中响应能力：在突发事件响应过程中，应强化灾害信息的分析与沟通，提高预案启动的准确合理性，做好应急行动过程中人、物、管理协调机制等各方面的配合，使突发事件造成的损失得到最大限度的控制。此时需要突发事件相关信息的分析、快速制定实施预案、迅速展开救援行动、进行事态控制等方面的情报支撑；④事后处置能力：在突发事件的恢复阶段，需要完善对突发事件遗留问题处置与解决的能力，能够对突发事件救援过程中暴露出的优势与劣势进行科学认知与总结，为以后的突发事件预防与应急救援提供科学的经验指导。此时需要突发事件影响评估、突发事件现场清理、迅速恢复常态、进行事后恢复预案评审等方面的情报支撑。❷

6.1.3 应急管理中情报保障能力系统

应急情报保障能力应该围绕应急管理工作任务来确定，情报人员要了解突发事件应急管理四个阶段（预防、预备、响应、恢复）中政府决策人员的工作任务，以进一步明确情报人员需要在应急管理中完成的情报子任务，见表6-1。围绕政府决策人员的工作任务，提升情报人员对突发事件的认知能力，即能灵活运用相关的资源，提供满足政府应急决策需求的高质

---

❶ 国务院办公厅.关于印发国家综合防灾减灾规划(2011-2015年)的通知[J].海南省人民政府公报,2012(2):16-22.

❷ 张媛,詹希旎."流程式"情报协同的突发危机事件应急预警服务模式研究[J].图书情报工作,2022,66(2):127-135.

量情报产品的输出能力、信息处理能力、监测预警能力、应急处置能力、应急保障能力、应对反应能力、社会疏导能力、应急动员能力,为政府决策人员提供各种情报服务产品(危机预警及预案准备、识别危机预案、隔离危机预案、管理危机预案、善后处理预案)。①应急认知能力:主要包括应急意识、应急知识、危险及其发生可能性感知、危险中人财物的易损性程度辨识能力等;②信息处理能力:包括突发事件相关信息报告,以及应急响应需要的制度(法律、法规、条例、标准等)、技术、资源、设施、人员等相关信息;③监测预警能力:是对可能发生或正在发生的突发事件进行处理时所具备的预测与应对能力,包括编制应急预案、建立监测预警制度,进行隐患排查和监测、配置相应的资源与设施;④应急处置能力:这是应对突发事件的核心能力,包括应急快速反应能力,应急决策能力,应急指挥能力,控制与协调能力,应急队伍的实战技能等;❶ ⑤应急保障能力:主要包括应急设施建设、应急技术装备、应急工具储备、应急物资储备、必备资金支持、避难场所设置等;⑥应对反应能力:了解居民个人对突发事件的防御能力和展开自救、互救技能,居民家庭应急准备情况等;⑦社会疏导能力:指突发事件将要发生或发生过程中,组织相关区域群众有序转移的能力,也包括群众的心理疏导能力;❷ ⑧应急动员能力:主要包括组织机关、企事业单位、社会组织、居民捐款捐物和提供技术支持,开展应急宣传教育和救援演练,为受到伤害的当事人提供必要的基本生活条件、心理干预等能力。

表6-1 应急管理中情报保障能力系统

应急阶段	应急管理建设目标	工作任务与情报支撑	建设情报子系统	情报人员能力体系
预防	确立主动式应急理念 全面辨识事故风险 合理评价风险水平 建立应急基础保障	建立对象风险管控模式: 风险辨识、风险评价、 风险控制方面情报支撑	应急法规情报 应急组织情报 应急管理情报 应急队伍情报 应急科技情报 应急预警情报	应急认知能力 信息处理能力 监测预警能力

❶ 张桂蓉,雷雨,冯伟,等.大数据驱动下应急信息协同机制研究[J].情报杂志,2022,41(4):181-185,201.

❷ 师硕,王国华.突发事件情境下的政府网络话语研究[J].情报杂志,2022,41(6):114-119.

续表

应急阶段	应急管理建设目标	工作任务与情报支撑	建设情报子系统	情报人员能力体系
预备	制定系统的应急预案 准备应急所需的资源 进行应急能力建设 提高应急响应效能	对目标动态监测预警： 预案编制、预警系统、 应急培训、应急演练 方面的情报支撑	应急预案情报 应急物资情报 应急培训情报 应急演练情报 舆情监测情报 应急信息情报	应急认知能力 信息处理能力 监测预警能力 应急处置能力 应急保障能力 应对反应能力
响应	启动应急预案 实施应急预案 降低损失 有利于事后恢复	强化信息分析与沟通： 信息分析、制定实施 预案、展开救援行动、 进行事态控制方面的 情报支撑	应急报告情报 应急指挥情报 应急救援情报 应急通报情报	应急处置能力 应急保障能力 应对反应能力 社会疏导能力 应急动员能力
恢复	事件影响最小化 有效吸取教训 提升事后重建能力 反馈应急管理信息 促进保障体系完善	对遗留问题处置与总结： 影响评估、现场清理、 恢复常态、事后恢复 预案评审方面情报支撑	应急救助情报 应急医疗情报 应急评估情报 应急保险情报	应急处置能力 应急保障能力 应对反应能力 社会疏导能力 应急动员能力

6.2　应急情报保障能力的作用

大数据背景下，情报工作体现为"场景——需求——过程"主导的三层动力机制。❶ 决策是一种以情报为支持建立的组织决策方式，通过大数据深度分析，预测未来发展趋势，从而制定合理战略，使决策变得科学、便捷和高效。❷ 情报工作的目的就在于如何对相关数据或信息做好技术分析，从中得出哪些信息是对自己有用的，通过剔除无用的垃圾信息，为战略决

---

❶ 周国威.大数据背景下公共安全情报协同的内涵及动力机制研究[J].网络安全技术与应用,2023(5):128-130.

❷ 曹如中,史健勇,郭华.基于竞争情报的智慧决策研究:内涵、机理与过程[J].情报理论与实践,2017,40(12):35-39.

策提供智能支持服务。❶ 因此，情报工作是决策的基础和前提，对决策有着深刻的影响。情报工作首先通过收集数据和信息来对现实事件进行捕捉，对获取到的信息和数据进行梳理，发现所需要解决的问题，明确可能需要决策的目标。然后结合现有的政策和制度，预测下一步发展动向，以便提前开始为未来发展做筹备。同时利用大数据、云计算、区块链等技术对已获得的情报进行分析整合，从不同的角度和切入点制定决策发展的下一步可行性方案，并对方案进行论证。最后对所有方案进行最优预评估，选出最优结果，最终，情报工作将收集到的信息进行整合、提取，成为能够为组织决策提供有力支撑的竞争情报。大数据时代的到来和信息技术的发展，使数据的获取和信息的处理相对容易，为两者之间的契合奠定了坚实的技术基础。情报工作通过对突发事件进行长时间的监测，发现事件发展的基本规律，然后通过对改变事件发展规律的因素进行深入分析，预测事件发生的趋势。提前判断和预测政府可能出台的影响发展的新政策或法规，并向决策主体提供及时合理的应对策略和方案。面向国家安全与国家发展的需求，发挥数据时代情报工作"耳目、尖兵、参谋"的作用，在应急管理情景下，构建应急情报保障能力作用机理图，如图6-6所示。在突发事件应急管理情景下，围绕政府决策人员的工作任务，情报人员在自身具备的情报保障能力（应急认知能力、信息处理能力、监测预警能力、应急处置能力、应急保障能力、应对反应能力、社会疏导能力、应急动员能力）的支持下，面向突发事件应急情景，整合资源、技术、人员、资金和管理等多项要素，通过信息收集、信息加工、情报生产、情报服务、决策代理等情报工作环节，结合应急管理机制的要求为政府决策人员提供各种情报服务产品（危机预警及预案准备、识别危机预案、隔离危机预案、管理危机预案、善后处理预案）。采取"一案三制"式应急管理模式，基于四个维度建立应急情报能力综合体系，应急管理体制是基础，应急管理机制是关键，应急管理法制是保障，面对突发事件，制定的应急管理情报支持预案是政府应急管理决策的前提，情报工作的实践已经被反复证明，情报在重大决

---

❶ 曹如中,代婷婷,郭华.基于官产学研的竞争情报战略联盟研究[J].情报理论与实践,2014,37(8):12-17.

策中发挥着重要作用。[1] 情报之所以是"情报",是因为其发挥了应有的作用的价值,并且只有建立在情报基础上的决策才能称之为科学的决策。在"一案三制"式应急管理模式中,情报工作的目标是:在确定应急管理体制、应急管理法制具有的各自不同内涵特征和功能定位的基础上,发挥情报人员的专业精神、知识结构、工作能力、业务技能,面向应急管理机制的要求为政府部门制定应急管理的决策预案提供情报支撑。

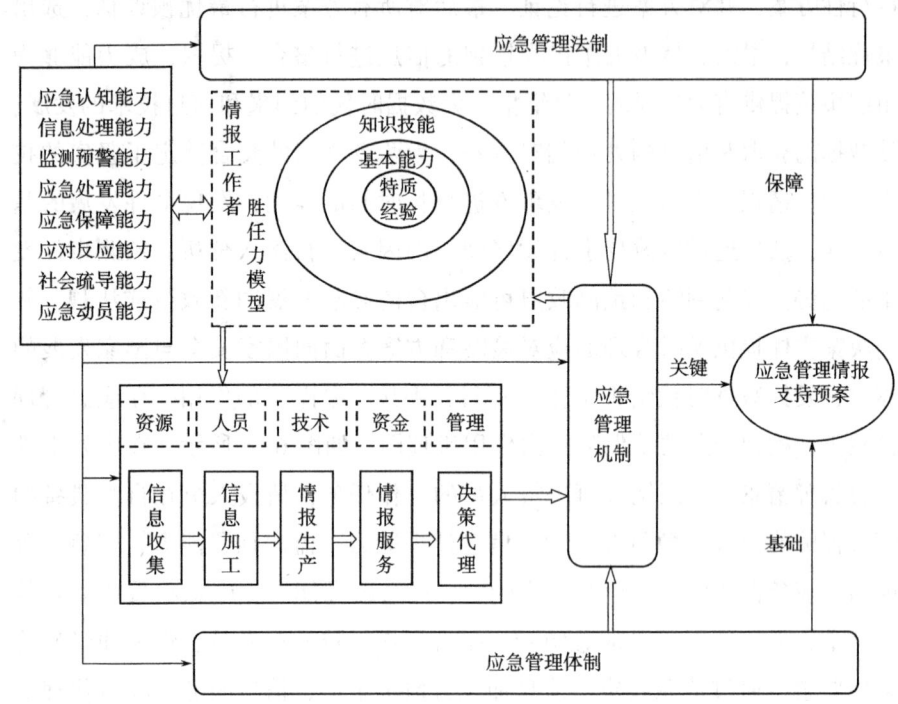

图 6-6　应急情报保障能力作用机理

6.2.1　在体制解读中的作用

应急管理情报支持预案的制定,必须要在解读应急管理体制的基础上

---

[1] 刘杰.决策中情报人员的角色分析及其理性选择[J].情报杂志,2021,40(10):27-31,20.

进行。应急管理的参与者包括：政府部门、非政府组织、营利组织、社会公众和国际力量。2018年的应急管理部门从应急办转变为应急管理部，由5个国家指挥协调机构（国务院安全生产委员会、国家防汛抗旱总指挥部、国家森林草原防灭火指挥部、国家防灾救灾减灾委员会、国务院抗震救灾指挥部）共同组建应急管理部。其主要职责是，组织编制国家应急总体预案和规划，指导各地区各部门应对突发事件工作，推动应急预案体系建设和预案演练。建立灾情报告系统并统一发布灾情，统筹应急力量建设和物资储备并在救灾时统一调度，组织灾害救助体系建设，指导安全生产类、自然灾害类应急救援，承担国家应对特别重大灾害指挥部工作。指导火灾、水旱灾害、地质灾害等防治。负责安全生产综合监督管理和工矿商贸行业安全生产监督管理等。增强了应急管理工作的系统性、整体性、协同性。职责的实现是通过具体的组织机构来实施的，现有应急管理工作为单灾种管理与综合减灾管理相结合，并没有完全实现综合减灾。我国的相关法律法规规定：突发事件应急管理必须在党中央、国务院的统一领导下进行，要坚持分级管理、分级响应、条块结合、属地管理为主的原则。建立集中统一、坚强有力的指挥机构；发挥政治优势和组织优势，形成强大的社会动员体系；建立健全以事发地党委和政府为主、有关部门和相关地区协调配合的领导责任制。

国务院应急办、各省、部门、地方应急办相继成立，应急管理体制的结构包括决策机构、执行机构、行动机构、顾问团队和专家小组等，顾问团队和专家小组就是本书所说的情报人员。情报人员凭借应急认知能力和信息处理能力，分析突发事件相关信息报告和应急响应需要的制度（法律、法规、条例、标准等）、技术、资源、设施、人员等相关信息，对我国应急管理体制进行解读，才能保证应急情报支持预案的方向正确。情报人员凭借监测预警能力、应急处置能力、应急保障能力等，探索应急管理跨学科知识生产方式的创新，面对新兴风险、巨灾、跨界危机的复杂性，情报人员跨学科知识生产还相当匮乏，情报人员既要增加知识供给的总量，也要增加知识生产的质量。情报人员凭借应对反应能力、社会疏导能力、应急动员能力等，探索公众诉求吸纳方式的知识创新，依托12345平台，在

110、119、120、122 等应急类热线之外,对其他服务类热线进行整合,拓展吸纳公众诉求的通道,推动应急管理在最大范围内得到公众的认可,为公众观点和情绪表达提供可追溯的技术平台的支撑,减少虚假信息的传播,更精准高效地识别公众诉求。

6.2.2 在法制扫描中的作用

2022 年 2 月 14 日国务院发布《"十四五"国家应急体系规划》,强调应急管理法治的知识体系,应急管理法治涉及法学学科,也涉及应急管理,因此情报人员要具有应急管理和应急法治方面的知识。情报人员只有熟悉法律文本,才能针对可能发生的突发事件,为保证迅速、有序、有效地开展应急与救援行动,降低人员伤亡和经济损失而预先制定的有关计划或方案。应急预案的制定或修订、培训演练,以及与现代信息技术的有效融合是现代应急管理的基础和优化方向,应急管理要依法行政,努力使突发事件的应急处置走向规范化、制度化和法制化轨道,并注意通过实践的总结,促进法律、法规和规章的不断完善。在《中华人民共和国突发事件应对法》的基础上,不断推进应急体系配套的相关法规、标准、规章、制度等编制与修订,提高法规标准的完备性与落地性,实现应急管理中的人、事、物、职、责、权等运行有法可依。因此,情报人员在制定应急管理预案时,必须进行相关法律的扫描。

指导中国应急管理的综合性法律是《中华人民共和国突发事件应对法》,情报人员要仔细研读该部法律,清楚该法律确立的应急管理体制要求:"统一领导、综合协调、分类管理、分级负责、属地管理"。并根据 2018 年应急管理改革后确立的应急管理体制("统一指挥、专常兼备、反应灵敏、上下联动")的最新要求,明确应急管理的指挥权和应急管理的领导权,防止出现多头管理、职责混乱,着力提高应急管理的效率。情报人员要研读《国家突发公共事件总体应急预案》,熟悉四类突发事件(自然灾害、事故灾难、公共卫生事件和社会安全事件)的发生过程、性质和机理。

6.2.3 在机制构建中的作用

2021年12月24日,《中华人民共和国突发事件应对管理法(草案)》发布,《中华人民共和国突发事件应对管理法(草案)》第十五条提出:"国家建立健全突发事件专家咨询论证制度,发挥专业人员在突发事件应对管理工作中的作用。"第五十七条提出:"国家加强应急管理基础科学和重点领域关键核心技术的研究,鼓励、扶持具备相应条件的教学科研机构培养应急管理专门人才和科技人才,鼓励、扶持教学科研机构和有关企业研究开发用于突发事件预防、监测、预警、应急处置与救援的新技术、新材料、新设备和新工具。"《中华人民共和国突发事件应对管理法(草案)》这些条款,明确了情报人员作为专家共同体的作用。从上述实践看,情报专家是在解决应急管理实际问题的过程中,以知识交互为纽带,形成与决策机构、执行机构、行动机构共同组成的协同结构,在应急管理机制构建中发挥三个方面的作用:①为应急管理机制的构建提供创新观念,应急管理部门成立之后,情报人员无论是在理论研究中,还是在实践探索中,都为应急管理体系提供了思维观念的逻辑起点;②情报人员跳出思维定势,在全球风险社会的背景下,提出应急管理新理念,构建应急管理的新机制;③情报人员推动社会认知的转型,应急管理是一项与常态管理相对而生的工作,能够防止社会系统从有序状态转向无序状态。

应急管理需要多主体协同,政府、单位(企业)、社会组织等在应急管理中的首要任务是建立健全合适的预案体系,应急预案可以分为三种类型五个层次。情报人员直接从各种可能的情报源中查资料,捕捞出有参考价值的资料,实现情报发现。情报人员为了便于政府决策人员对应急工作进行过程管理,需要把最新情报发现尽快展示出来,与政府、单位(企业)、社会组织分享。情报人员把重要的情报发现,精心研制成政府决策者容易吸收的知识点(信息构建)。情报人员在做情报分析时,需要把与特定问题的干系人及其可能的立场都摆出来,情报人员可以扮演决策者角色,进行决策代理的工作，建立健全社会预警体系，形成统一指挥、功能齐全、反应灵敏、协调有序、运转高效的机制。因此，在应急管理建立健全合适的预案体系过程中，需要情报人员提供给政府决策机构相应的情报支撑，才能建立科学高效的应急管理机制，强化预防和应急准备、监测预警、应急决策与处置、信息发布与舆论引导、社会动员、善后恢复与重建、调查评估、应急保障等全方位应急工作的职能协调与匹配。

6.3　应急情报保障能力的协同培育

情报活动自古有之，情报工作的不断发展，对国家安全和社会稳定做出了重要贡献。落实总体国家观更需要开展有效的国家情报工作，在经济全球化、世界多极化、社会信息化的发展趋势下，传统安全和非传统安全错综复杂，面对各种可以预见的风险和挑战，我国国家情报工作应深化改革。长期以来我国各领域的情报工作各自为战，条块分割严重，缺乏一体化的国家情报工作体制，导致不同行业领域、不同部门的情报工作存在一定程度的信息孤岛现象；另外数据、信息标准不统一，情报系统不对接造成重复建设资源，严重影响情报工作效率，也不利于情报的共享和传递。因此，亟须形成一种情报工作能力的协同培养机制，提升各层次机构与个人的情报工作能力，进而实现情报数据协同和情报全过程的协同整合和分享，为决策提供情报支持。

所谓协同，就是系统中诸多子系统的相互协调、同步、合作或同步的联合作用与集体行为，协同是系统整体性、相关性的内在表现。❶对于情报工作能力的培养而言，协同培育机制的研究和构建能够有效发挥信息交汇、信息反馈等功能，极大地整合情报资源，提升组织的情报工作能力。在总体国家

---

❶ 曲长海,王越芬.高校多元协同培育大学生职业素养的研究[J].教育理论与实践,2015,35(12):3-5.

安全观视域下，情报工作需要更好地适应时代发展需求，情报工作是一项具有高度专业性和复杂性的高层次服务工作，仅依靠情报研究人员个人的力量不可能完成，需要各个组织、各个部门的协同参与，因此要推动情报工作能力的协同培养，不仅是对情报人才的协同培养，还要推进各情报组织间的协同合作。在 CNKI 数据库"高级检索"中限定检索条件，以学术期刊为检索范围，检索"篇关摘"为"情报工作能力"或"协同培养模式"的学术期刊，时间范围限制在 2012—2023 年（检索时间为 2023 年 5 月 15 日），最终得到 487 篇文献，如图 6-7 所示，2014—2015 年文献发文量明显增长，这是因为在 2014 年 4 月教育部和财政部印发了《2011 协同创新中心建设发展规划》《2011 协同创新中心政策支持意见》《2011 协同创新中心认定暂行办法》等三个文件，对各地方政府、高校及相关部门提出了要求，鼓励组织开展多种形式的协同创新，协同培养模式是高校围绕人才培养目标，积极与其他高校、行业企业、科研院所及政府合作，实现多要素、多主体、多环节的协同，通过教育资源的有效汇聚和深度整合，促进资源共享，从而提高人才培养的质量。学术研究紧跟政策导向，2014 年后发文量明显激增，并呈现持续增长的趋势，到 2019 年到达顶峰后逐渐趋于平缓。

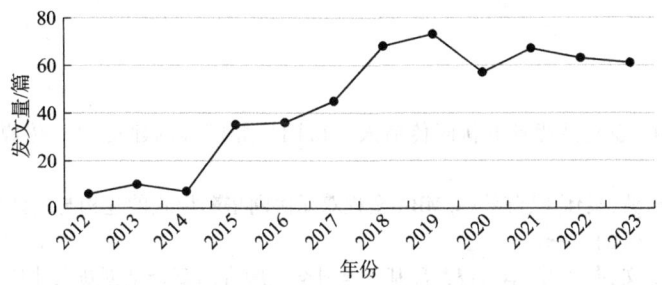

图 6-7　近十年国内协同培养模式研究文献发表年度趋势

研究发现，"协同培养""人才培养""培养模式""校企协同"成为研究的热点，反映出协同培养模式主要应用于教育领域，随后就是学校与企业之间协同，培养学生理论与实践相结合的能力。"协同创新"也是研究热点，探索创新能力协同培养模式，旨在为学生的创新能力和健康持续发展奠定基础。对于协同培养模式的探索，李丽提出新文科背景下，新闻传播人才培养需要新理念，提出新要求，要摆脱传统培养模式的桎梏，须基于技术的结构性变革与整体性再造，要建立起多主体参与、多要素耦合、全链条发展的协同育人新模式。❶ 王立忠等引入"校所联盟"概念，结合实证指出了校所协同培养临的问题，并提出了提升路径，优化了"校所联盟式"协同培养机制。程永波提出建构MBA全程双元协同培养模式，整合校企双方资源，实现高校培养目标和企业人才战略目标的协同。❷ 吴贤文等依托"锰锌钒行业"，提出通过组建协同创新中心，探索学科交叉融合的复合型创新人才协同培养模式。❸ 刘昆雄等分析了企业竞争情报人才需求现状，对比了供需矛盾，提出了构建以企业需求为导向的竞争情报人才协同培养模式。❹ 对于协同创新研究，鲍佩华等分析了协同培养模式和培养体系构成要素，在协同创新视域下，创建适合理工科研究生应用创新的培养模式，运用层次分析法分析培养模式指标体系的权重，为体系构建提供量化依据。❺ 孙辉等提出将协同创新理念融于艺术、金融的教学实践，协同创新培养艺术、金融专业人才。❻ 赵志伟提出构建金融人才协同创新模式，旨在培养具有国际视野的复合型金融人才，并以河南财经政法大学人才培养改革实践为例，提出了修正和完善措施。❼ 洪林等以江苏省为例，指明了高校协同创新中心亟待

---

❶ 李丽.新文科背景下新闻传播人才协同培养模式的建构[J].传媒,2023(3)：80-82.

❷ 程永波,秦伟平,陈效林.MBA全程双元协同培养模式的建构与实践[J].研究生教育研究,2020(6)：7-12.

❸ 吴贤文,向延鸿,李佑稷,等.基于学科交叉融合的复合型创新人才协同培养模式探索[J].实验室研究与探索,2020,39(10)：146-148,194.

❹ 刘昆雄,甘雨.面向企业需求的竞争情报人才协同培养模式探究[J].图书馆学研究,2015(17)：14-21.

❺ 鲍佩华,梁洪,常洪艳,等.协同创新视域下理工科应用创新型研究生培养模式研究[J].创新创业理论研究与实践,2021,4(16)：6-9.

❻ 孙辉,龙游宇.协同创新培养艺术金融专业人才的机制构设——以广东省地方高校为例[J].韶关学院学报,2019,40(8)：32-35.

❼ 赵志伟.金融人才协同创新培养模式的探索与构建[J].管理工程师,2015,20(6)：43-47.

解决的问题,并给出了对策建议,旨在实现协同中心效能的最大化。❶

人才协同培养模式是当前教育行业的主流趋势,将协同理论引入教育领域,应用于各个专业,无论是机构层面的校企协同,还是学科层面的交叉融合,都是能够更好地共享、整合资源,为各行各业输送实用型人才。但根据所检索的文献可以发现:构建情报工作能力协同培养机制相关文献极少,无法充分展示当前情报工作能力协同培养机制的研究情况,需要借鉴其他行业及学科的协同培养方案,构建具有情报学科特色的情报工作能力协同培养机制。

6.3.1 情报人才协同培养的意义

经过半个多世纪的发展,情报人才培养模式经历了文献型情报人才、信息检索型情报人才、技术应用型情报人才的变更,但人才培养使命始终围绕提高情报素养、满足国家战略需求、适应环境变化这个根本宗旨。现代化强国战略的实施对情报学知识体系结构提出新的要求,需要培养出适应新的国家战略需要的情报人才。情报人才协同培养的目的是为社会输送优秀的情报人才,从而提升各层次部门情报工作的能力。由于环境和国家战略的变化,更需要复合型情报人才,情报人才需要掌握学术最前沿,具有创新、实践能力,并具有敬业精神,具体来说,情报人才应该熟悉情报工作体系(system,也称"系统"),明确情报工作是在一定范围内的若干实物(情报设备)、作业(情报实践活动)或意识(情报工作理念)按照一定秩序、规则和联系组合而成的整体。情报工作(作业、活动),既包括情报源的整理和取舍、情报内容的分析和去粗取精、去伪存真,也包括面向用户的情报产品化和送达。因此,情报人才需求导向的变化推动了情报人才的协同培养,以达到"学以致用""实践情景育人"的协同培养目标。情报人才培养应当考虑更多的因素:情报人才的品德情操、创造性思维体现、对环境的敏锐度、对资源的调配能力、理论与实践场景的结合能力等。

---

❶ 洪林,刘德仿.高校协同创新中心运行面临的问题与对策——以江苏省为例[J].盐城师范学院学报(人文社会科学版),2016,36(4):110-113.

情报专业人才应该拥有大量的理论知识，并且具有实践经历，即具有可以将理论应用于实践的能力。❶

第一，能够改变知识本位情报教育理念。目前教育的目标不再是实现学习者对已有知识的占有。新一代人工智能的发展，机器深度学习过程可以对已有的海量知识进行识别、积累、记忆、整合生成新的知识。面对学习能力如此强大的人工智能，知识本位的情报教育内容和方法必须改变，应该构建情报技能教育、情报知识教育、情报态度教育互动协同发展的情报教育新生态，将知识教育作为技能培养的基础，培养情报人员运用知识的能力，即利用知识的认知对信息进行再分析处理，使之成为服务于决策的一种新认知。面对不同的情报需求，情报人员需要结合用户需求及实践情景形成解决用户需求的智能型策略或思想，因此情报人才协同培养势在必行。

第二，能够响应情报工作创新的要求。党的二十大报告指出："科技是第一生产力、人才是第一资源、创新是第一动力"。这深刻说明了新时代情报工作必须满足对科技创新、创新体系、创新生态的急迫需求，需求实现的关键是情报创新人才的培养。美国21世纪技能联盟提出的"21世纪学习框架"也强调：学习与创新技能是21世纪的三类必备技能之一，因此，提升人才队伍的情报工作创新水平，是提升其情报业务能力的重要支撑条件。在复杂的信息环境下，情报人员面临严峻的数据、信息、知识、情报生产的困境，情报人员具有的综合创新认知能力和水平对情报线索发现尤为重要，高层次的认知水平和能力需要不断完善和创新迭代，才更容易获得社会各项工作所需要的创新技能，而各项工作技能的获得，需要情报人才协同培养。

第三，能够促进情报工作技能提升。情报人员在工作中需要处理好与自身、与他人、与外部世界的三种关系，因此情报工作所需的职业岗位技能分成三类：认知技能、社交和行为技能、技术技能。情报人员技能的提升是其适应岗位工作的基础。如图6-8所示，情报人员个人品性是知识和技能学习的基础，通过学习经验发展的技能、能力、知识，三者相互作用

---

❶ 邵大伟,刘志强,吴殿鸣.面向建筑类专业德才兼备人才的校企合作"三协同"培养模式[J].高教学刊,2022,8(30):167-170.

形成综合创新能力,在完成情报工作任务中展现出应用能力。从人才培养角度来看,情报人才协同培养,构建了知识教育、技能教育、态度价值观教育之间的相互支撑关系,促进知识教育、技能教育、态度价值观教育的和谐互动,从而促进情报人才的全面发展。

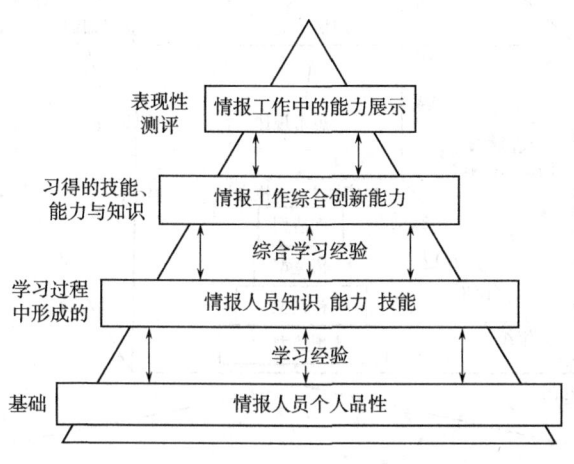

图 6-8　技能导向的人才培养过程

6.3.2　情报保障能力增长的机制模型构建

依据英国著名政治学家苏珊·斯特兰奇的"结构性权力"理论可知,大国之间竞争依靠情报力量的部署,而情报力量的部署依靠情报人员的能力水平。20 世纪 70 年代,戴维·麦克米兰首次提出关注个体能力的理论,指出能力是人内在素质的外在表现。在 20 世纪 90 年代,普拉哈拉德(Prahalad)和哈默尔(Hamel)提出了"组织能力"的概念,情报能力是一种组织能力,代表了情报信息在决策中发挥作用的力量。[1] 如图 6-9 所示,知识、技能和态度被认为是构成事业成功的三个最重要因素,知识决定职业定位,技能决定发展潜力,而态度决定工作效率和效果。

---

[1] 吴晨生,李辉,付宏,等.情报服务迈向 3.0 时代[J].情报理论与实践,2015,38(9):1-7.

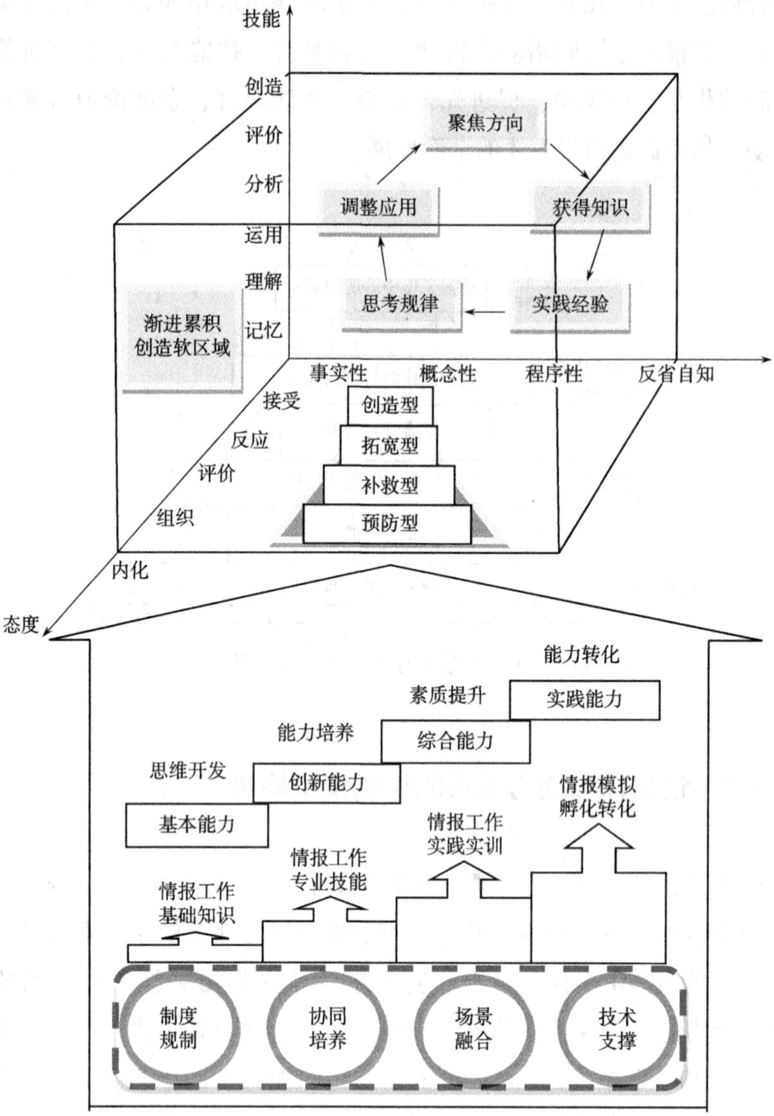

图 6-9 情报保障能力增长的机制模型

结合应急管理场景,应急情报人才队伍的壮大,首先要从培养体系的驱动力入手,依据四轮驱动的思想:培养具备高度情报素养的情报人才,①要依据情报工作和应急管理相关法律的规制;②要建立理论与实践协同培养体系;③要充分考虑情报工作的场景融合;④要以技术工具赋能情报工作。在四轮驱动的基础上，规范化情报教育的课程设置，以培养具备基本情报素养的目标为基础，结合应急情报工作的需要，面向应急情报工作的专业方向，从意识态度层面、情报知识层面、情报技能层面三个方向进行培养专业人才的应急情报素养，以知识为中心，专业问题为导向，但不能局限于学科范畴，应该突破学科边界，面向更广阔的社会问题，把学科交叉融合优势转化为人才培养优势，使得应急情报人才掌握情报工作基础知识、具备情报工作的专业技能、接受情报工作实践训练、形成情报模拟转化与孵化的能力。

第一，形成态度意识层面的六度空间。要具有主动服务国家的意识，积极参与国家治理的自信。应急情报态度意识是情报人员应急情报素养的重要组成部分，它的核心内容是保持对突发事件的感知力、洞察力及决策需求导向等，应急情报态度意识对应急情报工作的进行具有先机意义，例如，对突发事件问题的关注和追踪等，会直接影响情报人员是否能够满足应急战略的决策的需求，具有先知先觉的预警作用。从态度意识角度看，情报人员应该坚持信息价值论理念、整合性理念、系统性理念、生产线理念、需求导向理念和数据科学理念，在以上理念的支配下，实现对应急管理相关信息的接受、及时反应、客观评价、科学组织和知识内化，在此基础上，实现信息的价值的利用，将各种信息源整合为一体以提供综合情报支持，将数据科学方法应用于情报工作中的信息处理和分析，构建完善的情报系统和工作流程，强调高效情报生产与传递过程，根据用户需求提供定制化的情报服务，在情报工作技能的加持下，形成情报能力渐进累积创造区域。❶

第二，掌握应急知识层面的四个维度。培养具有信息采集、组织、分析、服务方面的专业人才，应急情报的理论知识是实践活动的基础，应急情报理论知识主要包括四个维度：突发事件事实方面的知识、应急管理概念性的知识、应急管理工作程序性的知识、应急情报在应急管理工作中如何才能发挥作用的自我反省的知识。掌握以上四个维度知识的基础上，情

---

❶ 刘如,周京艳,张惠娜.新时代我国科技情报工作能力体系构建与发展路径研究[J].情报理论与实践,2020,43(3):31-36.

报人员就可以了解应急情报、突发事件、情报工作流程等概念的内涵和基本理论，监测突发事件传播、危害、防控等方面的信息；掌握相关情报工作和突发事件应急管理工作的法律法规内容，在情报工作相关技能的支撑下，进而实现突发事件问题聚焦、获取突发事件相关知识、获得应急管理实践经验、思考应急管理工作的规律、及时调整应急管理工作安排。四维度知识的掌握与主动服务应急管理的态度支撑下，可以实现突发事件预防、危机补救、应急响应思路拓宽、应急对策创新等方面知识积累和内化。❶

第三，提升工作技能层面的六个层次。培养更高水平的信息专业分析和决策支持能力。记忆和理解突发事件和应急管理相关知识的能力，运用和分析各类型、各领域情报源的能力，可熟练运用情报技术的能力，根据应急情报的需要选择合适的工具进行情报检索、整理和分析的能力（包括对不同来源、不同领域的各类情报分类、整理和归纳分析），使用大数据技术对情报进行筛选、转化的能力，突发事件发生时，能够利用获取分析后的情报解决所面临的问题，为决策人员解决问题提供决策支持的能力。❷ 情报工作者不仅要成为"耳目、尖兵、参谋"，还应是引领科学技术研究和指导产业发展的"灯塔"，要想应成为国家战略决策的智囊，情报人员就必须具有创新和创造的能力，服务国家战略需求，使情报的功能从"方法支撑和保障"推向"支持行动"，即能够综合各种信息、辅助决策和制定规划。

6.3.3 情报保障能力的协同培育策略

中华人民共和国成立以来，情报工作受到党和国家领导人的重视和关怀，培养"耳目、尖兵、参谋"为己任的复合型人才是我国情报学教育的主要目标。钱学森先生指出情报人才培养的目标是"通才"，主要方法是"大成智慧

---

❶ 赵志伟.金融人才协同创新培养模式的探索与构建[J].管理工程师，2015，20(6)：43-47.

❷ 王知津.大数据时代情报学和情报工作的"变"与"不变"[J].情报理论与实践，2019，42(7)：1-10.

教育"。情报人才培养要坚持"一个中心、两个原则、三个维度"。❶

"一个中心"就是要以培养国家战略和行业需要的"耳目、尖兵、参谋、灯塔"式情报人才为中心。"两个原则"就是履行情报工作使命和体现国家意志，坚持制度规制和技术赋能，为战略管理与决策提供智慧支撑。"三个维度"是指定位、内涵和评价。"定位"就是要准确描述和主动争取情报人才在信息智能处理和国家战略支持中的地位，要具有主动服务国家的意识、积极参与国家治理的自信。"内涵"就是对知识和能力的要求，不断提升情报人才的学术能力、服务能力、战略能力等。"评价"即要在改变中探索和创新，通过准确识变、主动应变，不断增强情报人才价值的张力。情报活动的主体不仅包括情报机构和情报组织的工作人员，还包括相关合作的组织团体。要提升情报工作能力，应采用综合系统思维的方式，利用各种资源相互协作。情报保障能力的协同培育过程不仅能够转移显性知识，更能够实现内部和外部的隐性知识转化和传递，加快知识共享和更新。❷协同培育要建立激励机制、协调机制、共享机制、保障机制等促进信息共享和智慧共创。建立互补机制以协调各要素之间的关系，并引入控制机制来管理协同培育风险。❸协同培育更应该对注意力机制进行了梳理，使情报人员从冗杂的信息中选择出对当前协同任务目标关联性更大、更关键的信息，重建高效率的信息选择和关注机制。❹如图6-10所示，提升情报保障能力的人才培养机制要实现对应急情报相关知识、信息、最佳实践、应急场景的了解，掌握相关技能和方法运用等能力，通过应急管理体系内部人才的培养或外部专家智慧的引进，来实现应急管理知识的积累、学习能力的提升和应急情报技能的增强。

---

❶ 邵大伟,刘志强,吴殿鸣.面向建筑类专业德才兼备人才的校企合作"三协同"培养模式[J].高教学刊,2022,8(30):167-170.

❷ 姚伟,刘建准.竞争情报协同的运行和保障机制——基于知识治理的视域[J].情报杂志,2014,33(1):16-22.

❸ 丁月华.协同学视角下企业竞争情报系统协同的形成和实现机制研究[J].情报理论与实践,2015,38(10):57-63.

❹ 建伟,刘俊文,罗雄麟.深度学习中注意力机制研究进展[J].工程科学学报,2021,43(11):1499-1511.

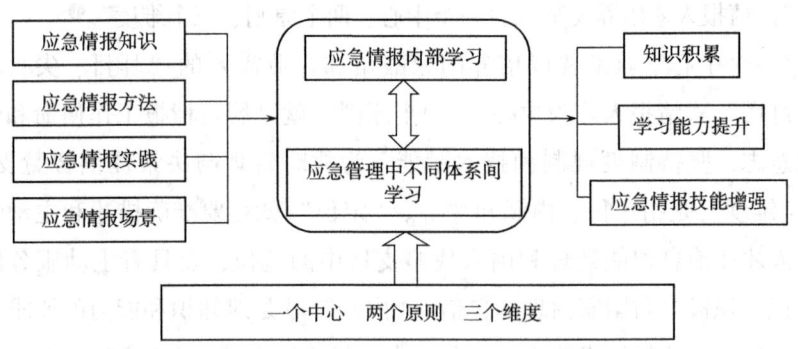

图 6-10 提升情报保障能力的人才培养机制

第一,"一个中心"——协同培育目标"铁三角"搭建。教育的目的是培养全面发展的人:①获取知识,正确认识自我与世界;②促进技能发展,能够改变自我与世界;③良好人格养成,确保认识与实践是积极、有益的。因此,应急情报人才培养的目标是搭建知识、技能、态度教育的"铁三角",要培养情报人才的认知技能、社交技能、技术技能,为情报人才的职业发展打下基础。"铁三角"协同培育目标实现,要求知识教育要超越知识的灌输与评价,更关注思维技能的培养,促进学生认知技能的提升;技能教育应聚焦于研判技术的发展趋势和优势,培养以应急情报人才的实践工作胜任力;态度教育要激发情报人才主动学习、提升抗压能力和具有灵活性等,端正解决复杂问题的态度。

第二,"两个原则"——协同培育的"制度规制"和"卓智赋能"。党的十八大以来,党中央、国务院对中国式现代化教育做了顶层设计。中共中央、国务院印发的《中国教育现代化 2035》,对未来中国教育整体做出了规划;各类教育规划的制定均是沿着制度和技术两条轨道进行的。❶

(1) 协同培育的"制度规制"。2017 年 6 月 27 日《中华人民共和国国家情报法》通过,《中华人民共和国国家情报法》基于总体国家安全观,对相关情报活动的主客体进行了明文规定,情报活动领域是一个庞大的体系,包括情报活动、情报监督、情报管理、情报保障、情报教育、情报分析、

---

❶ 张海涛,刘雅姝,周红磊,等.情报智慧赋能:重大突发事件的智能协同决策[J].情报科学,2020,38(9):3-8.

情报立法等内容。情报教育和所有情报活动都在《中华人民共和国国家情报法》的规制下进行，情报工作要坚持总体国家安全观，为国家重大决策提供情报参考。同时《中华人民共和国反间谍法》《中华人民共和国反恐怖主义法》《中华人民共和国生物安全法》等法律法规，也对情报工作的目的、工作方式、所坚持的原则、承担的主体、客体等问题进行了规制，情报工作在搜集、整理、分析、发布、使用、评估等情报工作流程的各个环节，都必须从合法性、合规性等方面进行审查和监督。但是，目前情报活动领域的法律并不健全，还需制定"国家情报监管法""对外情报法""开源情报法"等法律法规，促使情报教育和所有情报活动依法进行。❶

（2）协同培育的"卓智赋能"。《中华人民共和国国民经济和社会发展第十四个五年规划和2035年远景目标纲要》为我国情报教育发展指明了方向：要把科技自立自强作为国家发展的战略支撑，面向世界科技前沿，制定人才强国战略。❷在新的复杂信息环境下，情报教育要强化技术基础建设，进行情报人才协同培育的"卓智"赋能。采用信息存储技术对数据进行主动性的保护，开展情报方法和技术的融合与创新，利用人工智能技术辅助信息分析，能够提高信息分析活动的感知效能，利用人工智能迭代学习能力，提供并优化多模态情报输出结果。❸

第三，"三个维度"——明确协同培养的"定位、内涵和评价"。"三个维度"是指"定位""内涵"和"评价"。情报是情报活动主体为一定目的而进行的社会对抗活动的产物。情报本身是对事态内涵、本质、发展方向的预判、评价，是为决策者制定与修改行动方案，实施行动与意志落实的重要支撑。❹

---

❶ 郑彦宁,赵筱媛,陈峰.我国科技情报机构政府决策服务的最佳实践特征研究[J].情报学报,2012,31(1):4-8.

❷ 中华人民共和国国民经济和社会发展第十四个五年规划和2035年远景目标纲要[EB/OL].(2021-03-13)[2022-08-14]. http://www.gov.cn/xinwen/2021/03/13/content_5592681.htm.

❸ 刘细文.新时期需要强化我国科技信息资源建设[J].数字图书馆论坛,2022(6):10-13.

❹ 李品,许林玉,杨建林.决策驱动的情报流程理论模型及其运行[J].情报学报,2019,38(1):46-57.

（1）"定位"就是要准确描述和主动争取情报人才在信息智能处理和国家战略支持中的地位，要具有主动服务国家的意识，积极参与国家治理的自信。我国的情报工作是具有导向性的，情报人员工作的主要内容应为政治、军事、经济等与国家安全的决策提供情报支撑，因此情报人员的培养要掌握搜集、分析、研判境内外有关政治、军事、经济、社会、生物等方面的知识，具有获取的情报对象有关情况以及对其分析判断的能力。❶

（2）"内涵"就是对知识和能力的要求，不断提升情报人才的学术能力、服务能力、战略能力等。我国2000年版的《辞海》对情报的定义：获取的他方有关情况及对其分析判断的成果；"情报是一种特殊的社会对抗活动，是主体为了保护自身存在，对客体展开的认知对抗活动""情报是政府、军队和企业为制定和执行政策而搜集、分析与处理的信息，情报是知识与信息的增值，是对事物本质、发展态势的评估与预测，是决策者制定计划、定下决心、采取行动的重要依据。"根据情报的"内涵"定义，情报人员作为情报的主体，要培养其对情报的搜集、分析、评估与预测的能力。❷

（3）"评价"即要在改变中探索和创新，通过准确识变、主动应变，不断增强情报人才价值的张力。情报评价本身就具有一定的特殊性，情报用户群体是决策者，情报载体可能是秘密文件，情报"线索发现"是情报独有的专长，充分体现情报感知和情报刻画的能力。情报"评价"就是判断情报人才培养效果，是否提升了情报人才的情报感知和情报刻画能力，重视"评价"情报技术基础的掌握能力、在情报工作实践中进行技术方法的应用与完善能力等。❸

---

❶ 李荣,李辉,吴雨蓉,等.面向战略情报研究的协同情报服务体系构建——基于科技前沿跟踪与预测实践分析[J].情报理论与实践,2018,41(3):16-19.

❷ 马费成.情报学发展的历史回顾及前沿课题[J].图书情报知识,2013(2):4-12.

❸ Report of the national commission for the review of the research and development programs of the United States intelligence community[R/OL]. https://www.intelligence.senate.gov/sites/default/files/commission_report.pdf.

参考文献

[1] 李钟隽,孙瑞英,张涛.基于文献计量的中国舆论生态学研究现状分析(2004—2019年)[J].农业图书情报学报,2020,32(2):5-13.

[2] 孙田田,尹晓璇.我国政府会计研究热点与展望——基于Citespace的知识图谱可视化分析[J].老字号品牌营销,2022(13):69-72.

[3] 詹莹莹,袁潇,朱万莉.我国职业教育研究热点的知识图谱分析——基于1998—2019年教育学CSSCI期刊的文献计量分析[J].重庆电子工程职业学院学报,2021,30(6):1-6.

[4] 唐志龙.略论能力的基本特征[J].学习论坛,2005(4):52-54.

[5] 樊宏,戴良铁.基于能力的人力资源管理新模式[J].科学学与科学技术管理,2004(9):98-101.

[6] 郑荣.企业竞争情报能力增长机理及其评价研究[D].长春:吉林大学,2008.

[7] 安璐,吴燕珠,李纲.反恐情报信息工作能力的体系框架研究[J].图书馆学研究,2018(17):68-76.

[8] 刘如,周京艳,张惠娜.新时代我国科技情报工作能力体系构建与发展路径研究[J].情报理论与实践,2020,43(3):31-36.

[9] 李阳.智慧城市应急管理情报能力研究[D].武汉:武汉大学,2017.

[10] 张宁宁.政府决策咨询中的情报服务能力评价研究[D].上海:上海工程技术大学,2021.

[11] 计宏亮.基于大数据技术提升科技情报分析能力的路径研究[J].中国电子科学研究院学报,2021,16(11):1126-1131.

[12] 潘文文.政府应急情报系统服务能力影响因素研究[J].情报理论与实践,2020,43(4):74-81.

[13] 黎小平,刘春年.反竞争情报能力的发展脉络与演进逻辑[J].情报理论与实践,2018,41(8):144-148.

[14] 宋丹,高峰.美国自然灾害应急管理情报服务案例分析及其启示[J].图书情报工作,2012,56(20):79-84.

[15] 赵彦,张鸿业.科技型企业技术竞争情报能力指标体系构建[J].数字图书馆论坛,2013,108(5):64-71.

[16] 杨佳鑫,赵静.基于改进决策功能派的智库智囊团评价IAO模型及指标体系构建[J].情报理论与实践,2020,43(1):112-118.

[17] 李鹏翔.面向图书情报领域的知识服务能力及评价研究[D].南京:南京理工大学,2008.

[18] 李阳.面向城市应急管理的情报能力建设思考[J].现代情报,2019,39(5):17-23.

[19] 罗熠琳.公安情报分析人员胜任力评价指标研究[D].北京:中国人民公安大学,2022.

[20] 王秉,郭世珍.安全情报服务能力评价指标体系构建[J].科技情报研究,2020,2(4):32-43.

[21] 王欢.基于扎根理论的出版创意人才胜任力模型构建研究[J].科技传播,2022,14(24):78-80,130.

[22] 杨春静,程刚.科技情报机构知识服务能力评价体系研究[J].情报理论与实践,2017,40(7):43-49.

[23] 骆思钊,李丹.基于胜任力模型的企业管理人员培训需求分析[J].企业科技与发展,2023(2):95-97.

[24] 刘琦.基于德尔菲法和层次分析法构建河南省医学高层次人才胜任力素质模型[J].中医药管理杂志,2023,31(13):1-6.

[25] 李超.胜任力素质模型构建——以民航空警为例[J].民航管理,2019(11):85-86,90.

[26] 李阳,孙建军.复杂情境下应急管理情报工程服务机制构建及场景化应用[J].情报学报,2022,41(2):107-117.

[27] 国务院办公厅.关于印发国家综合防灾减灾规划(2011—2015年)的通知[J].海南省人民政府公报,2012(2):16-22.

[28] 张媛,詹希旎."流程式"情报协同的突发危机事件应急预警服务模式研究[J].图书情报工作,2022,66(2):127-135.

[29] 张桂蓉,雷雨,冯伟,等.大数据驱动下应急信息协同机制研究[J].情报杂志,2022,41(4):181-185,201.

[30] 师硕,王国华.突发事件情境下的政府网络话语研究[J].情报杂志,2022,41(6):114-119.

[31] 周国威.大数据背景下公共安全情报协同的内涵及动力机制研究[J].网络安全技术与应用,2023(5):128-130.

[32] 曹如中,史健勇,郭华.基于竞争情报的智慧决策研究:内涵、机理与过程[J].情报理论与实践,2017,40(12):35-39.

[33] 曹如中,代婷婷,郭华.基于官产学研的竞争情报战略联盟研究[J].情报理论与实践,2014,37(8):12-17.

[34] 刘杰.决策中情报人员的角色分析及其理性选择[J].情报杂志,2021,40(10):27-31,20.

[35] 曲长海,王越芬.高校多元协同培育大学生职业素养的研究[J].教育理论与实践,2015,35(12):3-5.

[36] 李丽.新文科背景下新闻传播人才协同培养模式的建构[J].传媒,2023(3):80-82.

[37] 王立忠,王晓萍,袁雯静,等.联盟视角下的高等院校与科研院所研究生协同培养模式优化研究[J].学位与研究生教育,2021(12):1-9.

[38] 程永波,秦伟平,陈效林.MBA全程双元协同培养模式的建构与实践[J].研究生教育研究,2020(6):7-12.

[39] 吴贤文,向延鸿,李佑稷,等.基于学科交叉融合的复合型创新人才协同培养模式探索[J].实验室研究与探索,2020,39(10):146-148,194.

[40] 刘昆雄,甘雨.面向企业需求的竞争情报人才协同培养模式探究[J].图书馆学研究,2015(17):14-21.

[41] 鲍佩华,梁洪,常洪艳,等.协同创新视域下理工科应用创新型研究生培养模式研究[J].创新创业理论研究与实践,2021,4(16):6-9.

[42] 孙辉,龙游宇.协同创新培养艺术金融专业人才的机制构设——以广东省地方高校为例[J].韶关学院学报,2019,40(8):32-35.

[43] 赵志伟.金融人才协同创新培养模式的探索与构建[J].管理工程师,2015,20(6):43-47.

[44] 洪林,刘德仿.高校协同创新中心运行面临的问题与对策——以江苏省为例[J].盐城师范学院学报(人文社会科学版),2016,36(4):110-113.

[45] 邵大伟,刘志强,吴殿鸣.面向建筑类专业德才兼备人才的校企合作"三协同"培养模式[J].高教学刊,2022,8(30):167-170.

[46] 吴晨生,李辉,付宏,等.情报服务迈向3.0时代[J].情报理论与实践,2015,38(9):1-7.

[47] 刘如,周京艳,张惠娜.新时代我国科技情报工作能力体系构建与发展路径研究[J].情报理论与实践,2020,43(3):31-36.

[48] 赵志伟.金融人才协同创新培养模式的探索与构建[J].管理工程师,2015,20(6):43-47.

[49] 王知津.大数据时代情报学和情报工作的"变"与"不变"[J].情报理论与实践,2019,42(7):1-10.

[50] 邵大伟,刘志强,吴殿鸣.面向建筑类专业德才兼备人才的校企合作"三协同"培养模式[J].高教学刊,2022,8(30):167-170.

[51] 姚伟,刘建准.竞争情报协同的运行和保障机制——基于知识治理的视域[J].情报杂志,2014,33(1):16-22.

[52] 丁月华.协同学视角下企业竞争情报系统协同的形成和实现机制研究[J].情报理论与实践,2015,38(10):57-63.

[53] 建伟,刘俊文,罗雄麟.深度学习中注意力机制研究进展[J].工程科学学报,2021,43(11):1499-1511.

[54] 张海涛,刘雅姝,周红磊,等.情报智慧赋能:重大突发事件的智能协同决策[J].情报科学,2020,38(9):3-8.

[55] 郑彦宁,赵筱媛,陈峰.我国科技情报机构政府决策服务的最佳实践特征研究[J].情报学报,2012,31(1):4-8.

[56] 中华人民共和国国民经济和社会发展第十四个五年规划和2035年远景目标纲要[EB/OL].(2021-03-13)[2022-08-14].http://www.gov.cn/xinwen/2021-03/13/content_5592681.htm.

[57] 刘细文.新时期需要强化我国科技信息资源建设[J].数字图书馆论坛,2022(6):10-13.

[58] 李品,许林玉,杨建林.决策驱动的情报流程理论模型及其运行[J].情报学报,2019,38(1):46-57.

[59] 李荣,李辉,吴雨蓉,等.面向战略情报研究的协同情报服务体系构建——基于科技前沿跟踪与预测实践分析[J].情报理论与实践,2018,41(3):16-19.

[60] 马费成.情报学发展的历史回顾及前沿课题[J].图书情报知识,2013(2):4-12.

[61] Report of the national commission for the review of the research and development programs of the United States intelligence community[R/OL].https://www.intelligence.senate.gov/sites/default/files/commission_report.pdf.